KB152402

제주
아름다움 너머

강정효

1965년 제주 출생. 기자, 사진가, 산악인, 제주대 강사 등으로 활동해 왔다.

현재는 (사)제주민예총 이사장, (사)제주4·3기념사업위원회 상임공동대표(이사장)를 맡고 있다.

16회의 사진개인전을 열었고, 저서로 《제주는 지금》(1991), 《섬땅의 연가》(1996), 《화산섬 돌 이야기》(2000), 《한라산》(2003), 《제주 거욱대》(2008), 《대지예술 제주》(2011), 《바람이 쌓은 제주돌담》(2015), 《할로영산 브름웃도》(2015), 《한라산 이야기》(2016) 등을 펴냈다.

공동 작업으로 《한라산 등반개발사》(2006), 《일본군진지동굴사진집》(2006), 《정상의 사나이 고상돈》(2008), 《뼈와 굿》(2008), 《제주신당조사보고서》(2008, 2009), 《제주의 돌담》(2009), 《제주세계자연유산의 가치를 빛낸 선각자들》(2009), 《제주도서연감》(2010), 《제주4·3문학지도 I·II》(2010, 2011), 《제주큰굿》(2011), 《4·3으로 떠난 땅 4·3으로 되밟다》(2013), 《유네스코 세계지질공원 지질관광 도입방안 I·II》(2013, 2014) 등 제주의 가치를 찾는 작업을 계속하고 있다.

hallasan1950@naver.com

제주, 아름다움 너머

2020년 1월 14일 초판 1쇄 발행

지은이 강정효
펴낸이 김영훈
편집   김지희
디자인 사이시옷, 부건영
펴낸곳 한그루
        출판등록 제651-2008-000003호
        63220 제주도 제주시 복지로1길 21(도남동)
        전화 064 723 7580 전송 064 753 7580
        전자우편 onetreebook@daum.net 누리방 onetreebook.com

ISBN 979-11-90482-08-0   03380

이 도서의 국립중앙도서관 출판예정도서목록(CIP)은 서지정보유통지원시스템 홈페이지(http://seoji.nl.go.kr)와 국가자료공동목록시스템(http://www.nl.go.kr/kolisnet)에서 이용하실 수 있습니다. (CIP제어번호: CIP2020000268)

값 40,000원

제주
아름다움 너머

강정효

일만팔천 신들의 고향
척박한 섬땅을 일군 지혜
한라산이 곧 제주
역사의 광풍이 휩쓸고 간 섬
세계유산의 섬 공존하는 자연
섬 속의 섬

한그루

제주,
아는 만큼 보이는 섬

가히 인문학 열풍입니다. 더불어 저 또한 인문학 강의에 나서는 기회가 많은데, 항상 서두에 꺼내는 질문이 있습니다. 제주에서 한라산과 돌담의 공통점이 무엇인지 아시냐는 것입니다. 정답은 첫째 제주도 어디에서나 보인다, 둘째 항상 보이기에 그 가치와 소중함을 제대로 인식하지 못했다, 그리고 마지막으로 자신이 나고 자란 마을에서 보이는 모습이 최고라고 여긴다는 것입니다.

그렇습니다. 항상 보이는 한라산이나 돌담은 제주의 상징과도 같은 대상임에도 그에 걸맞은 제대로 된 연구나 자료는 흔치 않습니다. 한라산의 경우 지질이나 식생 등 자연자원에 대한 조사도 체계적이라 할 수 없으나 인문학적 연구는 거의 전무하다시피 합니다. 돌담의 경우 더더욱 심각합니다.

여기에 더해 요즘 들어 새롭게 대두되는 문제가 있습니다. 잘못된 정보가 사실로 회자되는 경우가 많다는 것입니다. 최근 들어 제주이주 열풍과 함께 제주와 관련된 수많은 책자와 정보들이 넘쳐나는 데 반해 오류가 너무나도 많다는 얘기입니다. 심지어는 오류가 오류를 또다시 양산하는 경향까지 보이고 있습니다. 자료 조사와 검증이 미흡한 상태에서 자신이 접한 내용이 사실이라고 집착하면서 발생한 문제입니다.

그리고 또 하나. 제주의 가치를 소개하면서 경관만을 강조하는 경향 또한 문제라 할 것입니다. 관광지로서의 제주를 이야기할 때 경승 또는 문화재만이 전부가 아니라 그 속에서 삶을 영위하며 살아온 제주 사람들의 이야기에도 관심을 가져야 하는데 그렇지 못한 것이 사실입니다. 아는 만큼 보인다는데, 제주를 제대로 보기 위해서는 알아야 합니다. 그 일을 하고 싶었습니다.

저는 처음 기자생활을 시작할 때 취재기자였습니다. 하지만 현장이 좋다는 이유 하나로 신문사 입사 이후에 곧바로 사진기자로 전직 아닌 전향을 했습니다. 사진은 현장에 가지 않으면 아무것도 할 수가 없으니까요. 시작이 그렇다 보니 기자생활 내내 사진기자와 취재기자의 경계를 넘나들었습니다. 그 과정에서 사진에 더해 수많은 제주 관련 자료들을 수집하고 현장에서 보고 들은 내용들을 축적할 수 있었습니다. 사진과 글을 함께 하게 된 것은 제게는 크나큰 행운입니다.

기자생활을 접고 뒤늦게 대학원 석사, 박사 과정에서 관광개발을 공부했습니다. 그 당시 주변에서 많이 들었던 이야기 중 하나가 관광에 부정적인 사람이 왜 관광개발을 전공하는지 이해할 수 없다는 것이었습니다. 그래서 한마디 했습니다. 관광으로부터 관광을 보호하기 위해 관광개발을 공부하는 것이라고.

제주를 지키고 그 가치를 보호하는 일에 참여하기도 했습니다. 방송토론과 기자회견, 언론기고 등을 통해 한라산 케이블카 개발계획이나 백록담 남벽 등산로 개설을 막아낸 부분은 무엇보다도 큰 보람으로 여기고 있습니다. 모두가 제주의 지속가능성을 담보해야 한다는 믿음에서입니다.

이 책을 펴내는 이유도 이와 같습니다. 무엇보다도 제주의 가치를 너무나 모르는 분들이 많기에 제대로 알려야 한다는 생각과 더불어 제주의 가치가 계속 이어지기 위해서는 이러한 자원들이 제대로 보존돼야만 한다고 여기기 때문입니다. 여기에 소개하는 글들 대부분이 이러한 의도에서 집필된 것으로, 지난 10여 년간 신문에 연재했던 글들과 각종 프로젝트를 진행하며 썼던 원고들 중에서 발췌한 것입니다.

훗날 여러분이 다시 찾고 싶은 제주가 온전히 이어지길 바란다면 제주의 가치를 지키는 일에 함께해 주실 것을 부탁드립니다. 제주는 그만큼 충분히 소중한 곳이니까요. 끝으로 자료 조사와 원고 집필, 책을 만드는 과정에서 도움을 주신 분들, 그리고 지금 이 순간 이 글을 읽고 있는 모든 분들께 감사 드립니다.

2019년 겨울 이소재(離騷齋)에서 **강정효**

차례

일만팔천
신들의 고향

신神에게
세배 올리다

제주를 가리켜 일만팔천 신들이 상주하는 '신神들의 고향'이라고 말한다. 그만큼 신들이 많다는 이야기다. 이와는 별도로 '당 오백 절 오백'이라는 말도 있다. 신당과 사찰이 500개소에 달했다는 이야기다.

제주의 민간신앙과 관련하여《동국여지승람東國輿地勝覽》에는 "풍속이 음사淫祀를 숭상해 산, 숲, 내와 못·언덕·나무와 돌에 모두 신의 제사를 베푼다. 매년 정월 초하루부터 보름날까지 남녀 무당이 신의 기를 함께 들고 귀신 쫓는 놀이를 하는데 징과 북이 앞에서 인도해 마을을 나갔다 들어왔다 하면 다투어 재물과 곡식을 내어 제사한다. … 또 봄과 가을에 남녀 무리가 광양당廣壤堂과 차귀당遮歸堂에 모여 술과 고기를 갖추어 신에게 제사한다."라고 소개하고 있다.

산의 숲이나 하천, 연못, 언덕, 평지의 나무나 돌에도 모두 신사神祠를 세우

대나무 바구니 '차롱'에 정성껏 음식을 담은 모습.

구좌읍 송당리 신과세제.

고 치성을 드렸다는 기록이다. 현재 제주에는 400곳 가까운 신당이 남아있다. 지난 2008년과 2009년 제주전통문화연구소가 제주도 신당을 전수 조사한 결과다.

삶이 어려울수록 무엇인가에 기대고자 하는 심리가 커진다. 척박한 자연환경을 극복해야만 했던 제주에서 민속신앙이 아직까지 남아있는 이유이기도 하다. 그래서 제주에서의 민속신앙은 과거의 얘기가 아닌, 현재진행형이다.

제주도 민속신앙 중 마을 공동의 성소인 신당神堂에서의 의례는 크게 네 가지로 나뉜다. 매년 새해 인사인 정월 초의 신과세제, 음력 2월의 영등굿, 7월

16

의 마불림제, 그리고 9월이나 10월에 열리는 추수감사절 성격의 시만곡대제
가 그것이다.

　새해가 시작되면 제주도의 마을 곳곳에서 신과세제가 열린다. 신과세제
는 과세문안過歲問安이라고도 불린다. 과세는 제주에서 세배를 뜻하는 단어
로, 신과세제라고 하면 신에게 세배를 올린다는 의미를 담고 있다.

　집안의 웃어른에게 세배를 올리듯 신들에게도 똑같이 세배를 올리는 것이
다. 이처럼 제주에서 신을 대하는 태도는 살아있는 사람과 크게 다르지 않
다. 신에게 올리는 세배이기에 한 해의 무사안녕과 가족 구성원의 복을 기원
한다는 점이 다를 뿐이다. 신과세제가 열리는 날은 마을 안의 주민뿐만 아니라

구좌읍 송당리 신과세제.

타지로 거처를 옮긴 마을 출신 인사들까지 지극정성으로 참여한다.

제가 열리는 날이면 각 집안마다 각기 대나무로 짠 바구니인 '차롱'에 정성껏 마련한 음식을 담아 신당의 제단에 진설한다. 마을의 모든 집안이 참여하기에 규모가 큰 곳에서는 300여 개의 차롱이 펼쳐진 장관을 연출하기도 한다.

고대사회의 토속신앙이 아직까지도 그 본래의 모습을 간직하고 있는 제주만의 또 다른 자산이다. 유네스코 세계자연유산으로 지정된 제주의 자연만이 소중한 것이 아니라 제주의 문화 또한 소중하게 여겨야 할 이유다.

2016. 2. 16.

굿이 끝난 후 구덕에 제물을 담고 집으로 돌아가는 단골들.

구좌읍 동복리 신과세제 장면.

신神들의 인사이동,
신구간

지금은 그 개념이 많이 희박해졌지만, 불과 몇 년 전만 하더라도 제주로 거주지를 옮긴 이들이 살 집을 제때 구하지 못해 애를 먹곤 했다. 제주 전래의 이사철, 소위 말하는 신구간이 아니면 전세든 월세든 집이 나오지 않기 때문이다. 그 기간은 대한大寒 후 5일부터 입춘立春 전 3일까지다.

신구간이란 신관新官과 구관舊官이 교체하는 시기다. 임기를 마친 지난해의 신들이 하늘로 올라가 결과보고를 하고, 올해 새롭게 임기를 맡는 신들인 경우 새로운 임무를 부여받기 위해 하늘에 올라가버려 결과적으로 업무공백기에 해당한다. 한마디로 신령들이 없을 때 신의 눈을 피해 궂은 일을 해치워버리는 관습이다. 그래서 이 기간에 이사나 집수리를 비롯해 평소에 꺼렸던 일들을 손보아도 아무런 탈이 없이 무난하다고 여겼다.

제주를 지칭하는 용어 중에 일만 팔천 신神들의 고향이라는 표현이 있다.

제주의 전통 통시.

문전상(오른쪽)과 조왕상(왼쪽)이 함께 차려진 제사상.

그만큼 신들이 많다는 얘기다. 실제로 집안 곳곳에도 신이 좌정한 것으로 여겼다. 집 울타리 안만 하더라도 본향 토주관 한집을 비롯해서 집의 모든 일을 관장하는 성주신, 부엌을 담당하는 조왕신, 마루의 문을 담당하는 문전신, 토신, 신장, 마구간의 마두직이, 골목길의 올레직이, 뒷간의 칙간^{변소}신, 부귀를 담당하는 칠성신 등이 있다고 믿어왔다.

한마디로 집안 구석구석에 신들이 좌정하고 있는데, 신구간이 아닌 다른 시기에 이곳을 수리할 경우 동티가 나서 몸이 아픈 현상이 나타난다는 것이다. 예를 들면 눈이 아플 경우 조왕이나 칠성, 칙간을 잘못 건드려 동티가 난 것이라 여겨 심방^{무당}을 청해서 신의 노여움을 풀어주는 의식을 행하기도 했다. 몸이 아프거나 집안에 문제가 생기면 신의 노여움을 사서 그랬다는 것이다.

그렇기에 평상시 집안을 고치거나 이사를 하는 행위를 극도로 꺼려 신구간이 되기만을 기다렸다. 말하자면 여러 신들이 옥황에 올라 인수인계를 하는 사이, 즉 신들이 인간세계를 보살필 겨를이 없는 분주한 틈에 신들의 눈을 피해서 가옥을 고치고 새로운 살림살이를 꾸려 온 것이다.

신구간이라 하더라도 금기시하는 것이 있다. 이사를 할 경우 방위만은 고려해 막힌 방향으로 이사하는 것을 경계했다. 예컨대 동쪽이 막힐 경우 곧바로 동쪽으로 향해서는 안 되고 남쪽을 우회해서 잠시 머물렀다가 동쪽으로 가야 한다는 것이다. 또 이사할 때 반드시 푸는체[기], 솥, 요강, 화로 등을 먼저 챙겼다. 이들 물건을 옮기면 이사가 완료된 것과 다를 바 없다는 얘기까지 한다.

불과 10여 년 전만 하더라도 신구간 풍습으로 인해 이사가 대부분 이 기간에 몰렸었다. 이 때문에 이삿짐 업체를 구하지 못해 발을 동동 구르는 경우가 많았고, 반대로 주소 이전, 쓰레기 처리 등을 해야 하는 행정당국이나

제주의 초가와 정낭.

우영팟(텃밭).

전화국은 업무가 폭주해 사회문제가 되기도 했다. 심지어 잘못된 관습을 고
치자는 캠페인을 벌이기도 했다. 육지부에서 수많은 이주민들이 제주로 거
주지를 옮기는 요즘에는 거의 사라진 옛 풍경이다.

　보통 신이라 하면 무결점, 완벽함으로 표현된다. 이 세상의 수많은 사람들
이 그렇게 여겨 신을 숭배하고 신앙의 대상으로 여겼다. 이와는 달리 제주에
서는 완벽해야 할 신들의 세계에 업무 인수인계 등으로 공백기가 생긴다니,
발상 자체가 특이하다. 완벽하지 않은, 약간의 틈을 보여주는 신들이기에 더
더욱 인간적인 모습이다. 툭하면 토라지는 신들의 모습도 눈길을 끈다. 신들
의 고향, 민속의 보고寶庫라 불리는 제주만의 독특한 문화라 할 수 있다.

2017. 1. 26.

새 철 드는 날,
풍년 기원 입춘굿

제주에서는 예
로부터 입춘을 '새 철 드는 날'이라 하여 24
절기의 시작으로 삼았다. 그리고 이날 온 도
민이 한자리에 모여 한 해의 풍농을 기원
하는 의식을 벌였는데, 곧 입춘굿이다.

물론 입춘굿은 제주만의 문화는 아니다. 과거 우리나라를 비
롯한 세계 곳곳의 농경사회에서 치러지던, 풍요를 기원하는 봄의 제
전 중 하나다. 우리나라 안에서도 김해의 춘경제^{春耕祭}부터 함경도와
평안도 일대를 아우르는 나경^{裸耕}, 강원도 삼척의 입춘제^{立春祭} 등 여러 지방
에서 두루 치렀었다고 전해온다.

제주에서의 입춘굿 유래는 탐라국시대로 거슬러 올라간다. 조선시대인
1841년에 펴낸 이원조 제주목사의 《탐라록》 기록에 의하면, "입춘날 호장은

입춘탈굿놀이.

관복을 갖추고 나무로 만든 소가 끄는 쟁기를 잡고 가면 양쪽에 어린 기생이 부채를 들고 흔든다. 이를 퇴우^{소몰이}라 한다. 심방 무리들은 활기차고 북을 치며 앞에서 인도하는데, 먼저 객사로부터 차례로 관덕정 마당으로 들어와서 밭을 가는 모양을 흉내 내었다. 이날은 본 관아에서 음식을 차려 대접하였다. 이것은 탐라의 왕이 적전^{籍田}하는 풍속이 이어져 내려온 것을 말한다."라고 설명하고 있다.

일제강점기인 1924년 당시 제주도청의 기록 《미개의 보고 제주도》에서는 "매년 입춘일 목사청에 모여 한 동리마다 흑우 한 마리씩 바쳐 목사와 도민의 안녕을 기원함과 동시에 농작물의 풍요를 산신과 해신에게 빌고, 여흥으로 가면극 형태의 고대극과 기이한 것을 연출한다."라고 소개하고 있다.

이 외에도 많은 기록들이 입춘굿을 전하고 있는데, 이를 종합하면 탐라의 왕이 몸소 밭갈이, 즉 친경적전親耕籍田 의식을 통하여 주민들과 함께 풍년을 기원했다는 내용으로, 탐라 왕조가 고려에 의해 멸망한 이후인 조선 초기에는 제주목사가, 훗날에는 호장이라 불리는 향리의 대표가 그 역할을 대신하기에 이르렀다는 것이다.

각종 문헌에 의하면 조선왕조의 멸망과 일제강점기를 거치는 동안 사라진 과거의 입춘굿은 '낭쉐코사木牛祭, 낭쉐몰이退牛, 입춘굿驗新之豊嫌, 뒤풀이跳躍亂舞' 등으로 구성되었음을 알 수 있다.

눈길을 끄는 대목은 다른 지방에서 전해 내려오는 입춘날의 의식과는 다르게 도황수를 필두로 심방 집단이 참여하고 있다는 것이다. 이와 함께 소위 농점農占이라 하여 한 해 농사에 대한 길흉을 점치는데, 다른 지방에서 정월 대보름에 행해지던 의식과는 차이를 보인다. 한마디로 제주에서는 입춘에

낭쉐몰이 장면.

무속을 중심으로 한 새해맞이 의례가 행해졌다고 할 수 있다.

제주 입춘굿의 또 다른 특징은 무엇보다도 민과 관, 무속이 함께 어우러져 진행된 제의의식이라는 것이다. 호장으로 대표되는 지역주민 대표와 심방들, 그리고 기생까지 함께 어우러지고 마지막으로 관아에서 음식을 대접했다는 것은 당시 제주의 모든 사람들이 어우러지는 제의의식이자 한마당 축제였음을 보여준다.

이를 종합하면 오늘날 강조하는 민관 협치의 전형이라 할 만하다. 달리 표현하면 과거 독립국으로서의 독자적인 문화를 가졌던 제주의 민중들을 다스리는 통치행위로서 중앙의 이념만을 강요한 것이 아니라 지역의 특수성을 인정했던 것이다. 특별자치도를 강조하는 오늘날 되새겨야 할 대목이다.

조선 말까지 이어지다 일제강점기 사라졌던 탐라국의 입춘굿은 1999년 제주민예총에 의해 복원돼 오늘에 이르고 있다. 탐라국 시대부터 이어져온 전통을 계승한 것으로 제주도 굿 본연의 신앙적인 요소를 살려 시민사회의 화합과 풍요를 기원함은 물론 현대적인 요소를 가미해 누구나 함께 체험하며 즐기는 도심형 전통문화축제로 발전하고 있다.

2017. 1. 31.

바람과 풍요의 신,
영등할망

겨울에서 봄으로 넘어가는 음력 2월, 제주의 날씨는 예측불허다. 맑았다가도 금세 강풍이 몰아치고 비바람으로 변했다가 언제 그랬었나 싶게 다시 맑은 날씨로 바뀌는 등 도무지 감 잡을 수가 없다.

제주에서는 음력 2월을 영등달이라 부르고, 영등신이 꽃샘추위를 몰고 온다고 여겼다. 영등신이 제주에 머무는 보름 동안 예측할 수 없이 변덕스런 날씨와 혹독한 추위가 계속된다는 것이다.

바람의 신神 영등할망이 제주섬에 와 있는 2월 초부터 중순까지 제주의 바다는 특히 험난하다. 심지어 이 기간에 소라나 전복 등 어패류는 속이 텅 빈 껍데기만 남아 있는 모습을 보이는데, 이는 영등할망이 속을 다 까먹어서 그렇다고 여겼다.

날씨 변화가 많기에 이 기간에 금기시하는 일도 많다. 해녀의 물질 등 바다에서의 활동을 전혀 하지 않았을 뿐만 아니라 농사일, 집안일 등에 있어서 매년 음력 2월에 열리는 제주 영등굿 장면.

영등굿을 집전하는 심방.

도 무척이나 조심했다. 심지어 이때 장을 담그면 구더기가 인다거나 곡식을 심으면 흉년이 든다는 말까지 전해진다.

하지만 영등할망이 두려운 존재만은 아니다. 영등할망은 제주 바닷가를 돌아다니며 씨를 뿌려주어 사람들이 살아갈 수 있도록 해 주는 풍요의 신이기도 했다. 그래서 섬사람들은 영등할망이 제주에 머무는 기간에 안전과 풍어를 기원하며 굿을 했다. 바로 영등굿이다.

영등할망은 2월 초하루에 한림읍 한수리를 시작으로 제주바다 곳곳을 돌아다니다 보름날 우도를 거쳐 떠난다고 전해진다. 그래서 제주의 해안마을에서는 영등할망이 제주를 찾는 2월 초하루에 영등환영제, 14일 또는 15일에 영등송별제를 지낸다. 환영제는 간략하게 진행되는 데 반해 송별제는 성대하게 치르는 차이가 있다.

중요무형문화재 제71호로 지정된 제주시 칠머리당의 경우 음력 2월 1일에 영등환영제, 2월 14일에 영등송별제를 행한다. 환영제 때는 어부와 해녀 등 신앙민만 모여 간소하게 지내는 반면 송별제 때에는 신앙민 외에도 많은 주민과 관광객이 모여 하루 종일 큰 굿판이 벌어진다. 영등할망이 떠나는 우도와 인근 마을인 온평리 등지에서는 15일에 굿이 열린다.

눈길을 끄는 것은 영등할망이 들어오는 초하루를 전후해 날씨가 맑고 화창하면 '옷 벗은 영등할망이 왔다.', '할망이 딸을 데리고 왔다.'라 한다는 것이다. 반면에 날씨가 궂으면 '우장 쓴 영등이 왔다.'거나 '할망이 며느리와 함께 왔다.'라 표현한다. 예로부터 고부간보다는 모녀간의 사이가 좋았던 모양이다.

영등할망은 한라산과 들판을 돌면서 꽃구경을 하며 밭에 곡식의 씨를 뿌리고, 바닷가에는 우무와 전각, 소라, 전복, 미역 등이 많이 자라도록 해초 씨를 뿌려준다고 믿었다. 때문에 굿을 통해 해상안전과 해녀들의 채취물인 소라와 전복, 미역 등 해산물의 풍성함을 기원했다.

영등굿 상차림.

한 해의 무사안녕을 비는 단골들.

제주에서의 영등굿 역사는 조선조 중종 25년[1530]에 편찬된《신증동국여지
승람新增東國輿地勝覽》에도 소개되고 있다. 그 내용을 보면 "2월 초하루에 제주
의 귀덕歸德, 김녕金寧, 애월崖月 등지에서 영등굿을 했다."라는 기록과 함께
귀덕과 김녕 등지에서 나무 장대 12개를 세워 놓고 신을 맞아 제사했다거나,
애월에서는 약마희躍馬戲를 하여 신을 즐겁게 하다가 보름날이 되면 파했는
데 이를 '연등燃燈, 영등'이라 한다는 내용이다.

이와 함께 영등굿의 시작과 관련된 신화도 전해진다. 한림읍 한수리의 고
깃배가 풍파를 만나 외눈배기외눈박이 땅에 불려가 잡아먹힐 상황에서 영등대
왕이 배를 숨겨 이들을 구해줬다는 것이다. 이때 뱃사람들을 무사히 구조한
영등대왕은 분노한 외눈배기들에 의해 죽임을 당하고 그 시신은 우도와 한수
리, 성산 등지에 떠오르게 되었는데, 이후 뱃사람들이 영등대왕을 모시는 제

를 지냈다는 내용이다. 이를 풀이하면 바다의 수호신적 성격을 띠고 있는 영등대왕에게 해상사고를 미연에 방지해 달라고 기원하면서 영등굿이 생겨났다는 것이다. 그 결과 영등굿의 주요 단골조직은 선주와 해녀들이 되었다.

제주의 영등굿은 1970년대 미신타파라는 이름으로 무속신앙을 단속할 때 많은 시련을 겪다가 제주칠머리당영등굿이 1980년 중요무형문화재 제71호로 지정되면서 재평가를 받게 되었다. 이어 2009년에는 유네스코의 인류무형문화유산으로 등재되는 쾌거를 일구게 된다. 제주의 바람이 만들어낸 신앙이 세계적인 유산으로 인정받은 것이다.

제주칠머리당영등굿은 제주시 건입동의 본향당인 칠머리당에서 열리는 영등굿을 말한다. 원래 일곱 개의 머리 모양을 한 칠머리에 있어서 칠머리당이란 이름이 붙었는데, 당초에는 건입포 포구에 위치했으나 제주항이 확장

되면서 지금은 사라봉과 별도봉의 중간 지점으로 당을 옮겼다. 이곳에서 2월 초하루에 환영제, 14일에 송별제를 지내는데, 국내외에서 많은 민속학자와 사진작가들이 굿을 보기 위해 몰려들기도 한다.

예전에는 제주도 중산간을 포함하여 해안가 마을에서 영등굿이 많이 행해졌다고 하나 현재는 주로 해안가에서만 행해지고 있다. 또한 해안마을의 경우도 과거에는 마을 전체를 아우르는 굿이었는데 오늘날에 와서는 어부와 잠녀를 위한 굿으로 변해가고 있다.

또한 마을의 신당에 모셔지는 신들이 항시 머무는 토착신인 데 반해 영등할망, 영등신은 외지에서 찾아온 내방신으로서 풍우신, 풍농신, 어업신, 해신, 해산물 증식신 등의 역할을 하는 것으로 그 성격을 규정할 수 있다.

한마디로 영등굿은 바람 많은 섬 제주에서 그것도 북서계절풍이 특히나 심하게 불어오는 음력 2월 초에 잠시 물질을 멈추고는 한 해의 풍요를 기원했던 마을 공동체의 문화라 할 수 있다. 나아가 계절의 흐름을 미리 알고서 혹시 모를 안전사고를 미연에 방지하려는 선인들의 지혜까지도 담고 있다.

지난 2016년 제주의 해녀문화도 유네스코의 인류무형문화유산으로 등재됐으니 해녀와 관련된 유네스코 인류무형문화유산이 두 건인 셈이다. 문제는 해녀의 숫자가 갈수록 줄어들면서 해녀문화도 그렇거니와 영등굿도 예전에 비해 그 위상이 점차 줄어들고 있다는 사실이다. 안타까운 일이다.

2017. 3. 6.

큰대가 세워진 굿청의 모습.

재물의 신,
칠성

　　　　　　　　새해가 시작되면 많은 이들이 소망을 기원한
다. 대부분이 가족의 건강과 화목, 부귀영화 등을 바라는데, 신神들의 고향이
라는 제주에서는 마을의 신당이나 집안 곳곳에 좌정한 것으로 알려진 신들
이 기원의 대상이다.

　특이한 것은 칠성이라 하여 뱀을 신으로 모시고 있다는 것이다. 제주의 신
화에서 뱀은 재물과 소원을 들어 주는 가신家神으로 형상화된다. 풍년을 들
게 하고 부富를 일으키는 칠성을 모시는 방법은 두 가지다. 집 안 곡식을 저
장하는 방인 '고팡庫房'에 모시는 '안칠성'과 집 뒤 장독 곁에 모시는 '밧칠성'
이 있다. 안칠성을 '안할망' 또는 '고팡할망', 밧칠성을 '뒷할망'이라 부르기도
한다.

　안칠성에 대한 제의는 명절이나 제사 때 주부가 메와 채소 등을 차린 제물을
안칠성의 거처인 고팡의 쌀독 뚜껑 위에 차려 놓고, 수저를 메밥에 꽂는 것으로

밧칠성을 모시는 칠성눌.

간략하게 행해진다. 별도의 의례가 아닌 명절과 제사 때 함께 진행된다.

한편 밧칠성을 모시는 공간을 '칠성눌'이라 부르는데, 땅 위에 기왓장을 깔고 오곡五穀의 씨를 놓은 뒤 다시 기왓장을 덮고 비가 새어들지 않도록 새띠로 만든 주쟁이주저리를 덮어 모시는 형태다.

밧칠성은 매년 정월 초에 새롭게 갈아엎는데 이를 '철갈이'라 부른다. 철갈이란 철계절을 바꾼다는 의미로 심방무당이 칠성눌 앞에 가서 칠성본풀이와 축원을 하고 칠성눌을 교체하는 것을 말한다. 매년 주쟁이를 만드는 일이 번거롭다고 여긴 일부 지역에서는 돌로 만든 함으로 대체했는데, 이를 칠성돌이라 부른다.

안칠성과 밧칠성 등 칠성신앙의 사신蛇神인 칠성이 태어나서 칠성신으로 좌정하기까지의 내력은 '칠성본풀이'에서 자세하게 소개되고 있다. 그 내용을 보면, 장설룡 대감과 송설룡 부인의 아기씨가 중의 아이를 임신했다는 이유로 집안에서 쫓겨나 제주도 함덕리 바닷가로 올라오게 된다. 무쇠상자 속의 아기씨와 일곱 딸은 뱀의 모습을 하고 있는데, 이들을 잘 모신 해녀잠수와 어부들이 부자가 되자 마을 사람들이 이후 너나없이 칠성을 모시기 시작한다.

이에 함덕리의 본향당신인 서물할망과 갈등을 겪게 되자 칠성은 어쩔 수 없이 제주성 안으로 들어가 막내는 밧칠성, 어머니는 안칠성으로 각각 좌정하여 곡물을 지켜 사람들을 부자가 되게 해주는 신이 된다.

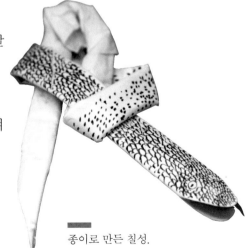

종이로 만든 칠성.

칠성눌을 대신하는 칠성돌.

나머지 딸들은 추수지기, 형방지기, 옥지기, 과원지기, 창고지기, 관청지기 등으로 각각 좌정했다는 것이다. 그 뒤로 칠성은 제주도에서 너나없이 모시는 일반신으로 확장된다.

칠성본풀이에서는 농사를 잘되게 해서 집 안의 항아리마다 곡식이 가득 차게 해달라는 것을 비롯해 돈을 많이 벌게 하여 부자가 되게 해달라는 기원과 함께 칠성이 여기저기 돌아다니며 사람들의 눈에 띄게 하지 말라는 당부도 덧붙였다.

제주도 사람들은 뱀을 봤을 때 좋지 않은 징조로 여겨 피하는 경우가 많은데, 특히나 뱀을 직접 죽이거나 남이 죽이는 모습을 보기만 하더라도 부정을 타서 몸에 병이 나는 등 벌을 받는다고 여겼다. 이 경우 '칠성새남굿'이라는 치병굿을 해야만 낫는다고 믿었다.

칠성새남굿의 상차림을 보면 차롱에 쌀을 깔고 칠성신상과 계란, 술잔 등을 함께 차렸다. 칠성신상은 백지를 꼬아 먹으로 칠성의 모습을 그려 넣은 형태이고, 계란은 뱀이 좋아하는 음식이기에 반드시 함께 올린다. 이를 칠성차롱^{채롱}이라 부른다. 그리고는 굿을 통해 자신은 잘못이 없고 허멩이라 불리는 허수아비의 잘못이라며 허멩이에게 죄를 뒤집어씌우는 것이다. 허멩이를 문초하는 과정을 허멩이놀림 또는 허멩이 답도리^{잡도리}라 구분해 부르기도 한다.

제주에서 뱀은 재물과 소원을 들어주는 신의 모습과 함께 제대로 모시지 않으면 몸에 병이 나게 하거나 집안을 망하게 하는 등 이중적 성격으로 나타나고 있다. 과거 곡식이 귀하던 시절, 곡식을 축내는 쥐를 잡아먹는 뱀의 모습을 보면서 곡식을 지켜 부자를 만들어 준다는 이미지가 형상화됐는지도 모를 일이다.

재물의 신 칠성에게 올 한 해 풍요를 기원하는 철갈이 의식이 오는 2월 3일 제주목관아에서 열리는 2018 무술년 탐라국입춘굿 행사에서 재현될 예정이다. 과거 1970년대까지만 하더라도 어렵지 않게 볼 수 있었지만 지금은 사라진 칠성눌의 모습도 함께 볼 수 있다.

2018. 2. 1.

칠성차롱(위), 칠성비념 의식 재현(아래).

백중, 목축의 신에게
제사 지내다

백중은 음력 7월 15일로 백종^{百種}, 중원^{中元}, 망혼일^{亡魂日}이라고도 한다. 이 무렵이면 과실과 채소가 많이 나와 옛날에는 백가지 곡식의 씨앗^{種子}을 갖추어 놓았다는 의미에서 유래됐다고 한다.

육지부에서는 백중이 되면 농부들이 음식과 술을 먹고 마시며 노는 풍습이 있다는데, 제주에서는 전혀 다른 의식이 치러진다. 대표적인 것이 마을 본향당의 신에게 제사 지내는 마불림제와 목축의 신에게 제사 지내는 테우리 쿠사^{테우리코시}다.

마불림제는 신에게 바친 옷에 장마로 곰팡이가 피는 것을 방지하기 위해 햇빛과 바람에 쐬어주는 제사라는 의미다. 마을에 따라 그 날짜가 약간씩 차이가 있는데, 대부분 음력 7월 13일에서 15일 사이에 치른다. 마불림제는 마을 본향당에서 굿을 하며 신에게 풍년과 우마의 번식을 기원하는 의식으로, 농경과 목축문화가 혼합된 형태라 할 수 있다.

송당리 마불림제.

반면 테우리쿳사는 목축의 신에게 우마의 안녕과 번성을 비는 고사다. 테우리는 목동을, 쿳사^{코시}는 고사를 이르는 제주어다. 보통 백중날 자시에 목장 안에 위치한 오름의 꼭대기에 올라가 집안마다 정성스럽게 차린 음식을 목축의 신에게 바치는 의식이다.

제물로는 삶은 닭과 과일, 메^밥, 떡, 술 등을 준비하는데, 오름 위의 목초지에 새^띠를 깔고 그 위에 제물을 진설한다. 특이한 것은 쇠로 된 수저와 젓가락이 아닌 나무를 잘라 만든 젓가락을 사용한다는 것이다.

제주 신화에 의하면 제주에서 목축의 신은 자청비^{세경할망}의 머슴이었던 정수남을 이른다. 세경본풀이에 보면 자청비의 남편인 하늘나라 문도령은 상세경으로 사계절의 운행과 재해 등 자연현상을 관장하고, 중세경인 자청비는 오곡의 열매를 생산하는 농경의 신, 하세경인 정수남은 가축을 돌보고 번성시키는 목축의 신으로 자리 잡았다고 전해진다.

가시리마을 합동 고사.

테우리 쿡사 재현.

예전 제주도의 중산간 일대가 모두 목장이었으니 목축의 신에게 제사 지내는 테우리 쿳사도 널리 성행했을 것으로 짐작되나 지금은 극소수의 마을에서만 행해지고 있다. 주변에 목장이 산재한 구좌읍 송당리의 경우 야간에 목장 안의 오름에서 제대로 격식을 갖춘 테우리 쿳사를 하고 있다. 지난 2005년 신화축제를 개최하면서 대낮에 마을 인근인 아부오름 정상에서 테우리 쿳사를 재현해 관광객들에게 볼거리를 제공, 호응을 얻기도 했다.

간혹 마을에 따라 밤이 아닌 낮에 목장에서 제를 지내는 경우도 있다. 송당 인근 마을인 대천동과 표선면 성읍리가 대표적인 사례다. 이들 마을에서는 목축 종사자들이 모여 큰 돼지를 잡아 제물을 차려 제사를 지낸 후 음식을 나누어 먹기도 했다.

씨앗이 바람에 날리지 않도록 하는 밭 볼리기(밟기).

백중의 다른 의식으로 '백중와살'이라는 한라산의 산신에게 제사를 지내기도 한다. 백중을 전후하여 사람들이 오곡과 한라산 자락의 갖가지 열매를 따게 되는데, 이때 백중와살이 허전하다고 시샘을 하여 풍운조화를 일으킨다며 제사를 지내는 것이다. 국립문화재연구소, 제주도 세시풍속, 2001.

목장이 많은 중산간 지역에서는 제사를 지내며 조용하게 지내는 것과는 달리 해안가 마을에서는 백중에 모두 바다로 나가 해산물을 채취한다. 이때가 되면 살찐 소라 등 해산물들이 많이 나온다고 하여 야간에까지 횃불을 들고 해산물을 잡는다.

지금까지도 전해지는 백중의 또 다른 의식으로 백중 물맞이가 있다. 백중에 한라산의 계곡이나 바닷가의 폭포에서 떨어지는 물을 온몸으로 맞으면 위병, 허리병, 열병 등에 특효가 있다고 전해진다. 특히 백중의 폭포수는 약물이라고 하여 그 효험이 더욱 크다며 일부러 마시기도 했다.

삼복더위에 콩밭과 조밭에서 땀 흘리며 일을 해야만 했던 농부들이 이날만큼은 편안하게 쉬며 즐겼던 의식들이다. 연일 계속되는 폭염에 심신이 피곤하다면, 하루쯤 쉬면서 재충전을 하고자 했던 옛사람들의 여유를 따라 해 보는 것도 좋겠다.

2016. 8. 16.

천지개벽과
두 개의 달

　　　　　　　　　　지난 2011년 《네이처》에는 수천만 년 전 지구는 두 개의 달을 가지고 있었는데, 두 개의 달이 충돌해서 오늘날의 달이 생겨났다는 학설이 발표됐다. 가설에 의하면 40억 년 전 소위 '대충돌'이라고 불리는 폭발이 있었고 이 때 두 개의 달이 생겨났다. 인류가 현재 보는 달의 3분이 1 크기인 자그마한 달이 지구와 또 다른 달 사이에 놓여 있었다는 것이다. 그 두 개의 달이 어느 순간 충돌해 오늘날의 달이 됐다는 얘기다.

　제주에서 두 개의 달 이야기는 오래전부터 전해 내려온다. 천지개벽 신화라 불리는 '천지왕 본풀이'에 보면 두 개의 해와 두 개의 달 이야기가 나온다. 제주도에서 심방^{무당}들이 굿을 할 때는 '초감제'라 하여 하늘이 열린 후 이 굿을 하게 되기까지의 내력을 이야기하는 의식이 있다. 천지왕 본풀이에 전하는 천지개벽 과정은 다음과 같다.

　태초에 천지가 서로 맞붙어 혼합되어 있었는데, 갑자년 갑자월 갑자일 갑

백록담 위로 떠오르는 달.

자시에 하늘의 머리가 자방^{子方}으로 열리고, 을축년 을축월 을축일 을축시에
땅의 머리가 축방^{丑方}으로 열려 천지는 금이 나 개벽되었다. 이때 하늘에서
는 청이슬이 내리고 땅에서는 흑이슬이 솟아나 서로 합수되어 만물이 생겨
났는데, 먼저 여러 가지 별이 생기고, 다음에 해와 달이 둘씩이나 생겨났다.
이 때문에 낮에는 더워서 살 수 없고, 밤에는 추워서 살 수 없었다.

  이에 하늘의 천지왕은 첫째아들인 대별왕에게 이승을, 작은아들인 소별왕
에게는 저승을 각각 맡아서 바로잡으라고 하였다. 그러나 이승을 탐낸 아우
는 수수께끼, 꽃 가꾸기 등의 내기를 하여 이기는 자가 이승을 차지하기로 하
자는 제안을 하고, 속임수로 이겨서 이승을 차지한다. 하지만 이승에 오고
보니 해와 달이 둘씩이나 뜨고, 나무와 짐승들이 말을 하고, 귀신과 인간의
구분이 없고, 인간사회에도 싸움과 불화, 도둑 등이 들끓고 있었다.

이를 바로잡을 능력이 없는 소별왕은 형에게 이승의 질서를 바로잡아 달라고 간청했고, 대별왕은 활로 해와 달을 쏘아 없애 하나씩만 남겼다. 또 송피가루를 뿌려 짐승의 혀를 저리게 하여 나무와 짐승들이 말을 못 하게 하였으며, 무게를 달아 그 경중으로 귀신과 인간을 구분지어 주었다. 이렇게 하여 대강의 질서는 잡혔지만 사람과 사람과의 관계는 그대로 두었기 때문에 지배와 피지배, 선과 악 등의 사회 무질서는 오늘날까지도 계속되고 있다는 것이다.

형보다 능력이 모자란 동생이 욕심을 부려 이승을 차지한 까닭에 오늘날의 불평등과 각종 사회문제로 고생하는 사람이 생겨나게 되었다는 이야기다. 마치 아담이 에덴동산의 사과를 따먹음으로 인해 오늘날 인간세계의 고난이 시작되었다는 서양의 신화와 다르지 않다.

제주시의 월대 표석.

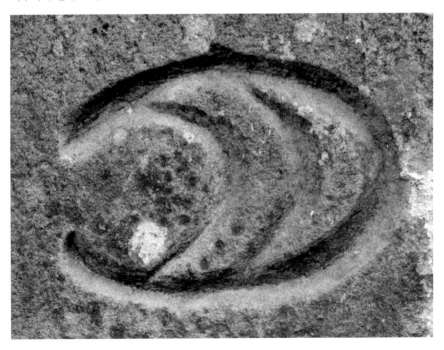

대별왕을 모신 제주시 해안동 본향 절물동산 하르방당.

　많은 이들이 제주도를 이야기할 때 그 시작을 설문대할망 신화에서 찾는
다. 설문대할망이라는 거대한 여신이 한라산을 만들었다는 얘기다. 이 할망
은 힘이 얼마나 셌는지 삽으로 흙을 일곱 번 파서 던지니 한라산이 만들어지
고, 치마에 흙을 담아 옮기는 과정에서 치마의 찢어진 틈으로 떨어진 흙덩어
리가 오름이 되었다고 전해진다.

　설문대할망이 한라산, 곧 제주도를 만들었다는 이야기도 그렇거니와 우주의
생성을 이야기하고 있는 곳, 제주. 내용을 떠나 그 이야기를 전하는 제주 사람
들의 스케일을 한번 보라. 이 지구상에서 하나의 점에 불과한 이 땅 제주도에
서 이처럼 웅대한 천지개벽신화가 전해져 내려오고 있다는 사실이 놀랍지 아
니한가. 제주를 가리켜 신화의 땅, 민속의 보고라 부르는 이유이기도 하다.

2016. 9. 15.

신神과 인간의 매개,
심방

얼마 전 제주에서는 의미 있는 굿판이 펼쳐졌다. '두이레 열나흘 굿', '차례차례 제 차례 굿' 등으로 불리는 제주큰굿 한마당이 열린 것이다. 14일간 여러 심방^{무당}이 나서 제의를 펼치는 큰굿은 제주도 굿의 결정판이라 불릴 정도로 규모면에서 가장 큰 종합적인 연희다. 2001년 8월 16일 제주도 무형문화재 제13호로 지정되어, 지금은 제주큰굿보존회를 중심으로 계승되고 있다.

제주큰굿은 신을 모셔 들이는 청신 의례를 시작으로 신에게 제물을 바치며 대접하는 공연供宴 의례, 기원·영신 의례, 천도·해원 의례, 오신 의례, 가신·조상 의례, 송신 의례 등의 순으로 진행된다. 신의 내력담인 본풀이를 풀어낸 뒤에는 신을 맞이하는 의례가 진행되거나 신을 즐겁게 놀리는 놀이가 진행되는 구조다.

큰굿은 심방집 큰굿과 사가집 큰굿으로 나뉜다. 심방집에서 진행되는 신굿의

시왕맞이 군문열림.

심방의 신칼.

경우 심방으로 인정받기 위한 하나의 절차로 신길을 바로잡기 위하여 당주堂主의 길을 닦는 당주맞이의 여러 제차가 삽입되어 복합적으로 이루어진다.

제주에서 심방들은 14일에 달하는 큰굿의 본주가 되어 신에게 역가役價를 바쳐야 비로소 심방으로서의 신분을 인정받는다고 해도 과언이 아니다. 큰굿을 한 번초역례 하면 하신충, 두 번째이역례는 중신충, 세 번삼역례을 해야 심방사회 최고 지위인 상신충의 자리에 오를 수 있다. 일종의 자격증 취득 과정이라 해도 무방하다. 신굿을 하지 않을 경우 '소미'라 구분하여 부른다.

심방으로 독립하면 그의 조상신을 집 안에 모시는데 이를 '당주'라 하고, 거기에는 신의 상징물인 멩두를 모신다. 굿 의뢰를 받으면 그 멩두를 가지고 출장하여 굿을 한다. 멩두를 활용하여 신을 청하고 점을 치고 여러 가지 굿을 함은 그 수호신의 보조를 받아 직능을 수행함을 의미한다.

심방을 굿에서는 '신의 성방'이라 표현하기도 한다. 신神의 형방刑房이라는 뜻이다. 신의 사제로서의 심방은 아픈 이들에게는 병을 고치는 의사, 마을과 개인의 안녕을 기원하는 점술사, 굿을 매개로 볼거리를 제공하는 연예인 등의 기능까지 보유했다. 그 결과 그들을 통해 열두본풀이라 불리는 세계적 수준의 신화가 구비문학으로 이어졌고, 놀이굿을 통해 공연문화가, 연물을 통해 제주의 음악이, 나아가 춤까지 전해졌으니, 제주민속문화의 결정체라 할 수 있다.

제주신화의 가치야 말할 것도 없거니와 지난 2010년 유네스코에서 5개의 소멸 위기 단계 중 4단계인 '아주 심각하게 위기에 처한 언어'로 분류한 제주어제주말가 지금껏 남아 전해지는 곳 또한 굿판이고, 그 중심에 본풀이를 풀어내는 심방들이 있다. 실제로 고령층의 할머니들을 제외한 제주의 중장년층의 경우 심방의 본풀이를 들으면 제대로 알아듣지 못할 정도다.

하지만 팔자를 그르쳐 심방이 된다고 할 정도로 심방들은 기구한 운명을 겪는 경우가 많았다. 심방이 되는 과정을 보면 부모의 무업을 계승하여 세습

전상놀이.

심방집 당주.

하거나 무구인 멩두를 줍는 경우, 무병을 앓다가 어쩔 수 없이 심방이 되는
경우, 심방과 혼인함으로써 저절로 되는 경우, 생활수단으로 입무하는 경우
등이 대부분이다. 하나같이 일상적인 삶과는 거리가 멀다.

　팔자 그르친 심방의 운명은 무조신인 '젯부기 삼형제' 이야기를 다룬 초공
본풀이에 이미 정해져 있는데, 최초의 심방인 유정승 따님애기의 사례가 그
것이다. 유정승 따님애기는 어렸을 때 길 가는 스님으로부터 팔자를 그르쳐
야 산다는 말과 함께 엽전 두 푼을 받았다. 그것을 놀이로 땅에 묻어 놓았는
데, 일곱 살 때부터 10년 주기로 병이 들었다가 낫기를 반복, 일흔일곱 살에
비로소 팔자를 그르쳐 심방이 되었다는 내용이다.

　팔자를 그르쳐 심방이 되었다지만 제주의 전통문화에서 그들이 차지하
는 비중은 무척이나 크다. 일만팔천 신들의 고향, 신화의 섬, 무속의 보고라

불리는 그 중심에 그들이 있기 때문이다. 하지만 그 가치에 비해 이제껏 제대로 된 대우를 받지 못해 왔다. 과거 미신타파라는 이름으로 제주의 굿과 심방은 탄압의 대상이었고, 지금의 심방 문화는 고령화 등의 문제로 언제 사라질지 모르는 심각한 상황으로 내달리고 있다.

문화재 확대 지정과 더불어 예산을 지원해서라도 제주큰굿이 자주 열리게 해야 한다. 오늘날 14일에 달하는 제주큰굿을 한 개인이 마련하기에는 너무나도 벅찬 일이기 때문이다. 나아가 제주큰굿 전수학교를 운영해 젊은 심방들을 양성, 교육하는 프로그램도 하나의 방법이다. 당국의 관심과 지원이 시급하다.

2017. 7. 27.

저승길을 닦는
질치기

2018년 4월 중순, 제주에서는 의미 있는 굿판이 펼쳐졌다. 4·3 70주년을 맞아 당시 목숨을 잃은 희생자들의 안식을 기원하는 4·3해원상생큰굿이 펼쳐진 것이다. 특히 마을 단위로 펼쳐졌던 예년과는 달리 4·3평화공원에서 7일간에 걸쳐 현재까지 등록된 희생자 전체를 대상으로 굿이 진행됐다.

제주에서, 4·3에서 굿이 갖고 있는 의미는 각별하다. 가장 제주적인 방식으로 해원한다는 의미 외에도 모든 종교가 침묵하고 있을 때 처음으로 4·3유족들의 눈물을 닦아준 것이 굿이기 때문이다. 실제로 1990년 가을, 4·3 당시 잃어버린 마을인 제주시 애월읍 원동마을 터에서 유족들이 모여 4·3 당시 희생된 마을 어르신을 기리는 굿을 했는데, 이것이 개인 차원이 아닌 조직적으로 치러진 4·3 굿의 시초다. 이어 50주년인 1998년 제주시 한라체육관에서 1박 2일 4·3 큰굿이 펼쳐졌고, 2002년 이후부터는 제주민예총이 주관하여 서천꽃밭 상징물.

매년 4·3해원상생굿을 진행하고 있다.

  2018년의 경우 그 연장선상에서 마련된 것인데, 이번 굿의 특징은 확인된 희생자 전체의 이름을 한 분 한 분 부르는 열명列名^{거명} 의식을 가졌다는 것이다. 3만 명으로 추정되는 4·3 희생자 중에서 현재까지 신고과정을 거쳐 희생자로 인정된 인원은 1만 4,232명으로, 이 중 생존희생자 115명을 제외한 1만 4,117명이 그 대상이다.

  모든 희생자들이 이승에서의 한을 풀고 저승으로 잘 가시라는 의식이다. 다시 말해 죽은 영혼이 이승에서 지은 죄를 사하여 저승의 좋은 곳으로 보내 주도록 시왕十王에게 기원하는 의식인 '시왕맞이' 굿이 펼쳐진 것이다. 시왕은 저승을 차지하고 있는 열 왕으로, 인간들의 명부冥簿를 가지고 있어 타고난

목숨이 다 되면 차사를 시켜 잡아오게 한 후에 생시의 업보業報에 따라 지옥 또는 극락으로 보내는 역할을 맡은 신이다. 시왕맞이 제차 중에 저승길을 치워 닦아 시왕의 하위신인 차사와 죽은 영혼을 맞아들이는 의식을 별도로 질치기일명 차사영맞이라고도 한다. 질치기는 길을 닦는다는 의미다.

질치기의 순서를 보면 저승길을 치우고 닦아서 차사와 죽은 영혼을 맞아들이고, 이어 망인의 심회를 말하는 '영개울림'을 들은 뒤, 저승의 열두 문을 차례차례 열어 영혼을 위무하여 저승으로 보내는 과정을 거치게 된다. 저승 열두 문은 대나무를 이용해 둥근 모양으로 꾸민다.

이때 길을 돌아보고, 그 길에 무성한 잡초와 나무를 베고, 그 그루를 따비로 파고, 흙을 발로 밟아 고르고, 나뒹구는 돌멩이를 치우고, 밀대로 밀어 지

저승길을 치워 닦는 질치기(2018년 4·3평화공원에서 열린 4·3해원상생큰굿).

인간과 신이 함께 어우러지는 서우젯소리.

면을 고르게 하고, 일어나는 먼지를 비로 쓸고, 물을 뿌리고, 젖은 데에 띠를 까는 세밀한 길 닦기 과정을 노래와 춤으로 표현한다. 인간세상의 길을 만드는 과정을 연상하면 쉽게 이해할 수 있는데, 망자가 이승의 미련을 버리고 저승으로 고이 갈 수 있는 길을 내는 것이다. 이때 후손들은 영혼을 잘 보내드리는 마음을 담아 지전이나 돈, 다라니로 저승다리 위에 인정을 건다.

　이번 해원상생굿에서 특히 눈길을 끄는 부분은 서천꽃밭으로 가는 길을 별도로 마련했다는 것이다. 서천꽃밭은 저승과는 별개의 공간으로 생불꽃과 멸망꽃, 울음꽃, 웃음꽃, 환생꽃 등 가지각색의 신비로운 꽃이 피어 있는 상상의 세계다. 15세 이전에 죽은 혼령들이 극락에 가기 전에 머문다고 전해지는 곳이기에 4·3 당시 희생된 어린 영혼들을 위해 따로 마련한 것이다. 어린 영혼에게 인정을 걸 때는 지폐가 아닌 동전을 원칙으로 하며 일부러 소리가 나도록 그릇에 담는다. 4·3 당시의 희생자 중 10세 이하의 어린이는 전체 희생자의 5.8%에 달한다.

한편 질치기의 가장 큰 목적은 망자가 이승의 미련을 버리고 저승으로 고이 갈 수 있게 하는 것으로, 원한을 가진 영혼들이 이승의 일에 끼어드는 것을 방지하자는 내용이다. 즉 죽은 영혼을 위무함과 동시에 살아있는 사람들이 편안히 생업에 종사할 수 있도록 하자는 자기위안의 성격이 강하다.

굿의 말미에는 '푸다시'라 하여 잡귀가 사람에게 접근하지 못하도록 조치하는 한편, 심방과 단골이 함께 어우러져 노래와 춤을 즐기는 '서우젯소리'까지 이어진다. 서우젯소리가 굿에만 등장하는 것은 아니다. 사설은 약간 다르지만 마을 사람들이 함께 어울려 놀 때도 부른다. 신과 영혼, 살아있는 사람까지 함께 즐거워지는 세상, 신인동락神人同樂의 세상을 꿈꾸는 것이다.

2018. 5. 3.

동굴 속
사람들

제주도는 화산동굴의 섬이라 해도 과언이 아니다. 제주도 곳곳에 산재한 동굴은 과거 원시인들에게 있어서는 훌륭한 집자리였을 것이다. 바위그늘 집자리 유적도 그렇거니와 탐라국의 시작이라 할 삼성신화에서 삼을라와 벽랑국의 세 공주가 처음 신방을 차린 곳도 혼인지의 동굴이었다.

수많은 동굴유적 중에서 특히 눈길을 끄는 동굴이 구좌읍 김녕리에 위치한 궤네기굴이다. 삶의 터전이 아닌 신神을 모시는 신앙의 공간으로 활용됐기 때문이다. 제주의 신당神堂 중에서 동굴 속에 제단이 차려진 곳이 아주 없는 것은 아니지만 궤네기굴의 경우 과거 선사시대부터 오늘날까지 신앙공간으로 이어져 왔다는 특징이 있다.

김녕리 삿갓오름입산봉의 서쪽에 위치한 궤네기굴의 전체 길이는 200m가량이다. 동굴 공간의 평면 모양은 입구에서 완만하게 곡선을 이루며 안쪽으

궤네기굴 내부.

수령 380년의 팽나무가 지키고 있는 궤네깃당.

로 갈수록 동북쪽으로 휘어져 들어간 형태를 띠고 있다. 내부의 폭은 가장 넓은 부분인 입구가 9.2m, 10m 안쪽으로 들어간 부분이 8.4m, 내부 안쪽이 7.5m에 이르나 대체로 거의 같은 폭을 유지하고 있다. 사람이 드나들 수 있는 동굴 바닥의 면적은 대략 65m² 정도 된다.

지난 1991년부터 3년간 이곳을 발굴 조사한 제주도민속자연사박물관에 의하면 궤네기굴은 기원 전후 시기에 사람이 거주하던 유적으로 밝혀졌다. 유물분포 상황을 간추려보면 입구 쪽은 물론 안쪽까지 전역에 걸쳐 유물이 분포하고 있다. 대체로 바닥이 굴 안쪽으로 완만한 경사를 이루고 있어 안쪽의 유물은 굴 입구로부터 유입되는 빗물에 의해 이동한 것으로 추정된다. 벽 쪽에서 출토된 비교적 큰 적갈색토기 항아리 파편은 장기 거주에 필요한 저장용 용기일 가능성이 높다는 평가다.

특히 이곳에서 발견된 유물과 동굴 바닥에 퇴적된 토층의 두께를 볼 때 이곳에서 일정 기간 지속적으로 제사가 이루어진 것으로 풀이하고 있다. 즉 기원 전후부터 서기 500년까지 일정 기간 사람들이 거주했고, 훗날 제사유적으로 이용됐다는 것이다. 오랜 기간 주거유적과 신앙유적의 성격을 띤 보기 드문 유적으로 문화재적 가치가 뛰어난 곳이다.

이곳에서의 제의는 60여 년 전까지도 성행했다. 제주4·3

이전까지만 하더라도 이곳은 '궤네깃한집'이라는 신을 모시던 신당이었다. 당시 이곳에서는 1년에 한 번씩 모든 집에서 돼지를 한 마리씩 잡아서 제물로 올린 다음 '돗제豚祭'가 끝나면 돼지고기로 죽을 쑤어 굿을 보러 온 이웃들과 나누어 먹었다. 하지만 4·3 당시 이곳 출입이 어려워지자 단골들이 각 가정에서 돗제를 지내면서 당으로서의 기능이 사라진 것이다.

돗제라는 특이한 제의의식뿐만 아니라 당신堂神의 내력을 담은 본풀이가 전해지기도 한다. 그 내용을 보면 '궤네깃한집'이라 불리는 이 당의 신은 송당리 당신인 소천국과 백주또의 여섯째 아들로서, 그 용맹함이 용왕의 눈에 들어 용왕의 막내딸과 결혼하고 훗날 강남천자국의 난리를 평정한 후 고향으로 돌아와 신神으로 좌정했다는 이야기다. 한마디로 용왕국과 강남천자국으로 이어지는 장대한 스케일의 영웅설화로서 해양문학적 요소까지도 띠고

돗제 상차림.

오방색 천을 내거는 제의는 제주의 풍습과 거리가 있다.

있는 가치 있는 본풀이를 갖춘 당이라 할 수 있다.

　현재는 동굴 내부 천장과 벽면 일부에서 확인되는 용암종유와 동굴산호를 보호하기 위해 출입을 금지하고 있다. 대신에 동굴 입구에 서 있는 380년 수령의 아름드리 팽나무가 그 위엄을 보여준다. 당의 기능이 사라져 마을의 단골들은 찾지 않지만, 그 명성을 듣고 찾아온 이방인들이 이곳에서 기도의식을 벌이기도 한다. 간혹 오방색의 천을 나뭇가지에 내건 풍경을 볼 수 있는데 이는 제주의 풍습과는 거리가 있다. 제주의 신앙민들은 당에 갈 때 지전과 물색이라 불리는 소박한 제물만을 준비하기 때문에 쉽게 비교가 된다. 한마디로 주인 떠난 자리에 나그네가 주인 행세를 하는 형국이다.

2017. 11. 23.

태풍에 쓰러진 신목神木

2018년 10월, 제25호 태풍 콩레이가 제주지역에 많은 피해를 남기고 물러갔다. 강풍과 함께 한라산 윗세오름에 737.5mm를 비롯해 어리목 649.5mm, 산천단 488.0mm, 오등동 457.5mm 등 많은 비를 뿌렸다.

이 와중에 제주인의 신앙을 상징하는 신당의 신목神木이 바람을 이기지 못하고 쓰러져 안타까움을 주고 있다. 제주도 지정문화재이자 '민속자료 9-3'인 조천읍 와흘본향당의 신목 팽나무가 쓰러진 것이다. 와흘본향당은 규모 면에서 제주도 신당 중 최고를 자랑하는 한편, 400년 수령의 팽나무 두 그루가 우람하게 서 있어 그 위용을 세우던 곳이었다. 이들 팽나무는 1982년부터 보호수로 지정 보호돼 왔다.

한편 2005년 4월 15일 도지정문화재로 지정됐지만 그 직후부터 팽나무의 수난이 시작됐다. 도지정문화재로 지정된 지 한 달도 안 돼 신목 한 그루가

와흘본향당 당굿에 진설한 제물들(1995년).

강풍으로 가지가 부러지는 참변을 당한 것이다. 행정당국이 정비작업을 벌이고자 했으나 신의 노여움을 우려한 인부들이 작업을 거부해 급기야는 예산 300만 원을 투입, 심방^{무당}이 나서 굿을 한 이후에 부러진 가지 제거작업을 마칠 수 있었다. 여전히 신앙심이 유지되고 있음을 보여주는 사례라 당시에 눈길을 끌기도 했다.

　이러한 사례들이 외부에 알려지자 유명세를 타 육지부에서 기도를 위해 이곳을 찾는 이들이 많아지면서 생각지도 않은 불상사가 발생했다. 지전과 물색 등 소박하게 제물을 바치는 제주의 전통방식과는 달리 육지부에서 온 무속인들이 오방색 천으로 나뭇가지를 감싸면서 문화의 왜곡 현상이 벌어지기도 했다. 2009년 1월에는 무속인들이 방치한 촛불이 오방천에 옮겨 붙으며 화재가 발생해서 신목이 고사 위기에 놓이기도 했다. 결국 2014년에 팽나무

태풍 콩레이에 쓰러진 조천읍 와흘본향당 신목 팽나무.

한 그루의 밑동이 썩어 고사했고, 남아있던 한 그루마저 이번에 쓰러진 것이다.

제주에서 본향당本鄉堂은 마을의 토지와 마을 사람들의 출생과 사망 등으로 대표되는 생산과 물고, 호적, 장적을 관장하는 본향당신이 머무는 공간이다. 신을 형상화한 신체神體로는 신목과 신석, 석함, 신혈, 신상, 위패 등이 있는데, 신목의 경우 신이 우주의 나무인 신목을 타고 내려온다는 의미를 담고 있다. 신목 중에는 팽나무가 가장 많은 비중을 차지한다.

'와흘 한거리 하로산당' 또는 '노늘당'이라고도 불리는 와흘본향당의 당신堂神은 제주도 신당의 뿌리인 구좌읍 송당본향당의 당신인 백주또와 소천국의 11번째 아들인 백조도령이다. 백조도령은 와흘리에 사는 서정승의 딸과 혼인했다. 이들 부부신을 모신 제단은 신목의 남쪽과 동쪽 구석 두 곳에 설치되어 있다.

와흘본향당에서는 매해 음력 1월 14일과 7월 14일에 당굿이 열리는데, 1월에는 신과세제新過歲祭를 올리고, 7월에는 마불림제를 한다. 중산간 지역에 위치한 마을이기에 당신은 산신으로 형상화되는데, 한 해 운수를 점치는 제차인 산받음과 액운을 막는 제차인 액막이로 끝나는 다른 마을과는 달리 굿의 말미에 산신을 위해 벌이는 굿인 산신놀이까지 진행한다.

당굿을 앞두고 미리 금줄을 쳐서 외부인의 출입을 금하는데, 굿이 열리는 날이면 마을 부녀자들은 아침 일찍 대로 만든 바구니인 구덕에 제물을 가지고 와서 제단에 진설한다. 당굿이 열리는 날이면 마을을 떠나 외지에 살고 있는 주민들까지 빠짐없이 참가하는데, 예전에는 200명 이상이 몰려 장관을 이루기도 했다. 다른 마을의 경우 당은 부녀자들만 찾고 남자들은 포제단에서 유교식 마을제인 포제를 지내지만, 와흘리의 경우는 남성들도 적극적으로 당굿에 참여한다.

2006년 와흘본향당 모습. 외지 무속인들이 오방색 천을 둘러 문화 왜곡이 발생했다.

　다시 말해 마을의 구심체 역할을 해왔던 본향당의 상징 신목이 쓰러진 것
이다. 자연재해에 의한 피해이기에 어쩔 수 없다지만 안타까움을 금할 수 없
다. 이에 마을에서는 대체 수목 이식 등 대안을 고민 중이라고 한다. 마을공
동체의 정신문화를 되새기는 계기가 되기를 소망해 본다.

2018. 10. 14.

신목이 쓰러지기 전 1999년 외흘본향당의 모습.

원형 사라지는
제주 신당들

　　　　　　　　　　제주를 가리켜 일만 팔천 신^神들의 고향이라고
한다. 그만큼 신들이 많다는 말이다. 조선시대 《동국여지승람》^{東國輿地勝覽}에
보면 "풍속이 음사^{淫祀}를 숭상해 산, 숲, 내와 못, 언덕, 나무와 돌에 모두 신의
제사를 지낸다."라는 표현이 있을 정도로 곳곳에 신을 모셨다. 이러한 풍습은
오늘날에도 그 흔적을 찾을 수 있는데, 마을 곳곳에 자리 잡은 신당^{神堂}이다.
　지난 2008~2009년 제주전통문화연구소의 신당조사팀장을 맡아 제주도 신
당 전수조사를 진행한 적이 있다. 당시 조사된 신당의 숫자는 392개소. 보고
서 발간 이후에 추가로 확인된 곳까지 합하면 400개소 가까운 신당이 존재
하고 있었다.
　신당은 신앙민^{단골}들에게는 최고로 신성한 곳이다. 가정의 안녕과 생로병
사를 관장하는 신이 기거하는 곳이기 때문이다. 그래서 신에게 세배를 드리
는 의식인 신과세제나 당에 갈 경우에는 최소 3일간 돼지고기도 먹지 않는

등 지극정성으로 몸조심을 한다.

이처럼 마을 주민들이 신성하게 여기는 신당들이 최근 개발바람 앞에 속절없이 훼손되고 있다. 현재의 속도로 개발 행위가 진행될 경우 신당의 훼손은 더욱 가속화될 전망이다. 제주도의 신당은 대부분 사유지에 위치하고 있기에 대책 마련도 쉽지 않다.

몇 가지 사례를 보자. 2년 전 도로확장 과정에서 성산읍 성산리에 위치한 일뤠당이 사라졌다. 마을 주민들의 이야기에 따르면 당시 행정당국에 보존대책 마련을 주문했으나 관련 규정이 없다는 이유로 묵살됐다고 한다.

사유지에 위치한 제주시 오등동 죽성 마을의 죽성설새밋당은 토지 주인이 허물어버리면서 원형이 사라졌다. 이후 몇몇 뜻있는 이들이 설새밋당 되살리기 운동을 벌이기도 했으나 사유지라는 한계 때문에 성과를 내지 못하는 실정이다.

도평마을 뱅듸대통밧당과 조천읍 함덕본향당의 경우 공동주택이 건립되면서 신당의 원형이 크게 훼손됐다. 함덕본향당의 경우 마을 주민들이 나서보존대책으로 건물의 한쪽 귀퉁이에 새로이 신당 공간을 조성하면서 그나마 명맥을 잇고 있으나 뱅듸대통밧당의 경우 공동주택의 울타리가 신당을 에워싸면서 거대한 성벽에 갇힌 형국이다.

이와는 달리 신의 형체라 할 수 있는 신목이 고사하면서 원형이 크게 달라진 경우도 있다. 애월읍 상가오당빌레당의 경우 마을에서 새로운 나무를 심어 정비를 하면서 예전의 모습과는 달라졌지만 그나마 신당의 명맥을 이었다. 하지만 소길 당팟할망당은 고목이 사라졌을 뿐만 아니라 인근 토지주가

2008년 소길 당굿할망당.

2008년 죽성설새밋당.

밭을 정비하면서 주변 환경이 크게 바뀌었다.

　사유지가 아닌 바닷가와 하천변에 위치한 신당의 경우도 불안하기는 마찬가지다. 바닷가의 경우 해안도로 개설 등으로 인한 훼손 우려가 있고, 하천변에 위치한 신당도 하천 정비라는 이름으로 그 지형이 크게 바뀌고 있기 때문이다. 도로개설 과정에서 사라진 신당으로는 내도알당, 신촌남당, 우도 똥내미구석돈짓당 등이 있다.

　물론 대안이 전혀 없는 것은 아니다. 도시개발 이후 도심공원에 당을 새롭게 조성하는 경우도 있다. 노형너븐드르본향당, 삼양가물개당팟할망당 등이 이에 해당한다. 월랑동 본향 다랑굿 막개낭당은 어린이놀이터가 있음에도 불구하고 오늘날에도 단골들이 찾는 등 당의 기능이 이어지고 있다.

　문제는 행정당국에서의 적절한 보존대책이 없다는 것이다. 현재 제주도의

2008년 함덕본향당.

신당 중 월평다락쿳당, 와흘본향당, 송당본향당, 수산본향당, 세미하로산당 등 5개소가 민속자료로 지정 보호되고 있을 뿐이고 나머지 신당은 보호대책이 전무하다.

　신당이 위치한 토지를 매입하거나 여의치 않을 경우 차선책으로 훼손 위기의 신당들을 마을 공동 소유의 토지로 옮기는 방안도 있으나 땅값 상승으로 그 비용이 만만치 않기에 쉽지 않은 문제다. 제주도 곳곳에서 진행되는 개발은 천혜의 자연경관뿐만 아니라 수백 년 이어져온 고유의 전통문화도 함께 파괴하고 있다.

2016. 6. 22.

척박한 섬땅을
일군 지혜

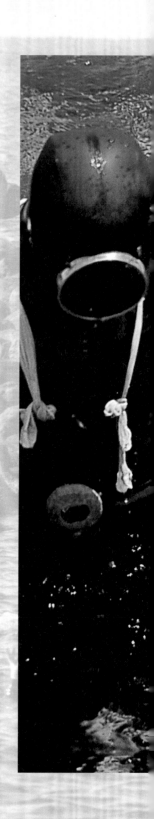

돌담,
그 아름다움 너머

제주의 밭담이 2014년에 세계식량농업기구^{FAO,}
United Nations Food and Agriculture Organization of the United Nations의 세계농업유산
으로 등재됐다. 선인들의 지혜와 과학, 거기에 최근에는 경관 차원의 아름다
움까지 부각되며 세계인들로부터 그 우수성을 인정받은 것이다.

오늘도 수많은 관광객들이 제주올레를 비롯한 제주의 들녘을 걸으며 돌담
의 아름다움에 감탄하곤 한다. 그들에게 돌담의 무엇이 아름다운가를 물으
면, 많은 이들이 꾸불꾸불 끝없이 이어지는 돌담의 선을 이야기한다. 물론
틀린 말은 아니다. 특히나 새파란 청정바다와 어우러진 돌담은 탄성을 자아
내기에 부족함이 없다.

하지만 왜 돌담이 만들어지게 됐는지를, 돌담의 이면에 얼마나 많은 이들
의 삶의 애환이 깃들어 있는지를 알게 된다면 그 느낌은 달라질 것이다.

제주도는 화산섬이다. 화산이 폭발하고 난 후 남는 것은 온통 바위덩어리

들뿐이다. 그 위를 일구어 밭을 만들었고, 그 과정에서 생겨난 수많은 돌덩이를 쌓아올린 것이 오늘의 돌담이다.

그 과정을 자세히 살펴보자. 돌덩어리들, 심지어는 바위 암반이 덮여 있는 곳_{이를 제주에서는 빌레라 부른다}을 농경지로 개간하기 위해서는 돌을 치워야 한다. 밭에 씨를 뿌리려면 땅을 갈아엎어야 하는데 돌이 많으면 그만큼 작업이 힘들어지는 것이다.

이때 걷어낸 돌무더기들을 처음에는 밭의 한 귀퉁이에 쌓았었다. 이를 '머들'이라고 부른다. 그런데 농사를 짓다 보니 남태평양으로부터 불어오는 강력한 바람을 막아내야만 했다. 그래서 한곳에 무더기로 쌓았던 돌들을 밭의 가장자리로 옮겨 바람을 막을 수 있도록 쌓은 것이 오늘날의 돌담이다.

이러한 사례는 빌레암반이 주를 이루는 구좌읍 김녕리나 월정리 지역에 가면 쉽게 확인할 수 있다. 무더기로 쌓인 머들도 볼 수 있고, 바위 암반을 깎

아낸 흔적들도 볼 수 있다. 또 깎아낸 바위 암반 위에 쌓아올린 돌담들도 심심치 않게 볼 수 있다. 이러한 과정이 모여 세계적으로 그 가치를 인정받은 제주의 돌담이 오늘에 전해지고 있는 것이다. 제주 밭담의 길이는 자그마치 2만 2,000km에 달한다.

　단순한 아름다움이 아니다. 그 아름다움의 이면에는 이러한 고난의 환경을 이겨낸 선인들의 아픈 역사와 더불어 개척정신이 담겨 있다. 세계적인 관광지 제주도의 하나하나마다 그런 아픈 사연들이 숨겨져 있다. 오죽했으면 "사람을 낳으면 서울로 보내고, 말을 낳으면 제주도로 보내라."라는 옛말이 생겨났겠는가. 아름다움 너머 제주 사람들의 삶도 함께 보는 관광이 되기를 기대해 본다.

2015. 12. 27.

울고 웃었던
감귤재배 역사

                  감귤 수확철인 11월, 제주의 농가들은 감귤 가격에 온 신경을 곤두세운다. 제주 경제에서 감귤이 차지하는 비중은 엄청나다. 지금은 많이 달라져 관광산업이 제주 경제의 상당 부분을 차지하고 있지만, 일반 서민들의 경우 감귤 가격에 더 민감하게 반응한다. 감귤 조수익이 직접적으로 가정경제에 영향을 끼치기 때문이다.

  제주 경제에 감귤이 끼친 영향을 말할 때 '대학나무'라는 표현을 많이 쓴다. 감귤농사를 지어 그 수입으로 자식들을 대학에 보낼 수 있었다는 의미다. 그만큼 감귤은 제주 경제를 지탱하는 힘이었다.

  하지만 감귤이 제주 사람들에게 늘 고마운 존재는 아니었다. 조선시대까지만 하더라도 감귤은 관아의 수탈 도구로 이용되었고, 이로 인해 제주 사람들은 큰 어려움을 겪어야만 했다. 조선시대 제주의 감귤은 임금님에게 올리는 대표 진상품이었다.

그래서 제주의 감귤은 과원이라는 이름으로 특별 관리되었다. 제주에 관리로 온 이들 또한 감귤의 수확량에 대한 관심이 지대했다. 심지어 열매를 맺어 얼마 지나지 않았음에도 그 숫자를 파악할 정도였다.

그런데 모든 과일이 그렇듯이 태풍이 지나면 상당량의 열매가 떨어진다. 그럼에도 불구하고 관리를 맡은 도민들에게 당초 확인한 숫자만큼의 감귤을 요구했다. 이러한 고초를 겪는 도민들이 이 상황을 벗어날 가장 확실한 방법은 무엇이었을까. '만약에 감귤나무가 없다면 이 고생은 없어질 것'이라 하여 뜨거운 물을 감귤나무에 붓는 경우도 있었다. 자연스럽게 고사한 것처럼 보이려 했던 것이다.

한편, 풍작으로 우수한 품질의 감귤을 생산하더라도 한양까지 운반하는 것 또한 큰 문제였다. 겨울철 풍랑으로 제때 보내지 못해 썩는 사례도 있었고, 배가 침몰하거나 표류하는 경우도 많았다. 심지어 일본의 감귤도 그 뿌리는 제주라는 이야기가 전해진다. 한양으로 향하던 제주감귤 운송선이 일본에서 침몰했는데, 이때 침몰 선박에서 나온 감귤의 씨앗에서 일본 감귤이 비롯됐다는 것이다.

이처럼 제주 사람들에게는 통한의 대상이지만, 감귤을 바라보는 외지인들에게는 무척이나 아름다운 풍경으로 인식됐던 것 같다. 제주에서만 볼 수 있는 이국적인 풍경이기에 더더욱 강렬한 인상을 받았을지도 모를 일이다.

대표적인 사례로 《탐라순력도》耽羅巡歷圖에 보면 '귤림풍악'橘林風樂이라 하여 과원에서 기녀들이 거문고를 연주하는 가운데 풍악을 즐기는 모습이 상세히 그려져 있다. 《탐라순력도》는 조선 숙종 때인 1702년에 제주목사 겸 병마수군절제사에 부임한 이형상李衡祥, 1653~1733이 제주도 각 고을을 순력하면서 본 모습을 화공畵工 김남길金南吉이 그린 화첩이다.

이 밖에 헌종 때 제주목사로 왔던 이원조의 경우에도 제주의 아름다운 풍

경 10가지를 소개하면서 '귤림상과'橘林霜顆라 하여 제주감귤의 아름다움을 노래하고 있다. 제주의 아름다운 곳을 대표하는 매개 이한우1818~1881의 영주십경瀛洲十景에도 '귤림추색'橘林秋色이 한 자리를 차지한다.

물론 요즘 관광객들의 눈에도 노랗게 익어가는 제주감귤은 무척이나 아름답게 보일 것이다. 제주 사람들을 힘들게 했던 조선시대, 그리고 대학나무라 불리며 제주 경제를 지탱했던 1970년대의 과거사와는 무관하게.

2016. 1. 19.

원시 뗏목,
테우

요즘 제주의 제철 음식은 자리돔 요리다. 자리돔을 이용한 물회와 강회, 구이 등이 있고, 이 시기 자리돔으로 만든 자리젓 같은 일 년 내내 먹는다. 모슬포 일대와 서귀포시 보목동에서 잡힌 자리돔이 특히 유명하다. 제주에서는 자리돔을 '자리'라 부른다. 해서 자리돔물회가 아닌 '자리물회'라 부른다.

자리돔은 크기 10~18cm가량인 바닷물고기로, 몸은 달걀 모양이다. 등 쪽은 회갈색을 띠며 배 쪽은 푸른빛이 나는 은색을 띤다. 6~7월이 산란기로 알이 가득 찬 요즘에 잡히는 자리가 특히 맛이 있다. 예전에는 제주도 인근에서만 잡혀 제주도의 특산품으로 알려졌으나 지구온난화의 영향으로 동해안에서 잡혀 기사화되기도 했다.

자리돔을 잡을 때는 그물을 뜰채처럼 이용한다. 지금은 어선을 이용해 잡지만, 1960~70년대만 하더라도 통나무로 만든 원시 형태의 배 위에서 둥글

게 만든 그물로 자리를 걷어 올렸었다. 이를 '자리테우'라 부른다.

　자리테우는 자리돔을 잡는 가장 원시적인 형태의 뗏목을 말한다. 테우는 근해에서 자리돔을 잡거나 낚시질, 해초 채취 등을 할 때 사용했던 통나무배를 이르는 말이다. 여러 개의 통나무를 엮어서 만든 뗏목 배라는 의미로 '떼배', '터위', '테위', '테' 등으로도 불리는데, 육지와 가까운 바다에서 이용하던 연안용 어선이었다.

　테우는 제주도의 가장 원시적인 형태의 어선이라 할 수 있다. 보통 일곱 개에서 열한 개의 통나무를 나란히 엮은 후 돛대 구멍을 설치한 형태다. 나무가 물에 뜨는 원리를 이용한 것으로, 해산물을 실을 경우 물에 잠기는 부분을 감안해 2층 구조로 만들었다. 주로 미역 등 해초를 걷어 옮기는 데 이용하거나, 자리돔 등 무리 생활을 하는 어종을 자리그물로 잡는 데 이용했다.

　예로부터 한라산에서 자라는 구상나무로 만들었는데, 이는 구상나무가 물에 잘 뜨고 목질이 단단하며 송진이 많아 잘 썩지 않기 때문이다. 구상나무로 만든 테우는 자리 석 섬을 실어도 거뜬했다고 전해진다. 구상나무가 한라산 해발 1200m 이상의 지역에서 자라는 것을 감안하면 나무를 베어 바닷가까지 옮기는 것은 쉽지 않은 일이었다. 그만큼 구상나무는 최고의 테우 재료였다. 일제강점기에 구상나무 벌목을 금지하자 방풍림으로 심었던 삼나무로 대체 했다고 전해진다. 제주의 민요 중에 '너희 배는 구상낭^{구상나무} 배요, 우리 배는 숙대낭^{삼나무} 배'라며 자신의 신세를 한탄하며 부르는 구절이 있다.

흔히들 '살아 천년 죽어 백년'이라는 말로 구상나무 고사목의 아름다움을 표현하기도 한다. 테우는 겨울에 해체하여 잘 보관해 두었다가 어로 시기가 다가오면 재조립하여 사용했다. 요즘 지구온난화와 제주조릿대의 급격한 번

104

테우를 이용한 용연선상음악회 장면.

식 등으로 한라산의 구상나무가 멸종될 우려가 있다는 경고의 목소리가 나오는 것을 감안하면 격세지감을 느끼게 된다.

선박기술이 발달한 오늘날에는 테우를 이용한 어로 모습은 볼 수가 없다. 대신에 제주시 이호해수욕장의 경우 테우해변이라 하여 테우를 이용한 물놀이 프로그램이 운영되고, 서귀포시 보목동에서도 자리돔축제를 하면서 테우를 이용한 체험프로그램이 운영된다. 제주시 용연에서는 테우 위에서 유흥을 즐기는 옛 선비들의 모습을 재현한 용연선상음악회가 열리고, 서귀포시 효돈동 쇠소깍에서는 관광객을 대상으로 테우체험 프로그램이 연중 운영되고 있다. 각종 축제와 관광지에서 뱃놀이 체험 상품으로 새롭게 탄생한 것이다.

2016. 6. 7.

제주도의
관개수로 灌漑水路

　　　　　　　화산활동으로 만들어진 척박한 화산회토의
땅, 제주에서도 논농사가 가능할까? 제주도를 돌아다니다 보면 농경지의 대
부분이 감귤 과수원과 밭으로, 벼농사를 짓는 모습은 보기 힘들다. 간혹 논
에서의 벼농사가 아닌, 밭벼인 산디산도,山稻를 재배하는 정도다. 하지만 제주
에도 엄연히 논이 있고 벼농사를 지었다. 실제로 서귀포시 하논이나 한경면
용수리 등지에서는 지금까지도 논농사를 짓는 모습을 쉽게 볼 수 있다.

　쌀이 귀하기에 예전 제주에서는 쌀밥을 '곤밥'이라 불렀다. 1970년대까지
만 하더라도 주식은 보리밥이었기에 쌀로 지은 밥을 고운 밥, 즉 곤밥이라 불
렀던 것이다. 그 당시 곤밥은 명절이나 제사 때에만 맛볼 수 있는 귀한 음식
이었다. 예로부터 제주에 전해오는 말 중에 일강정, 이번내, 삼도원이라는
표현이 있다. 첫째가 서귀포시 강정마을, 둘째가 안덕면 화순리번내, 셋째가
대정읍 신도리도원라는 말인데 이곳은 논농사 지역으로 그만큼 쌀밥을 흔하

애월읍 광령천 수로 파이프

광령저수지.

게 먹을 수 있는, 다시 말해 제주에서 살기 좋은 마을이라는 표현이다.

물이 귀한 제주에서 논농사를 지을 수 있는 여건이라면 엄청난 혜택이다. 때문에 물이 귀한 일부 지역에서는 물을 끌어다 논농사를 짓기도 했다. 김광종金光宗이 추진한 안덕면 화순리와 채구석蔡龜錫의 중문中文 베릿내星川 수로 개척, 일제 강점기 때 백창유白昌由의 어승생 물을 이용한 애월읍 광령리 수로 개척 등이 소위 제주도 3대 수로 개척이라 불린다.

화순리의 경우 지형이 평평하지 못하고 굴곡이 심하며 곳곳에 동산을 이루고 있어 농사짓기에 불편한 입지조건을 가지고 있었다. 하지만 사시사철 물이 흐르는 황개천의 물을 굴착수로를 통해 밭까지 끌어와 5만여 평의 농경지를 형성한 것이다. 김광종이라는 개척자가 있었기에 가능한 사업이었다.

김광종은 1832년순조 32 3월부터 1841년헌종 7 9월까지 10여 년에 걸쳐 오직

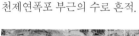

천제연폭포 부근의 수로 흔적.

화순리의 김광종영세불망비.

자신의 사재^{私財}만을 이용하여 서귀포시 안덕면 화순리의 황개천 바위를 뚫어 화순마을의 넓은 들에 물을 끌어올 수 있게 수로를 개척했다. 당시 이 공사에 인부를 대고 자신의 재력을 바친 일은 중국 한^漢나라의 태수^{太守} 소신신^{召信臣}의 선정에 버금가는 일로 평가될 정도다. 김광종의 업적에 대해《제주향교지》에는 '바위를 뚫어 최초로 농업용수를 개발한 관개농업의 개척자'라고 평가하면서, "1832년^{순조 32} 수로 공사 착공을 시작으로 10년 만에 1,100미터의 용수로 완공과 더불어 오만 평을 개답^{開畓}하였다."라고 기술하고 있다.

훗날 화순리 사람들은 김광종을 전조^{田祖}로 모시고 해마다 제사를 지내는 한편 수로로 혜택을 받은 농지의 주인들이 모여 화순답주회^{和順畓主會}를 조직해 김광종의 공로비^{영세불망비}를 세우기도 했다.

중문마을의 경우 구한말 대정군수를 지냈던 채구석이 나서서 수로를 개척했는데, 천제연폭포에서 흘러나오는 물을 수로를 통해 끌어들인 후 베릿내 서귀포시 안덕면 화순 수로.

오름 앞의 논에 물을 대었다. 이 관개수로 공사에는 채구석을 비롯하여 이재하, 이태옥 등이 중심이 되어 주변의 중문, 창천, 감산, 대포리 지역의 주민들이 동원됐다. 1차 공사는 1905년에 착공해서 1908년에 완공돼 5만여 평 면적의 논을 확보하고, 2차 공사는 1917년부터 1923년까지 시행되어 다시 2만여 평의 논밭이 개척된다.

천제연 관개수로는 완성 이후 '성천답회'에서 관리해 오다가 1957년에 이르러 국유화돼 현재는 서귀포시 상수도과에서 관리하고 있다. 2005년 4월 등록문화재 제156호로 지정됐는데, 천제연폭포 내려가는 길에 그 흔적을 찾아볼 수 있다.

광령리의 경우는 당초에 김부영이라는 이가 1885년 무렵 방축을 쌓아 저수지를 만들고는 너븐절 지경에서 논농사를 지은 것이 시초다. 하지만 한라산 어리목 수원을 광령계곡으로 끌어와 저수하는 과정에서 하천이 범람, 방축이 무너지면서 실패로 돌아간다.

이후 1930년 무렵 백창유가 어리목에서 너븐절에 이르는 구간에 시멘트 수로를 개설, 본격적인 논농사가 가능하게 된다. 4·3을 거쳐 1950년대 말에 본격적으로 어승생 수리사업이 재개돼 광령과 외도동 일대까지 논밭이 조성되고 10여 년간 논농사가 활기를 띤다. 하지만 어승생에 한밝저수지가 개발된 이후 농업용수가 아닌 제주시민의 식수원으로 활용되면서 물 공급이 끊겨 논농사는 사양길에 접어들고 만다.

광령리의 경우 물이 귀한 제주에서 그것도 해안마을이 아닌 중산간 일대에서 논농사를 경작했던 극히 예외적인 사례라 할 수 있다. 척박한 자연환경을 극복하기 위한 노력, 그리고 그 과정에 수많은 선각자들이 있었기에 오늘날의 제주가 존재한다는 사실을 잊지 말아야 할 것이다.

2016. 7. 19.

제주의
여름 나기

요즘 제주는 연일 폭염주의보와 열대야 등 찜통더위가 이어지고 있다. 밤에는 열대야가 보름 가까이 계속되고 낮에도 33도 내외의 온도에 높은 습도로 인해 불쾌지수 또한 높다. 도심을 걷다 보면 건물마다 에어컨 돌아가는 소리가 요란하고 해수욕장마다 더위를 식히려는 피서객으로 넘쳐난다. 이러다 아열대기후로 가는 것은 아니냐는 소리까지 나온다.

그렇다면 예전 제주 사람들은 어떻게 더위를 이겨냈을까. 더위를 식히기에는 역시 물이 최고다. 특히 사면이 바다인 제주에서는 많은 이들이 바다로 향한다. 하지만 모래사장보다는 바위로 뒤덮인 해안선이 많아 물놀이하기에 썩 좋은 여건은 아니다. 이때 즐겨 찾는 곳이 바닷가 주변에서 샘솟는 용천수였다. 특히 밭일을 하다가 몸에 땀띠가 났을 때 산물이라 불리는 용천수에 몸을 담그면 금세 땀띠가 사라지는 효과도 있었다. 한라산에서 땅속 제주에는 정자문화가 거의 없다. 월대 풍경.

으로 스며든 후 저지대 땅에서 솟는 산물은 바닷물보다 수온이 낮기 때문에 물에 들어서면 채 1분도 버티기 힘들다. 그래서 어린아이들은 누가 오래 버티는지 내기를 했었다.

해안마을과 달리 교통편이 불편했던 과거에 중산간 마을에서는 바다까지 가기가 어려웠다. 그래서 중산간 마을 사람들은 마을 주변의 계곡과 하천의 물웅덩이를 찾곤 했다. 대표적인 곳으로는 수량이 풍부한 광령계곡, 강정천, 안덕계곡, 돈내코, 옹포천, 선반내 등이 유명하다. 인근의 계곡에 물이 많다면 그나마 다행이지만 제주도 내 하천의 경우 대부분 평상시 물이 흐르지 않는 건천이다. 이럴 경우에는 많은 비가 내린 후 흐르는 물이 고이는 하천의 소沼가 어린아이들의 놀이터였다. 문제는 그 규모가 작아 수영을 하는 데는 어려움이 많다는 것이다. 바다를 접한 제주 사람들은 모두가 수영을 잘할 것이라 여기지만 수영을 하지 못하는 사람들도 많은 이유다.

제주만의 특이한 피서 방법으로는 '모살뜸'이 있다. 모살뜸은 모래 뜸질을 말한다. 검은 모래로 유명한 제주시 삼양동 모래사장에서 삼복더위에 모래 뜸질을 하면 신경성 질환에 효험이 있다고 알려져 지금까지도 유행하고 있다. 특히 옛날에는 여기 검은빛의 모래로 배꼽 밑을 뜸질하면 임신할 수 있다는 속설까지 전해진다.

모래 뜸질을 하는 방법은 삽으로 뜨거운 모래를 파헤쳐 한 사람이 드러누울 만큼 구덩이를 만들고 한 시간 정도 지나면 구덩이 속 모래까지 뜨거워지는데 이때 그 속에 드러눕는 것이다. 그리고는 그 위에 일행이 상대방의 몸에 모래를 덮어주는데, 보통 두세 사람씩 짝을 지어 교대로 진행한다. 주의해야 할 점은 화상을 입을 수 있기 때문에 뜨거운 모래가 직접 몸에 닿지 않게 삼베옷 따위를 입고, 양산이나 밀짚모자 등으로 얼굴이 햇볕에 타지 않도록 하는 것이다.

제주의 모래뜸질, '모살뜸'.

백중날에는 물맞이가 유행했다. 물맞이는 크고 작은 폭포에서 떨어지는
물을 온몸으로 맞는 것으로 신경통을 비롯하여 위병, 열병, 속병 등에 효험
이 있다고 알려지면서 많은 이들이 즐겼다. 예전에는 천제연폭포를 비롯한
유명 폭포, 마을 주변 계곡의 이름 없는 폭포수, 심지어는 한라산 중턱의 성
널오름 성널폭포, 어리목계곡까지 물맞이하러 찾아가기도 했었다. 요즘에
도 서귀포 정방폭포 인근 소정방이나 돈내코에서 물맞이하는 모습은 흔하게
볼 수 있다.

모살뜸이나 물맞이는 대부분 부녀자들을 중심으로 행해졌고, 격식을 따지

는 남자들은 마을의 댓돌에서 장기와 바둑을 두며 더위를 식혔다. 마을 중심부에 위치한 댓돌은 커다란 팽나무 아래 평상처럼 돌로 평평하게 단을 만든 것인데, 마을의 대소사를 결정하는 회의장임과 동시에 휴식공간이었다. 월대, 명월대 등 극히 일부를 제외하고는 정자문화가 거의 없는 제주에서 정자 역할을 했던 곳이다.

이 밖에 먹거리를 통한 여름 나기로 닭 잡아먹는 풍습이 전해진다. 복날 보신탕을 찾는 것과 같은 의미라 할 수 있는데, 특히 6월 스무날에 닭을 잡아먹으면 만병통치의 보약이 된다고 전해진다. 대개 봄에 부화한 병아리를 마당이나 우영^{텃밭}에서 키우다가 이날 잡아먹곤 했는데, 특히 오골계가 약효가 뛰어나다고 여겼다. 여자는 반드시 수탉을 먹어야 하고 남자는 암탉을 먹어야

소정방폭포 물맞이.

▬▬

비가 온 뒤에만 가능한 계곡 물놀이.

그 효과가 더욱 크다고 한다.

　절해고도에 위치한 제주는 과거 200년 가까이 출륙금지령까지 더해지면
서 다른 지방과의 문화교류가 끊기며 제주만의 독특한 생활문화를 남겼다.
제주가 소중한 이유는 세계적으로 인정받는 천혜의 자연자원뿐만 아니라 척
박한 땅을 일구며 살아온 제주 사람들만의 문화유산이 오늘날까지 전해지고
있기 때문이다.

2016. 8. 2.

모둠
벌초

예전 제주에서는 음력 8월 초하루가 되면 조상의 묘소를 찾아 벌초를 하라며 하루 임시방학을 했었다. 집안의 일가친척들이 모두 모여 벌초를 하는 날 효행사상을 고취한다는 의미에서 방학을 실시했던 것이다. 하지만 농경사회가 무너지면서 대부분 직장 생활을 하게 되고 평일을 피해 휴일에 벌초를 하게 되자 방학도 없어졌다. 요즘의 벌초는 집안마다 약간씩 차이를 보이지만 8월 초하루 전후의 휴일에 진행된다.

벌초는 조상 묘의 풀을 깎아 깨끗이 한다는 의미다. 제주에서는 벌초를 소분이라고도 부르는데 보통 8월 절기가 들면 시작되는 시점, 즉 백로로부터 추석 이전에 마무리한다. 그중에서도 8월 초하루에 일가친척이 모여 선묘에 벌초하는 것을 모둠벌초 또는 도소분이라 부른다. 추석 당일 선묘를 찾아 성묘를 하는 풍습이 없는 제주에서는 벌초를 하는 날이 집안의 가장 큰 의례인 것이다. 문중벌초 성격의 모둠벌초에는 특별한 사유가 없는 한 집안의 모든 일가 친족이 모두 모이는 제주의 모둠벌초.

성인 남자가 참여하는 것이 원칙이다.

이때는 육지부에서 생활하는 친족은 물론 일본에 거주하는 친족까지 참여하기도 한다. 추석날 고향을 찾지 않는 것은 용납하지만 벌초에 빠질 경우 친족들로부터 욕을 먹기도 한다. 집안마다 약간의 차이가 있지만 불참자에게 일종의 회비를 징수하는 경우도 많다. 한마디로 모둠벌초는 혈연관계를 확인하고 문중 공동체의 결속을 다지는 자리인 것이다.

모둠벌초가 끝나면 함께 묘제를 지내는데, 그 이후에 각자 후대 조상들의 묘제 벌초를 한다. 도로가 많이 개설된 요즘에는 선묘 인근까지 차량으로 쉽게 갈 수 있지만 예전에는 벌초를 위해 서너 시간을 걸어야 하는 수고로움이 더했다. 특히 한라산국립공원 구역에도 많은 묘들이 있는데, 이 경우 그 후손들은 국립공원관리사무소에 사전 신고를 하고 벌초에 나선다. 그래서 묘소 1기를 벌초하는 데 꼬박 하루가 걸리기도 한다. 그럼에도 매년 거르지 않고 벌초하는 모습을 볼 수 있다.

벌초 후 묘제를 올리는 모습.

제주에서 아들자식을 선호하는 가장 큰 이유가 벌초를 위해서라고 해도 과언이 아니다. 물론 제사와 명절이 중요하기는 하나 벌초에 미치지 못한다. 오죽하면 벌초를 하지 않으면 조상들이 추석명절에 너울을 쓰고 온다고 할 정도다. 잡초 덤불을 쓴 모습으로 찾아온다는 것이다. 주위 사람들이 확인하기 어려운 제사와 달리 벌초를 하지 않을 경우 남들의 이목이 집중되기에 더욱 관심을 기울인다는 얘기다.

이러한 모둠벌초 풍습도 최근 들어 많은 변화를 겪고 있다. 예전과 달리 자식을 많이 낳지 않을 뿐만 아니라 객지에 나가 생활하는 경우가 많기 때문이다. 요즘의 세태를 반영해 새롭게 등장한 문화로 벌초 대행 서비스가 있다. 후손들 모두가 고향을 떠나 아예 벌초할 후손들이 없는 경우도 있는데 이때 벌초를 대신해 주는 제도다. 농협과 산림조합 등을 중심으로 확산되고 있는

묘지에서의 토신제.

벌초 대행 서비스는 위성항법장치GPS 관리 시스템과 묘지 관리 이력 관리 체계를 통해 이뤄지고 있다.

또 다른 변화양상으로 자식들이 많지 않기에 벌초의 번거로움을 피하기 위해 각지에 흩어져 있는 조상의 선묘를 가족묘지라는 이름으로 한곳으로 모으는 사례도 많다. 하지만 우리 사회가 농지 잠식 등의 이유로 매장제도를 권장하지 않기에 이 또한 새로운 사회문제가 되기도 한다.

풍수지리학에서는 명당의 주인은 따로 있다고 한다. 그만큼 조상을 모시는 일은 정성으로서의 효행이 전제되어야 한다는 얘기다. 예전의 벌초문화와 비교할 때 묘지 이장과 벌초 대행 서비스는 그만큼 격세지감을 느끼게 하는 부분이다.

2016. 9. 4.

조랑말, 한^恨의 상징에서
관광자원으로

        "사람은 나면 서울로 보내고, 망아지는 나면 제
주로 보내라."라는 속담이 있다. 사람이 태어나면 서울로 보내 공부를 시켜
서 출세시켜야 하고, 망아지는 제주도의 목장으로 보내 길들여 일을 부릴 수
있도록 해야 한다는 말이다. 그만큼 제주는 옛날부터 목장으로 유명한 곳이
었다. 고려 이후 사람들이 사는 제주도의 해안마을을 제외한 섬 전체가 말의
목장이었다 해도 과언이 아니다. 1980년대 중반까지만 하더라도 1,950m로
한국에서 가장 높은 산인 한라산의 정상 백록담에서 뛰노는 말을 볼 수 있을
정도였다.

   제주도에서 말의 사육은 탐라 왕국과 역사를 같이한다. 제주도의 시조가
삼성혈의 구멍에서 솟아난 후 이들과 결혼하는 벽랑국의 세 공주가 곡식의
씨앗과 함께 송아지와 망아지를 들여왔다고 전해지기 때문이다. 하지만 본
격적으로 제주에 말을 키우는 목장이 운영되기 시작한 것은 몽골족의 원나

목동을 이르는 제주어 '테우리'.

라가 탐라를 지배하면서부터다.

원은 고려 충렬왕 2년^{1276년} 제주도의 옛 이름인 탐라에 몽골식 목마장^{牧馬}
^場을 설치하는 한편 말 160필과 말 관리 전문가인 목호를 보내어 기르게 했
다. 이후 100여 년간 탐라의 목마장은 원나라의 직할 목장으로서, 이곳에서
생산된 말은 다시 몽골로 징발해 갔다. 당시 기마병을 주축으로 지구전을 펼
치며 유럽 대륙까지 진출했던 몽골의 군사들이 탔던 말 중 상당수가 탐라에
서 생산된 말인 셈이다.

나라에서 운영하는 국영목장은 조선 시대에도 계속된다. 이는 제주도가
말을 키우기에 적합한 환경을 갖췄기 때문이다. 우선 기후가 따뜻하고 풀이
무성하며, 호랑이를 비롯한 맹수가 없기에 산야에 방목하여 키우더라도 문
제가 없었다.

제주에서 말은 활용도가 매우 높은 가축으로 말과 관련된 다양한 문화가
전승된다. 농사를 지을 때 밭갈이를 하는 것도 말이고, 마차를 끄는 것 역시
말이다. 바람이 강하게 부는 제주에서 밭에 곡식을 뿌린 후 씨앗이 날리는
것을 방지하기 위해 밭을 밟아주는 데도 말을 이용했다. 또 목장에 방목 중
인 말이 인가로 내려오지 못하도록 쌓은 하잣성, 한라산으로 올라가는 것을
방지하기 위한 목적의 상잣성 등이 있다.

하지만 말을 키워야 했던 제주도 민중들에게 있어 목장의 말은 한이 맺힌
유산이다. 조선 인조 때 제주도로 귀양을 왔던 이건이 남긴 《제주풍토기》에
따르면, 소위 동색마^{同色馬}라 하여 키우던 말이 죽으면 목자가 그 가죽을 벗
겨 관아에 바쳐야 하는데, 혹 가죽에 손상이 있으면 관아에서 받아들이지 않
고 그 일가친족들에게 배상하게 하는 등 수탈의 수단으로 이용됐다는 것이
다. 따라서 한번 목자의 임무를 맡으면 망하지 않는 집안이 없어 심지어는
친족들이 목자를 살해하는 경우까지 있었다고 기록하고 있다.

말을 이용해 밭갈이를 하는 모습.

제주 조랑말은 예로부터 과하마^{果下馬}, 즉 키가 작아서 과실나무 밑을 지날 수 있는 말로 소개되는데 키가 암컷 117cm, 수컷 115cm 정도다. 성격이 온순하고 체질이 건강하여 병에 대한 저항력과 생존력이 강하다. 하루 32km로 22일간을 행군하더라도 잘 견디며, 특히 발굽이 치밀하고 견고하다는 장점이 있다. 이러한 특성 때문에 전투용으로 많이 이용됐는데, 제2차 세계대전 기간에는 일본군이 군마용으로 이용을 시도하기도 했다. 1970년대 초에는 한국군이 산악전투용으로 육군 기마부대를 운영해서 동부전선에 배치되기도 했다.

오늘날 제주는 세계적인 관광지로, 그 중심에 말과 관련된 수많은 관광자

원이 활용되고 있다. 예로부터 제주도의 비경 10곳을 소개한 영주십경^{瀛洲十}_景에도 '고수목마'^{古藪牧馬}라 하여 숲과 더불어 뛰노는 말의 모습을 아름다움의 극치로 치고 있다. 요즘에도 오름과 어우러진 목장에서 한가로이 뛰노는 말들은 목가적인 분위기를 자아내며 또 다른 아름다움을 선사한다. 제주의 조랑말은 1986년 2월 8일 혈통 및 종 보존을 위하여 천연기념물 제347호로 지정된 제주의 자원이다.

2016. 10. 25.

제주인의 생명수,
샘물

　　　　　　　　　　　　　　　　　제주의 마을들은 물을 구하기 쉬운 바닷가에
집중돼 있다. 물이 귀한 제주에서 대부분의 샘이 바닷가 근처에서 용출, 샘
을 형성하기 때문이다. 그만큼 제주에서 물을 구하는 것은 생존과 직결된 필
수불가결의 요소다.

　물에 관한 제주도 전설 중 가장 많이 등장하는 것이 고종달 전설이다. 중
국 황제가 보낸 풍수사인 고종달이 제주의 지맥을 끊는다는 얘기로, 이때 물
의 신이 몸을 피해 수맥을 이었다는 내용이 주를 이룬다. 대표적인 경우가
서귀포시 서홍동에 위치한 지장샘에 전해진다. 제주도를 지키는 힘, 옛 제주
의 선인들은 샘에서 그 의미를 찾았던 것이다. 이처럼 옛 제주의 선인들에게
있어서 샘은 신이 존재하는 곳으로 인식돼 왔다. 그만큼 물이 귀했기 때문에
샘을 신성하게 여겼던 것이다.

　일제강점기 제주의 민속을 조사한 내용 중에 샘을 만들 때 얼마나 지극정

성으로 임했는지를 알 수 있는 대목이 있다. 그 내용을 보면 첫째, 마을의 남쪽에 샘을 파면 그 마을에 화재가 발생하지 않을 것이다. 둘째, 샘을 파는 날은 천기대요에 의해 천감일로 정하지 않으면 안 된다. 셋째, 샘을 파는 날에는 지진제를 올려라. 그렇지 않으면 물이 다른 마을로 도망칠 것이다. 넷째, 지진제에는 밥과 술을 우물을 팔 예정지에 올리고 밥을 술 속에 넣어 삼배한 후 경문을 낭독한다. 다섯째, 샘을 수리하는 경우에도 똑같이 제사를 올려야 한다. 그렇지 않으면 물은 다른 마을로 도망칠 것이다.

　이처럼 샘을 신성하게 여겼기에 자기 마을의 샘에 대한 자랑도 빠지지 않

이도동 샘물.

는다. 대표적인 예를 든다면 콜레라 등 역병이 제주도 전역에 번질 때 이 샘물을 마신 우리 마을은 무사했다는 내용이다. 동회천 새미마을의 샘이나 애월읍 상귀리에 위치한 구시물 등에서 이런 이야기가 전해진다. 새미마을의 경우 1910년대에 인근에 사찰이 생긴 이후에 갑자기 용출량이 감소하자 사찰 때문이라는 소문이 나돌아 결국 사찰을 허물기도 했다.

또 제주시 도평동의 용장굴이라는 사찰에서는 불공드릴 때 차를 달이는 용도로 쓰이는 샘물이 있다. 이 사찰의 신도들은 다기물이라 부르는데 이 샘에서 부정한 이야기 또는 허튼소리를 하면 일 년 내내 마르지 않던 샘물이

오조리 족지물.

134

순식간에 말라버린다는 얘기가 전해진다. 이때 그 당사자가 지극정성으로 기도를 해야만 신의 노여움이 풀려 다시 샘물이 나왔다고 한다.

1970년대 상수도 시설이 보급되기 전까지 제주에서의 샘은 마을을 구성하는 첫 번째 필수요소였다. 특히 중산간 마을의 경우 물을 구하는 것이 생활에서 큰 비중을 차지했다. 실제로 필자가 살던 마을에서는 인가에서 1km 떨어진 곳의 샘에 가서 물을 길어다 식수로 쓰는 수고로움까지 감내해야만 했다. 이때 물허벅을 등에 지고 나르는 아낙네의 고생은 이만저만한 것이 아니었다. 그래서 인가 가까운 곳에서 샘물을 찾게 되면 마을에서 잔치를 벌였다고 전해질 정도다.

현재 남아있는 대부분의 샘 형태를 보면 물이 용출하는 곳을 중심으로 바닥에는 평평하게 다듬은 돌을 깔고, 그 둘레에 돌담을 쌓아 울타리를 조성해 놓았다. 이때 식수로만 쓰이는 경우는 단독으로 샘의 형태를 하고 있는데, 만약 수량이 풍부하면 몇 단으로 나눠 차례대로 식수용, 야채를 씻는 곳, 빨래를 하는 곳 등으로 구분하기도 한다.

오늘날 삼다수로 대표되는 제주의 물은 우리나라 생수시장을 석권하며 최고의 먹는 물로 그 명성을 드높이고 있다. 불과 40여 년 전까지만 하더라도 생존을 위해 물을 찾아 나섰던 과거를 뒤로 한 채.

2016. 11. 10.

진피를
아시나요

　　요즘 제주의 들녘은 풍성하다. 가는 곳마다 노랗게 익은 감귤 열매가 넘쳐나기 때문이다. 감귤은 맛도 뛰어날 뿐 아니라 각종 비타민이 함유된 이 시기 최고의 제철 과일이라 할 수 있다.

　　감귤은 알칼리성 식품으로 신진대사를 원활히 하며 피부와 점막을 튼튼히 하여 감기예방에 효과가 있을 뿐만 아니라 비타민 C의 작용으로 피부미용과 피로회복에도 좋다. 또한 비타민 P^{헤스페리딘}는 모세혈관에 대해 투과성의 증가를 억제하여 동맥경화, 고혈압 예방에도 효과가 있는 것으로 확인된다.

　　비단 과육 자체에만 영양소가 들어있는 게 아니다. 우리가 먹고 버리는 귤의 껍질에도 상당한 약효 성분이 들어있다. 중국의 《신농본초경》^{神農本草經}에서도 인삼, 우황, 사향과 함께 가장 좋은 등급의 약초로 소개되고 있을 정도다.

　　진피^{陳皮}라 부르는 감귤의 껍질은 기가 뭉친 것을 풀어주고 비장^{脾臟}의 기

제주 감귤 껍질을 말리는 모습.

능을 강화하여 복부창만, 트림, 구토, 메스꺼움, 소화불량, 헛배가 부르고 나른한 증상, 대변이 묽은 증상에 효능이 있는 것으로 전해진다. 약리작용으로는 소화기 자극, 소화 촉진, 거담, 항궤양, 항위액 분비, 강심, 혈압상승, 항알레르기, 담즙분비 촉진, 자궁평활근 억제, 항균작용 등으로 보고되고 있다.

이 시기 제주도를 돌아다니다 보면 드물게 감귤 껍질을 말리는 풍경을 보게 된다. 그중에서도 성산포의 해안 목장 일대에서 온 들판에 감귤 껍질을 말리는 모습은 장관을 연출하기도 한다. 약용 또는 차를 만들기 위해 말리는 것이다.

시중에는 감귤의 껍질을 말린 진피차가 판매되기도 한다. 진피를 잘게 썬 뒤 뜨거운 물에 우려내 마시는 것이다. 특히 속이 더부룩하거나 감기 기운이 있을 때 마시면 좋다. 농약을 쓰지 않은 감귤 껍질을 잘게 썰어 말려두었다가 마시면 된다. 이때 혹시나 묻어 있을지 모를 농약이 걱정된다면 우선 소금으로 껍질 겉면을 문질러주면 된다.

차로 마시는 것 외에도 전자레인지에 귤 1개 분량의 껍질을 넣고 1분 정도 가열하면 퀴퀴한 음식 냄새가 사라지기에 탈취제로 사용할 수도 있고, 감귤 껍질 삶은 물을 식힌 뒤 분무기에 담아두었다가 싱크대나 가스레인지 등에 낀 기름때를 청소할 때 써도 좋다.

감귤 껍질과는 별개로 제주 사람들은 '댕유지^{당유자}'를 이용한 차를 즐겨 마셨다. 특히 감기몸살이 심할 경우 당유자와 생강, 배, 흑설탕을 함께 넣고 달여서 마시면 특효가 있는 것으로 전해진다. 과거 병의원이 흔치 않던 시절 우리 선조들이 썼던 의학상식이다. 이를 위해 집집마다 댕유지 한두 그루를 일부러 심을 정도였다.

지금은 음식물 쓰레기로 버려지는 감귤 껍질, 하지만 70년대만 하더라도 감귤은 귀한 과일이기에 제주의 어린아이들은 길가에 버려진 감귤 껍질을 주워 먹기도 했다. 당시는 대학나무라 하여 감귤 몇 그루만 심어도 자식의 대학등록금을 충당하던 시기라, 귤은 먹을 수가 없고 대신에 껍질을 먹었던 것이다. 물론 농약이 흔치 않던 시절이라 가능한 얘기다.

최근 친환경 농산물들이 높은 가격에 거래된다. 농약을 사용하지 않으면 겉으로 보기에 그 모양이 볼품없는 경우가 많다. "보기 좋은 떡이 먹기도 좋다."는 옛말이 바뀌어야 한다. 친환경 농법으로 생산한 제철 과일이 최고의 과일이라고.

2016. 11. 24.

유네스코 인류무형문화유산, 제주 해녀

2016년 11월 30일, 아프리카 에티오피아 아디스아바바에서 열린 유네스코 제11차 무형유산정부간위원회에서 '제주 해녀문화 Culture of Jeju Haenyeo(Women divers)'의 유네스코 인류무형문화유산 대표목록 등재가 확정됐다. 자연과 더불어 삶을 이어온 제주의 해녀문화가 지속적으로 전승해야 할 공동체 문화로 인정받은 것이다.

이보다 앞서 10월 31일 유네스코 무형유산위원회 산하 평가기구는 '제주해녀문화'에 대해 "지역공동체가 지닌 문화적 다양성의 본질적인 측면을 보여준다. 안전과 풍어를 위한 의식, 잠수기술의 전승, 책임감, 공동 작업을 통해 거둔 수익으로 사회적 응집력을 높이는 활동 등이 무형유산으로서 가치가 있다."라고 평가하며 등재 권고 판정을 내린 바 있다.

해녀는 일반적으로 바닷속에 들어가 해삼, 전복, 미역 따위를 따는 것을 직업으로 하는 여자를 일컫는 말이다. 제주특별자치도의 조례에서는 '현재 수

제주 해녀(1960년대 관광기념품 사진).

1990년대 단체로 물질 나가는 제주 해녀들.

해녀굿의 한 장면.

산업협동조합에 가입하고 제주도 안의 마을 어장에 잠수하여 수산물을 포획, 채취하고 있거나 과거에 이와 같은 일에 종사했던 여성'으로 규정하고 있다.

제주해녀문화는 해녀들의 물질작업과 함께 일상생활에서 생겨난 유·무형의 문화유산을 아우르는 말로, 여기에는 나잠裸潛/潛기술, 어로 민속 지식, 신앙, 노래, 작업도구와 옷, 공동체의 관습 등을 포함하고 있다.

고문헌에서는 이건의《제주풍토기》1629년에 잠녀潛女라는 용어가 나타나고, 이형상의《탐라순력도》1702년에도 잠녀潛女라는 표기와 함께 용두암 옆에서 물질하는 해녀의 모습이 그림으로 표현돼 있다.

제주에서의 물질 역사는 멀리 삼국시대로 거슬러 올라간다.《삼국사기》고구려본기에 '섭라涉羅, 탐라에서 진주와 같은 해산물을 채취'한다는 기록이 나오기 때문이다. 고려시대에도 탐라에서 고려조정에 진주를 보냈다는 기록들이 있다. 조선시대에는 진상을 위해 세인복, 원전복 등을 마련하기 위해 먼바다로 나가서 큰 전복을 땄다는 내용도 있다.

이들 진상품을 마련하는 것은 주로 포작鮑作이라 불리는 어부와 잠녀潛女라 불리는 해녀들의 몫이다. 많은 양의 해산물과 전복 등을 바쳐야 하는 이들의 고통은 이루 말할 수가 없다. 그 수고로움을 알았던 정조임금은 절인 전복을 공납에서 면제하라고 지시했고, 기건 목사 또한 3년 동안 전복을 먹지 않았다는 이야기가 전해지기도 한다.

과거 제주 해녀들의 활동무대는 제주바다에 국한되지 않았다. 출가出嫁 해녀라 하여 육지부는 물론, 멀리는 일본과 중국, 러시아의 연해주까지 나가서 물질을 했다. 지금도 동해안이나 서해안, 남해안에서 물질을 하는 해녀들을 살펴보면 상당수가 제주에서 이주해 그곳에 정착한 경우가 많다. 이를 '배껼 바깥물질 나간다'라고 표현한다.

제주 해녀들의 강인함은 일제강점기 항일투쟁으로 표출되기도 했다. 1920년 해녀어업조합이 만들어진 이후 일본인들의 해산물 착취가 심해지자 1932년 1월 12일 성산과 구좌, 우도지역 해녀 1,000여 명이 집단으로 시위를 전개한 것이다. 이어 같은 해 1월 24일 구좌읍 세화리 소재 일본경찰 주재소를 해녀 1,500여 명이 습격, 일본경찰을 구타하고 자동차를 파괴하기도 했다.

이처럼 강인한 제주 해녀도 머지않아 사라질지 모른다는 우려의 목소리가 나오고 있다. 현재 제주에서 활동하는 5,000여 명의 해녀들 중 75%가 60~70대 고령인 반면 40대 미만의 해녀는 불과 200여 명에 불과하기 때문이다.

제주 해녀는 돌, 바람, 여자로 대표되는 제주에서 강인한 여성의 상징과도 같은 존재다. 아무런 장비도 없이 맨몸으로 거친 물살을 가르며 물질을 하고 가족들을 먹여 살렸던 어머니의 강인함이 담겨 있다. 뒤늦게나마 유네스코 인류무형문화유산 대표 목록 등재로 그 존재 가치를 인정받았다는 사실이 반갑다.

2016. 12. 6.

사계리 해녀들의 물질 모습(위, 아래).

가뭄 극복 염원,
기우제단

지난여름 기록적인 폭염에 수많은 사람들이 고통을 호소했는데, 정작 불편을 겪은 사람들은 따로 있다. 예전보다 턱없이 부족한 강수량 때문에 35일간 제한급수에 들어간 제주시 중산간 마을 7,000가구의 주민들이다. 이 지역은 어승생수원지의 물을 공급받는 곳인데, 가뭄으로 물의 유입량이 줄어들자 4년 만에 격일제 급수에 나서게 된 것이다. '효리네 민박'으로 유명해진 애월읍 소길리도 그중 하나다.

어승생 저수지의 발원지인 한라산 윗세오름을 기준으로 2017년 1월부터 7월 말까지 누적강수량은 1,558mm에 불과했다. 이는 평년 3,155mm의 절반 수준이다. 8월 이후에도 제대로 된 비가 내리지 않자 관계당국은 지하수 관측공과 농업용수 활용 등 대체 취수원을 활용해 지하수를 공급하기에 이른다. 35일 만에 제한급수는 해제했지만, 근본적인 해결책은 아니라는 얘기다.

3,000억 원에 달하는 매출로 국내 생수시장 부동의 1위인 제주삼다수를 생

백록담은 제주 사람들이 기우제를 지내는 대표적인 장소다.

물장오리.

산하는 제주에서 정작 지역주민들은 식수 부족으로 고생한다는 것이 믿기지 않겠지만, 엄연한 사실이다. 더 심각한 문제는 제주도 중산간 곳곳에서 벌어지는 대규모 개발사업으로 해안가의 지하수 수량이 갈수록 줄어든다는 것이다. 일부 지역에서는 지하수에서 바닷물이 올라온다는 기사도 종종 접하게 된다. 지하수 수위가 낮아짐에 따라 바닷물이 거꾸로 밀려드는 역삼투압 현상이 나타나는 것이다.

 물론 물부족 또는 가뭄 피해는 예전부터 있었다. 오죽했으면 풍운뇌우제風雲雷雨祭라 하여 농사에 영향이 큰 기후를 관장하는 신神들을 신앙의 대상으로 삼았겠는가. 풍운뇌우제는 나라에서 봉행하는 제사인데, 도읍지가 아닌 제주에는 별도의 풍운뇌우단이 존재했었다. 과거 탐라국 시대 유산으로 탐라의 왕이 제사를 올렸음을 짐작할 수 있다.

가뭄이 심해지면 그 원인에 대해 하늘의 신에게, 또는 물을 관장한다는 용왕이나 용신에게 제사, 즉 기우제를 지냈다. 심지어 하늘이 내린 신성한 땅에 누군가가 묘를 썼기에 부정을 탄 것이라 여겨 금장지를 뒤져 몰래 쓴 묘를 파헤쳤다는 이야기가 전해지기도 한다. 대표적인 금장지로는 산방산과 군산 등이 있다.

한편 풍운뇌우단과는 별개로 마을 단위에서도 기우제를 올렸다. 대표적인 장소로는 제주 사람들이 가장 신성시하는 한라산 백록담을 비롯해 물장올, 용연, 수월봉, 쇠소깍, 천제연, 원당봉, 대수산봉, 단산, 영주산, 산천단 등이 있다. 일부 마을에서는 마을제를 지내는 포제단에서 제사를 지내기도 했다.

산천단의 기우제단.

제주에서 제단이 산으로 향하는 경
우는 천신이나 한라산신에게, 바다
로 향하는 경우는 용신에게 제사 지
냄을 의미한다. 이들 중 백록담과 물
장올, 용연, 쇠소깍, 천제연 등은 물
과 관련된 곳이고, 마을 주변에 물과
관련된 곳이 없을 경우 신성하다고
여겨지는 오름이 주를 이루고 있음
을 알 수 있다.

일부에서는 바다의 용이 하천을 따
라 한라산 백록담으로 오르내리는
것으로 여기기도 했다. 제주시 용연
으로 이어지는 한천이 대표적인 사
례인데, 백록담으로 이어지는 상류
에는 용진각이, 하류에는 용소, 용연
이, 인근에는 용두암이 위치하고 있
다. 하천이 범람할 때 백록담에 머물
던 용이 물을 따라 바다로 나아간다
고 여겼던 것이다.

어쨌거나 육지부와 달리 빗물이 곧
바로 땅속으로 스며드는 까닭에 별
다른 저수지가 없었던 제주에서 물
의 확보는 삶과 직결된 문제였다. 샘
을 중심으로 하여 그 주변에 마을이

영주산.

용연.

들어선 구조도 그렇거니와 샘에서 허튼소리를 하면 샘의 신이 노하여 물이
말라버린다고 믿었던 의식세계 또한 물의 소중함에서 비롯된 것이다.

예전 왕조시대에 가뭄이나 홍수 등 천재지변이 발생하면 왕이 직접 나서
지극정성으로 하늘에 제사를 올렸다. 이제는 현대과학의 이름으로 근본 대
책을 세워야 한다. 이를 위해 가장 먼저 정확한 지하수 부존량을 조사하고
필요할 경우 개발을 제한하는 조치부터 취해야 한다. 생명수는 삶의 근본이
기에.

2017. 9. 17.

자연으로 돌아가다,
산과 산담

추석을 앞두고 제주에서는 보름가량 소분掃墳
행렬이 이어진다. 농업이 주를 이르던 시대에는 음력 팔월 초하루에 벌초를
하는 것을 원칙처럼 여겼으나, 요즘은 초하루 전후 주말을 이용해 벌초에 나
선다. 조상의 묘에 자란 풀을 베어내며 조상의 음덕을 기리는 풍습이다.

특이한 것은 제주 사람들은 무덤을 묘라 부르기보다는 그냥 '산'이라 표현
한다는 것이다. 또한 묘 주변에 돌담을 쌓아 울타리를 만드는데, 이를 '산담'
이라 부른다. 조상의 묘소에 찾아가는 것 또한 '산에 간다'고 표현한다. 오름
사면에 오름의 형태와 비슷한 산과 산담은 독특한 제주문화의 특징을 잘 보
여주는 문화자원이라 할 수 있다.

산담의 형태를 보면 겹담 양식으로 직사각형^{장방형}이 주를 이루는데, 간혹
외담의 타원형인 경우도 있다. 또한 산담이 없는 경우도 많다. 산담을 보면
그 집안의 가세를 가늠할 수 있다. 잘사는 집안인 경우 장방형을 갖추고, 여

구석을 평대리 밭 한가운데 자리 잡은 산담.

송당리 주변 산담.

의치 못하면 외담, 그도 힘들면 산담이 없는 것이다. 예컨대 오름 꼭대기에 묘가 위치한 경우에는 주변에 돌이 흔치 않기에 오름 아래의 돌을 가져다 산 담을 쌓았다. 이때 마을 청년들이 일꾼으로 나서는데, 돌 한 덩어리 기준으로 금전을 지급했기에 가난한 집안에서는 엄두도 낼 수 없었다. 어쩌면 부의 또 다른 상징이라 해도 과언이 아니다.

한편 장방형의 경우 폭 60cm 내외로 가장자리에 굵은 돌로 쌓고 그 사이를 잡석으로 채우는 형태인데 그 높이는 1m에 미치지 않는다. 이때 산담의 한편에 한 사람이 드나들 정도의 출입문을 만드는데, 신이 드나드는 문이라 하여 시문神門이라 한다. 남자의 경우 묘의 왼쪽에, 여자는 오른쪽에 문을 만드는 것을 원칙으로 하고 있으나 실제로는 시문이 없는 무덤도 많다. 시문이 없는 경우에는 평평한 돌로 계단 모양을 만들기도 하는데, 그 계단을 통해 신이 드나든다는 의미다.

산담을 만드는 이유는 무덤 상당수가 중산간 일대 목장지역에 위치하고 있어 방목 중인 소와 말이 무덤을 훼손하는 것을 막기 위해서다. 또한 매년 봄 목초지를 태우는 '방애불'이 무덤으로 번지는 것을 막으려는 이유도 있다. 하지만 그보다는 살아있을 때와 마찬가지 개념으로 묘를 집이라 여겨 그 울타리를 만들어주기 위함이다. 이를 반영하듯 밤에 들판에서 길을 잃었을 때 산담 안으로 들어가 잠을 자면 묘의 주인이 자기 집에 찾아온 손님이라 하여 보살펴 준다는 이야기가 곳곳에 전해지고 있다.

중산간 일대 오름 사면을 보면 수많은 무덤이 군락을 이루고 있는 모습을 흔하게 볼 수 있는데, 마을공동묘지인 경우가 많다. 같은 마을 사람들이 살아생전 이웃으로 어울려 지내다가 죽어서도 어울려 생활하는 모습이다. 특

용눈이오름.

당오름의 산담군(群).

이달오름의 산담.

히 오름에 무덤이 많은 이유는 한라산 자락의 오름에서 태어나 오름으로 돌아간다는 생사관과 무관하지 않다. 간혹 금장지禁葬地라 하여 무덤을 쓰지 못하도록 하는 오름도 있다.

물론 오름에만 무덤을 쓰는 것은 아니다. 마을 주변 농경지에 묘를 쓴 경우도 흔하게 볼 수 있다. 이 경우는 정시 또는 지관地官이라 불리는 풍수사가 묘 자리를 잡아준 경우인데, 자신의 밭보다는 남의 밭인 경우가 더 많다. 지금은 상상할 수도 없는 일이지만, 예전에는 보리쌀 몇 말과 교환하는 조건으로 묘지로 내주는 경우가 흔했다. 효孝 사상의 영향으로 자신의 부모가 소중한 만큼 남의 경우도 존중했다는 애기다.

이러한 제주의 장례 풍습도 시대의 흐름과 함께 많은 변화를 보이고 있다. 우선 납골당에 모시는 경우가 많아졌다. 실제로 지난 2007년 설문조사 결과 응답자의 절반 가까이가 본인 사망 시 매장보다 화장을 하겠다는 입장을 보이기도 했다. 또한 곳곳에 흩어져 있는 조상의 묘를 이장하여 한곳에 모시는 가족묘지가 많이 나타나고 있는데, 오늘날에는 자식이 많지 않을 뿐만 아니라 그마저도 육지부에서 생활하는 경우가 많기에 이들을 배려하려는 부모의 마음이 반영된 결과다. 조상숭배 사상과 부모의 자식사랑을 한꺼번에 보여주는 현장이라 할 수 있다.

2017. 9. 28.

동자석의
수난

　　　　　　　제주에서는 추석을 앞두고 조상의 묘를 찾아
벌초를 하는 풍습이 있다. 예전에는 음력 8월 초하루에 집중됐으나 요즘은
초하루를 전후한 주말에 벌초 행렬이 이어진다. 이때 조상의 묘를 찾았다가
충격과 분노가 치미는 경우가 종종 있는데, 선산 앞 좌우에 세워져 있던 동
자석이 도난당했을 때다.

　동자석은 무덤을 지키고 조상을 섬기는 석상이다. 넓게는 하늘과 땅을 연
결하는 의미와 지신의 의미까지도 함축하고 있다. 그 기능을 살펴보면 숭배
적 기능, 봉양적 기능, 수호적 기능, 장식적 기능, 주술적 기능, 유희적 기능
등이 있다.

　사람이 죽으면 한라산으로 돌아가 신선이 된다는 제주인의 내세관과 연관

▬▬▬

도난당한 훈장묘의 동자석.

164

인사동에서 350만 원에 팔려나간 동자석.

이 있는데, 이때 신선을 모시는 동자를 나타내는 석상이라 할 수 있다. 이렇게 보면 동자석에는 한라산을 숭배하는 무속과 도교, 불교적 요소가 복합적으로 섞여있다고 할 수 있다.

　제주의 무덤에서 동자석을 비롯한 석상의 배열을 보면 묘에서 동자석, 문인석, 정주석의 순으로 위치하는데, 동자석만 있는 경우도 있고 동자석과 망주석만 세워진 경우도 있다. 묘소의 공간이 작을 경우에는 산담 위에 동자석을 세우는 경우도 간혹 볼 수 있다.

　조성시기에 대해서는 1600년대 중기에 시작되어 1700~1800년대에 주류를 이루고 늦게는 1950년대에 만들어진 동자석도 간혹 볼 수 있다. 특이한 것은 1930년대 이후의 무덤 양식에서 문인석의 모습을 보면 돌하르방과 흡사한 형상이라는 점이다. 대표적인 예가 아흔아홉골에 위치한 훈장묘와 한라산 해발 1600고지에 위치한 묘다.

동자석의 형상은 제주의 돌하르방보다 육지부의 장승 벅수와 더 유사하지만 동자석에서 가장 제주적인 특성을 찾아볼 수 있다. 돌하르방이 관아의 수문장 역할을 하며 권위적이고 위압적인 데 반해 동자석은 해학적인 부분이 두드러진다. 일반 백성들의 삶과 죽음에 관련된 석상이기에 더욱 서민적이다.

특히나 꾸밈보다는 현무암이라는 돌의 성질을 이용하여 음각과 양각으로 간단하게 표현한 동자석에서 단순함의 조형미를 보게 된다. 정교하지는 않

새별오름의 동자석.

지만 과감한 생략기법으로 제작된 동자석에서 가장 서민적인 조각양식을 보게 되는 것이다.

인체의 상반신만 표현되는데 특히 얼굴 부분이 전체의 3분의 1에서 절반에 이르는 경우도 흔하게 나타난다. 대체로 계란형의 얼굴 모양이고 하나같이 웃을 듯 말 듯 하거나 무표정하게 표현된다. 무섭다거나 근엄한 얼굴은 거의 찾아보기 힘들다.

손에 들고 있는 지물도 제각각이다. 술병과 술잔을 들고 있는 동자석이 나란히 있는가 하면 연꽃을 연상시키는 꽃, 반쯤 편 부채, 방울, 표주박, 홀여슬아치가 임금 앞에서 손에 쥐던 물건 등을 들고 있기도 하다. 육지부의 경우 거의 대부분이 홀을 들고 있는 모습과 차별되는 부분이다.

신체의 일부가 땅속에 묻혀 있기 때문에 하반신이 없어도 전혀 불완전하

제주돌문화공원의 동자석.

안돌오름의 동자석.

거나 어색한 느낌을 주지 않는 것도 옛 선인의 미적 감각을 느끼게 해 주는
대목이다. 이처럼 제주 선인들의 내세관과 함께 미적 감각을 가늠해 볼 수
있는 중요한 문화유산임에도 최근에 수없이 도난당하는 수난을 겪고 있다.
필자의 경우 1990년대 초반에 동자석들을 집중 촬영했었는데 20여 년 만에
다시 가서 보면 전체의 90%가량은 이미 사라진 모습을 보면서 씁쓸했던 적
이 많았다. 그만큼 많이 도난당했다는 얘기다.

실제로 2003년 6월 화물차량에 동자석 24점을 싣고 화물선을 이용해 밀반
출하려던 일당이 해경에 검거되기도 했다. 당시 범인은 양배추를 실은 컨테
이너 속에 동자석을 숨겨 밀반출을 시도하다가 제주항 6부두에서 제주해양

수산청 청원경찰의 화물검색 과정에서 적발되었다.

이들 동자석을 분실했다는 피해자들이 제때 나타나면 다행이지만 주인을 찾지 못해 제자리로 돌아가지 못하는 경우가 많다. 행정에서는 인터넷 홈페이지 등을 통한 주인 찾기 운동을 벌이기도 하지만 제주의 풍습이 추석을 앞두고 조상의 묘지를 찾는 경우가 대부분이기 때문에 피해자들이 그 전까지 도난 사실을 미처 알지 못하는 것이다.

이 경우 이들 동자석은 박물관에 넘겨진다. 현재 제주돌문화공원이나 박물관 등에서 전시되는 대부분의 동자석이 여기에 해당한다. 확실한 것은 거의 모든 동자석이 정상적인 유통경로를 통해 반출된 경우는 드물다는 것이다. 아니, 아예 없다고 해도 틀린 말이 아니다. 왜냐하면 제주에서는 조상의 묘에서 돌 한 덩어리도 함부로 옮기지 않기 때문이다. 간혹 새로이 단장할 경우 산담 옆에 파묻거나 눕혀 놓는 정도다. 결국 후손의 손을 거쳐 반출된 동자석은 없으니, 장물이라는 말이다.

제주에서 밀반출된 동자석들은 인사동 등지의 골동품 가게를 통해 은밀하게 거래되는데, 지난 2015년 8월의 경우 서울 인사동에서 두 기 한 쌍이 350만 원에 매매된 사례도 있다. 심지어 경기도의 한 사설박물관에서는 제주의 동자석 수백 기가 현재도 전시되고 있다. 이 박물관의 경우 박물관 개장 초기에 밀반출된 동자석을 전시한다는 문제가 제기돼 제주도로 돌려보내겠다고 약속했으나 지켜지지 않았다. 비정상적인 방법으로 불법 유출된 제주의 소중한 문화유산이 지금도 버젓이 전시되고 있는 것이다.

2017. 10. 13.

바닷길 어둠 밝히던
도대불

제주에 근대식 등대가 세워진 것은 1906년이다. 제주의 동쪽 끝에 위치한 우도 등대가 1906년 3월 처음으로 세워졌고, 이어 동중국해와 제주도 남부 해역을 운항하는 선박의 표지 역할을 하는 마라도 등대가 1915년 3월, 제주항 및 부근의 해역을 항해하는 선박의 안전 운항을 위한 산지 등대가 1915년 10월에 각각 건립됐다. 이 중 마라도 등대의 경우 일본군에 의해 군사상의 목적으로 건립됐는데, 실제로 건립 후 일본군이 상주하여 등대를 운영하며 군사통신기지로 사용하였다고 한다.

그렇다면 등대가 없던 시절 제주의 뱃사람들은 어떻게 포구를 찾았을까. 과거 조선시대 등대 역할을 했던 유물을 찾아보기는 힘들다. 간혹 오름 위의 봉수대, 바닷가 주변의 연대가 등대의 역할을 하지 않았겠느냐는 주장이 제기되지만 이 또한 가설에 불과하다. 혹자는 제주시 산지포의 경우 인근 동산 위에 세워진 동자복 미륵불 석상이 등대의 기능까지 했을 것으로 추정하기

도 한다. 물론 추정일 따름이다.

　제주에서 등대의 기원은 도대불에서 그 단초를 찾을 수 있다. '도댓불' 또는 '등명대燈明臺'라고 불리는 도대불은 조업 중인 어선들이 밤에 그 불빛을 보고 포구를 찾아올 수 있게 위치를 알리는 시설물이다. 도대불의 어원과 관련해서는 돛대처럼 높이 켠 불, 또는 길을 밝히는道臺 불, 등대燈臺의 일본어 발음인 '도두다이'에서 유래하였다는 설 등 분분하다.

　그 형태는 포구의 방파제 끝이나 주변 지형이 높은 곳에 원추형 또는 사다리꼴로 돌을 쌓아올리고 돌이 무너지는 것을 방지하기 위해 겉에 시멘트를 바른 모습이다. 꼭대기에 불을 밝히는데, 송진이 많이 포함된 소나무의 옹이 또는 생선기름 등을 이용해 불이 꺼지지 않도록 했다. 그 관리는 마을마다 약간의 차이를 보인다. 따로 담당자를 두지 않을 경우 해 질 무렵에 뱃일 나

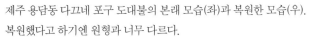

제주 용담동 다끄네 포구 도대불의 본래 모습(좌)과 복원한 모습(우).
복원했다고 하기엔 원형과 너무 다르다.

애월포구 도대불의 과거 모습(좌)과 해체 후 복원 모습(우). 원형을 많이 잃었다.

가는 어부가 불을 밝히고 마지막에 입항한 어부가 껐다고 한다.

암반이나 암초가 많은 제주도의 해안 특성을 감안할 때 야간 조업선박들에게 도대불의 불빛은 흡사 생명의 불이었다고 해도 모자람이 없다. 하지만 현재 남아있는 도대불을 기준으로 볼 때 그 기원은 그리 오래된 일이 아니다. 1915년 12월에 세워진 조천읍 북촌리의 등명대를 시작으로 이후 도내 곳곳에 세워지는데, 1969년 7월 완공된 구좌읍 하도리가 가장 늦게 만들어진 도대불이라 할 수 있다. 이들 도대불은 1970년대 전기가 보급되면서 가로등에게 그 기능을 넘기며 존재 가치를 잃게 된다.

존재 가치를 잃은 도대불은 급속하게 그 원형이 사라지는 운명을 맞게 되는데, 주로 방파제 확장 또는 진입도로 개설 과정에서 파괴되고 만다. 그 결과 상당수가 사라져 현재 남아있는 도대불은 그리 많지 않다. 무엇보다도 문

김녕리 도대불.

화자원에 대한 인식 부족이 문제지만, 그 필요성이 사라진 도대불을 애물단
지로 보는 시각이 우세했기 때문이다. 문화재로 지정되지 않았기에 개발바
람 앞에서 보호의 사각지대에 놓여 속수무책으로 사라져갔다.

　2004년 방파제 확장 공사과정에서 사라진 제주시 용담동 다끄네 포구 도
대불의 사례를 보면 비지정문화재에 대한 행정당국의 인식을 알 수 있다. 공
사차량이 드나들기 불편하다는 이유로 1957년 세워진 도대불을 훼손했다.
그 과정에서 필자가 기사를 통해 문제 제기하자 2007년에 복원이라는 이름
으로 원형과는 사뭇 모습이 다른 엉뚱한 조형물이 새롭게 세워지고 도대불
이라 홍보하고 있는 실정이다.

고산 자구내 포구 도대불.

애월읍 애월포구의 경우도 도로공사 과정에서 해체 후 엉뚱하게 재현됐고, 한림읍 귀덕리 역시 해체 후 복원이라는 악순환을 거쳤다. 한경면 두모리의 경우는 그 기능이 사라진 연대煙臺 위에 도대불이 세워져 있었으나 훗날 연대를 복원한다며 장소를 옮겨 새롭게 만들었다. 시대의 변화상을 고려하지 않은 문화재 복원의 한 단면이다.

이 밖에 조천읍 신촌리는 방파제를 잇는 다리공사 과정에서, 하도리는 별방진성 복원 과정에서 훼손되었고, 애월읍 하귀리와 외도동 연대마을의 경우는 도대불을 해체하고 그 위에 정자를 만들어버렸다. 안덕면 대평리와 강정마을의 경우도 그 흔적을 쉽게 찾을 수 없다.

서귀포시 보목동 도대불.

그나마 다행인 것은 아직 그 원형을 간직한 곳이 여럿 있다는 것이다. 애월읍 구엄리와 한경면 고산리, 조천읍 북촌, 구좌읍 김녕리, 우도면 조일리, 서귀포시 보목동과 대포동 등이 대표적이다. 특히 현존하는 가장 오래된 도대불인 북촌리 도대불의 경우, 4·3 당시 군경이 쏜 총탄 자국이 선명하게 남아있음에도 불구하고 원형을 보존하고 있어 역사교훈의 장으로 활용되고 있다. 과거 제주 뱃사람들에게 구원의 불빛을 밝혔던 도대불에도 4·3의 아픔은 함께하고 있는 것이다. 늦기 전에 남아있는 도대불에 대한 체계적인 보존 대책을 기대해 본다.

2017. 12. 7.

댓돌과
폭낭

            연일 폭염이다. 낮에는 폭염이, 밤에는 열대야로 잠 못 이루는 밤이 계속되고 있다. 제주도뿐만 아니라 전국적으로 각종 기상관측자료가 신기록 행진을 이어가고 있다. 그래도 요즘은 무더위에 에어컨 등 냉방기기라도 있으니 다행이지만, 예전 사람들은 삼복더위를 어떻게 이겨냈을까?

  먼저 음식으로 여름을 나는 방법이 있었다. 이맘때 제주의 대표적 음식으로는 개역을 들 수 있다. 개역은 보리 볶은 가루, 즉 미숫가루를 뜻하는데, 식은 밥에 비벼 먹기도 하고 물에 타서 먹기도 한다. 또한 복날에 닭을 삶아 먹었던 육지부와는 달리 제주에서는 음력 6월 20일에 닭죽을 만들어 먹었는데 이를 '닭제골'이라 한다. 삼복더위 중에서도 특히 이날 닭을 잡아먹어야 보약이 된다는 믿음이 있었는데 몸이 허약한 사람의 경우에는 오골계를 삶아 먹기도 했다.

하기리 폭낭과 밧돌.

애월읍 어음리의 폭낭.

요즘처럼 무더위가 심할 때 마을에서 가장 흔하게 볼 수 있는 모습은 마을의 정자목 개념인 폭낭^{팽나무} 아래 돌과 시멘트 등으로 단장된 댓돌에서 주민들이 옹기종기 모여 더위를 식히는 것이다. 여름날 농촌마을에서 만나는 사람 사이에 최상의 인사말이 있다. "여기 왕 낭 아래 검불령 갑서.^{여기 와서 나무 아래 그늘에서 땀이나 식히고 가십시오.}" 나무그늘에서 길 가는 행인에게 인사를 건네는 것이다.

제주에서 팽나무는 마을의 상징과도 같은 존재다. 마을의 정자나무가 팽나무이고, 마을의 본향당 신목 또한 팽나무가 대부분이다. 실제로 제주의 농촌 마을을 다녀본 사람은 느낄 것이다. 마을 중심가에 우람하게 서 있는 팽나무의 존재감을.

그 아래에는 시멘트로 평평하게 단장한 대^臺가 자리 잡고 있는데, 바로 제주 사람들이 '댓돌'이라고 부르는 마을 사람들의 휴식공간이다. 육지부에서는 집채의 앞뒤에 오르내릴 수 있게 놓은 돌층계, 즉 섬돌을 댓돌이라 부르는 데 반해 제주에서 댓돌이라 하면 마을 안 팽나무 아래 마련된 대를 이르는 경우가 더 많다. 대臺를 쌓은 돌이라 해석하면 된다. 제주에서 댓돌은 돌을 이용해 그냥 평평하게 쌓았던 것이 훗날 그 겉을 시멘트로 포장한 것으로 추정되고 있다.

이와는 달리 그냥 대臺라고 불리는 곳도 없지는 않다. 현재 제주에 남아있는 유물로 정자는 연북정戀北亭, 대臺로는 한림읍 명월리의 명월대明月臺와 제주시 외도동의 월대月臺가 있다. 하지만 이들 유물은 지배계층인 양반사회의 유산이었다. 이름 없는 여러 마을의 수많은 댓돌들이 정과 대의 역할을 담당했고 오늘날까지 그 전통을 이어오고 있다.

애월읍 소길리 주민들이 폭낭 아래 댓돌에서 더위를 식히고 있다.

제주의 마을과 주거공간에 대해 수많은 조사연구를 했던 김홍식 교수는 장자 위주의 가족제도가 희박한 제주지역의 특성과 함께 집성촌 등 두드러진 지주계급이 생겨나지 않아 정자나무 아래에 돌을 쌓아 쉴 수 있는 공간인 대를 쌓는 정도였다고 풀이하기도 한다.

댓돌은 단순히 휴식공간에 머무는 것이 아니라 70년대까지만 해도 마을 사람들의 회의 장소인 공회당의 역할을 충실히 해왔다. 지금이야 마을마다 마을회관과 함께 경로당까지 만들어져 그곳에서 담소를 나누지만, 예전에 마을 어른들이 모여 마을의 사소한 일들을 논의하고 걱정하는 곳은 다름 아닌 폭낭 아래의 댓돌이었다. '옆집 숟가락 숫자도 안다'.라는 표현이 있는데, 댓돌에서의 담소 과정에서 기인한다고 봐도 크게 어긋나지 않다. 요즘은 부정적인 의미로 많이 언급되는 제주의 '궨당' 문화가 시작되는 곳이 댓돌이었던 것이다.

더욱이 댓돌 옆에는 대개 물통이 있어 무더위를 식혀주는 여름철 마을 안 최대의 피서지이기도 했다. 여름날 모기가 들끓어 다소 불편했지만 무더위를 식히기에는 안성맞춤이라 여름날 이곳에서 장기를 두는 마을의 노인들과 저녁 무렵이면 더위를 식히기 위해 돗자리를 깔고 휴식을 취하는 젊은이를 심심치 않게 볼 수 있었다. 더불어 어린이들에게는 둘도 없는 놀이터였다. 어린이들은 팽나무 위를 오르내리며 담력을 자랑하기도 했다.

하지만 이러한 댓돌도 70년대 새마을운동 이후 급격한 도시화 속에 도로 확장과 주차공간의 확충이라는 이유 등으로 점차 사라져 가는 추세에 있다. 마을 공동체문화의 중심인 댓돌이 사라져가고 있는 것이다. 더불어 이웃 간의 대화도 단절되고.

2018. 8. 9.

제주의 만능 의복,
갈옷

　　　　　　　　역대 최고의 무더위를 기록했던 여름이 지나
가고 있다. 제주의 여름 풍경을 꼽으라면 사람마다 다소 차이가 있겠지만,
많은 이들이 밤마다를 밝힌 낚싯배의 불빛과 함께 농가의 마당 빨랫줄에서
갈옷 말리는 모습을 떠올릴 것이다. 한치와 갈치잡이 낚시의 경우 어황에 따
라 그 시기가 유동적이지만 갈옷 말리기는 태양이 강하게 내리쬘 때만 가능
하기에 한여름의 대표적인 풍경이라 할 수 있다.

　갈옷은 떫은 풋감 즙으로 물들인 옷을 말한다. 제주도민들에게 있어서 갈
옷은 노동복이자 일상복으로 입었던 옷의 대명사라고 해도 과언이 아니다.
후덥지근한 날씨에 밭일을 해야 하는 농부들, 가시덤불을 헤치며 가축을 돌
보는 일을 하는 테우리들, 바다에서 작업을 하는 어부들에게 갈옷은 최고의
노동복이다. 제주의 서민층이 주로 농업, 어업, 목축업에 종사했음을 감안하
면 제주의 모든 계층에서 즐겨 입었다고 해도 틀리지 않는다.

갈옷의 재료인 갈천을 말리는 모습(1990년).

갈옷의 장점은 통기성이 좋고 풀을 먹인 새 옷처럼 촉감도 좋으며 시원한 느낌을 줄 뿐만 아니라 땀이 차거나 물에 젖어도 몸에 달라붙지 않는다는 것이다. 또 가시덤불에도 잘 찢어지지 않고 보리 지푸라기 등이 쉽게 달라붙지 않는다. 뿐만 아니라 더러움도 덜 타며 설사 더러워져도 쉽게 눈에 띄지 않는다. 이처럼 노동복으로는 최상의 조건을 두루 갖추고 있기에 제주 사람들로부터 오랜 세월 실용적인 노동복으로 사랑받아 왔다.

남녀노소 가리지 않고 모두가 즐겨 입었는데, 남자가 입는 옷은 갈적삼과 갈중이라 하고, 여자옷은 갈적삼과 갈굴중이라 구분하여 부른다. 여성들의 경우는 훗날 몸뻬 바지에 감물을 들여 입기도 했다. 통으로 제작돼 쉽게 입을 수 있는 몸뻬의 장점을 극대화한 것이다.

갈천 말리기(좌)와 감을 빻는 모습(1990년).

갈옷을 입고 파종하는 송당마을의 한 농부.

감물 염색은 옷을 제작한 후에 염색하는 방법과 원단에 직접 염색하는 방법이 있다. 예전에는 옷을 만든 후에 염색하는 경우가 많았으나 감물이 골고루 스며드는 데 어려움이 있어 요즘에는 대부분 원단에 염색한 후 옷을 제작하는 추세다. 과거 무명천 위주에서 광목이 시판된 1940년대 이후 광목으로 대체됐다는 것도 달라진 점이다. 최근 들어서는 마을 단위 부녀회를 넘어 기업화하는 경향까지 보이고 있다.

감물 들이는 시기는 풋감의 즙이 가장 많을 뿐만 아니라 햇볕이 강렬한 음력 6~7월이 좋다. 칠석을 전후한 이 시기에 남도구리 또는 절구통에서 단단한 통나무를 2등분하여 손잡이를 깎은 도구인 덩드렁막개를 사용하여 감을 잘게 부순다. 으깬 감을 천 사이에 균일하게 놓은 다음 천을 말아서 주무르거나, 덩드렁막개로 두드려 감물이 잘 스며들도록 한다. 천에 완전히 감물이 스며들면 천에서 감 찌꺼기를 제거한 후 바람이 잘 통하고 햇볕이 잘 드는 곳에 널어 말린다. 1차 염색한 갈천에 물을 축여 가면서 10회 정도 말리면 차차 짙은 황톳빛 색깔로 빳빳해진다. 이때 주의해야 할 점은 흐린 날씨에 말리면 색이 곱지 않고 풀이 죽을 뿐 아니라 곰팡이가 생길 수도 있다는 것이다.

예전에는 모두가 남도구리 또는 절구통에서 덩드렁막개를 사용하여 감을 으깨었으나 요즘에는 전자기기인 분쇄기나 믹서기 등을 사용하여 쉽게 풋감을 갈아 쓰고 있다. 이렇게 으깬 풋감의 즙은 바로 사용하지 않고 저온 저장이나 냉동 보관했다가 필요할 때마다 꺼내어 염색하기도 한다. 원액과 물의 농도에 따라 다양한 갈색 계통의 색상을 얻을 수도 있다.

이러한 노력과 정성이 들어간 갈옷은 오늘날에 이르러 자외선 차단 효과 및 항균 효과가 뛰어날 뿐만 아니라 중금속이 검출되지 않는 소재로 입증되면서 웰빙 상품으로 거듭나고 있다. 과거의 노동복에 머물렀던 갈옷이 요즘에는 개량 한복, 침구, 커튼, 소품 등 관광 상품으로까지 그 영역을 확장하면서 제주를 대표하는 상품으로 그 위상이 높아진 것이다. 제주 선인들이 자연에서 얻은 지혜가 과학적으로 그 우수성을 인정받은 사례다.

2018. 8. 25.

단산과
거욱대

　　　　　　　　　　　대정읍 인성리는 조선시대 대정현의 중심지였
다. 대정고을은 조선 태종 18년 대정성을 축성할 당시 동성리와 서성리로 나
뉘었는데, 이후 고종 16년 동성리는 안성리로, 서성리는 보성리로 바뀌었다.
1890년 다시 안성리를 둘로 쪼개 그 한쪽을 인성리라 한 것이다.

　거욱대는 대정고을의 중심지인 남문 앞, 지금의 농협 건물 앞에서 단산으
로 향하는 향교로를 따라 알뱅듸에 위치하고 있다. 대정고을에서 단산과 마
주 보이는 중간 지점에 해당한다. 문화재로 지정된 거욱대 2기는 인성리 494
와 497-1번지에 세워져 있다. 나중에 세운 1기는 향교로와 개울이 만나는 지
점에 위치한다. 예전에 1기가 있었던 개죽은물은 향교 방향으로 더 가다 길
가에 있는 못이다.

　도로변에 문화재 지정 설명문이 세워져 있는데, 풍수지리적으로 이곳이 허
하여 마을에 화재가 자주 발생하고 가축이 병들어 죽어가자, 이를 막기 위해

머리에 사람 형상을 한 탑을 세운 후로 괜찮아졌다고 소개되고 있다. 대정고
을에서 보이는 단산의 모습 때문에 생겨난 이야기임을 짐작할 수 있다.

단산의 본래 이름은 바굼지오름으로, 옛날 들판이 물에 잠겼을 때 바굼지
^{바구니} 정도의 봉우리만 보였다 하여 불리게 됐다는 설과 이 오름의 형상이 바
구미^{박쥐}를 닮아 불리게 됐다는 설이 있다. 한자로는 단산^{簞山} 또는 파군산^破
^{軍山}이라 쓰인다.

단산은 제주도의 다른 오름들과는 확연하게 구별되는 형상을 하고 있다.
멀리서 보면 맹수가 웅크리고 앉아있는 모습을 비롯해 뫼 산^山 자 또는 영어
의 M으로도 보이는 등 빼어난 곡선미가 두드러지나, 가까이에서 보면 수직
에 가까운 벼랑과 온통 바위로 둘러싸인 바위산의 형태를 띠고 있다. 특히

오름 정상부 동쪽의 암봉은 칼날 능선을 이루고 있어 산악인들이 암벽훈련 장소로 즐겨 찾는 곳이다.

대정고을에서 향교로를 따라 가다 보면 단산이 도로에 의해 그 맥이 끊어진 것처럼 보이나 전혀 다른 오름이다. 남북으로 길게 펼쳐진 이 능선은 금산이라 하여 별도의 오름으로 구분하고 있다.

인성리에는 거욱대 외에도 남문앞못이라 불리는 연못이 있다. 대정골에서 보이는 모슬봉이 화火의 산으로 마을에 화재가 자주 발생하자, 물로 불을 누른다는 속설에 따라 연못을 팠는데, 남문 앞에 위치한다 하여 남문앞못이라 불렀다.

조선시대 제주는 제주목 아래로 정의현, 대정현이 있었다. 대정현은 제주의 서남부 일대를 관할했는데 대정현성은 대정읍 인성, 안성, 보성 등 3개 마을에 걸쳐 있다. 성 안에 거을샘乙물이라는 우물이 하나 있는데 탐욕한 현감이 부임하면 물이 말라 버리고 청렴한 현감이 오면 물이 나온다고 전하고 있다.

대정현 중심지에서 단산으로 향하는 도로 중간 부근, 속칭 알뱅듸에 탑 3기가 서 있다. 제주에서 뱅듸는 평평한 땅을 이르는 말이고, 알뱅듸는 아래쪽 뱅듸라는 의미를 담고 있다. 대정현에서 보면 한라산 방향이 아닌 바닷가

추사를 기리는 제례.

방향에 위치하고 있는데 이는 인성리 마을 남쪽, 즉 앞부분이 허하여 잡귀가 들어온다고 믿어 탑을 쌓았던 것이다. 처음에는 개죽은물에 1기, 알뱅듸에 2기, 머논에 1기 등 거욱대 4기를 세웠다고 전해진다.

특히 인성마을 탑에서 우리는 방사탑의 의미와 시련 그리고 축조과정에 나타나는 우리 선인들의 의식을 찾아볼 수 있다. 기록에 의하면 1950년 한국전쟁 당시 모슬포에 신병훈련소가 세워진 후 훈련소 막사를 짓는 과정에서 인성리의 거욱을 헐어 그 돌덩어리로 막사를 지었다고 한다. 거욱이 없어지자 뒤이어 이 마을에는 재앙이 시작되는데 수많은 소들이 전염병으로 죽어갔던 것이다. 이에 마을 사람들이 1959년에 한 집에서 쌀 한 되씩을 모아 그 돈으로 또다시 탑을 쌓았다. 이어 2000년대 들어 배수로 옆에 1기를 다시 축조하여 현재는 3기가 세워져 있다.

인성리는 대정고을과 밀접한 관련을 맺고 있다. 예전 사람들이 살던 곳인 대정현성을 중심으로 성안에 추사적거지, 그리고 성 밖에 대정향교가 위치하고 있다. 그 사이에 거욱대가 세워져 있기에 대정고을을 아우르는 상징이기도 하다.

제주특별자치도 유형문화재 제4호인 대정향교는 단산의 남쪽 안부에 위치하고 있다. 단산이 뒤를 받치고 바다가 앞으로 펼쳐진 전형적인 배산임수 형국으로, 멀리서 보면 아늑한 느낌마저 들게 한다. 대정향교는 원래 1408년 대정성 안에 창건됐는데, 터가 좋지 않다는 지적에 따라 1653년 현재의 위치로 옮겼다. 명륜당과 대성전, 동재, 서재, 삼문 등으로 구상돼 있는데, 소장 중인 의문당疑問堂 현판은 대정고을에서 유배 생활을 한 추사 김정희의 친필 작품이다. 향교를 거닐다 보면 구부러진 소나무가 서 있는데, 추사 김정희의 세한도를 연상시킨다. 혹 추사가 이 나무를 보고 세한도라는 작품을 그린 게 아닐까 하는 착각마저 들게 되는 곳이다.

대정향교 옆에 석천이라 불리는 속칭 새미물이 있다. 단산의 산기슭 바위 틈에서 솟아나는 물인데 인근 사계마을의 음용수로 이용됐다고 한다. 옛날 대정현 성안의 물이 말랐을 때도 이 샘의 물을 길어다 썼다고 한다.

거욱대의 용도가 비보풍수임을 감안할 때 단산의 지형에 대한 다양한 이야기를 발굴할 필요성이 있다. 가능하다면 동물, 그중에서도 맹수의 형상을 한 바위를 찾아내 이를 같이 설명하면 한층 설득력이 더해질 것이다. 나아가 현대에 이르러 허물어졌음에도 다시 세워야만 했던 지역 주민들의 믿음, 신앙도 곱씹을 부분이다.

추사기념관과 연계하여 추사기념관에서 대정향교에 이르는 구간을 보다 적극적으로 홍보한다면, 많은 이들이 찾을 수 있는 명소임에 틀림이 없다.

2012. 11. 17.

제주의 골목길,
올레

 제주도의 주거문화에서 특히 눈길을 끄는 것이 올레다. 흔히 올레는 마을 안길에서 집의 마당으로 이어지는 공간을 이야기하는데, 이를 설명하는 데 있어 학자들마다 표현방법에 약간의 차이가 있다.

 먼저 《제주어사전》제주도, 1995에서는 "거릿길 쪽에서 대문까지의, 집으로 드나드는 아주 좁은 골목 비슷한 길"이라 표현하며 그 고어로는 '오래'라 설명하고 있다. 김석윤·신석하제주도 민가, 제주의 민속 Ⅳ, 제주도, 1996는 "거릿길에서 집으로 출입하기 위한 긴 골목으로 올레는 마당에 이르기까지 다양한 경관의 변화를 통하여 즐거움을 주며 외부로부터 시선을 차단해서 독립성이 있는 내부공간을 가지려는 영역성, 경계성의 기능을 가지고 있다."라고 했다.

 필자화산섬 돌 이야기, 도서출판 각, 2000는 "마을 안길에서 집의 대문 격인 정낭까지 이어지는 공간으로서 길 양옆을 돌담으로 쌓아 놓은 것이다. 구불구불한 곡선으로 이어지는 것이 보통인데 이는 바람의 영향을 분산시켜 그 힘을 약화시키는 데 목적이 있다."라고 설명하고 있다. 김태일^{바람난 제주 돌담 태풍을 막}다, 과학동아 2003년 9월호, 동아일보사. 2003은 "큰길에서 집으로 출입하기 위한 골목을 올레라 하고 그 양옆으로 쌓은 담을 올렛담"이라 하고 있다.

신석하^{정낭, 제주문화상징, 제주특별자치도, 2008}는 "거릿길에서 집으로 출입하기 위한 긴 골목길이다. 이는 제주도만이 갖는 특유의 공간으로, 사적인 주거 공간과 공적인 거릿길 사이를 연결시켜주는 중간적인 성격을 띠면서, 사적인 주거공간을 보호하는 기능을 한다."라고 설명하고 있다. 고성보 외^{제주의}돌담, 보고사. 2009는 "마을에서 집으로 들어가는 통로, 즉 골목길을 가리킨다."라고 했다.

이렇게 볼 때 단순하게 표현하면 마을의 길에서 집 안으로 이어지는 긴 골목이라 정의할 수 있다. 여기서 대부분의 학자들은 마을의 길을 거릿길이라 표현하고 있는데, 마을의 안길을 거릿길이라 표현하는 것은 고려할 필요가 있다. 실제 농촌마을 등에 가서 조사를 해 보면 거릿길이라는 단어를 사용하는 곳은 없기 때문이다. 대신 가름질이라는 표현이 많이 등장한다. 마을에서 다시 경계를 구분해 동쪽 마을을 동카름, 서쪽 마을을 서카름이라 부르고 그 사이를 이어주는 길을 가름질이라 부르는 것이다.

제주에서 길을 이야기할 때 가장 큰 길이 한질이다. 한질은 큰 길이라는 의미로 마을의 중심을 관통하는 길을 말한다. 대표적인 게 웃한질^{현재의 중산}간도로, 알한질^{현재의 일주도로}이다. 이어 거름질^{거림질}, 거림질^{갈림길}, 가름질 등이 있다. 마을의 중심 도로에서 마을을 혈관처럼 이어주는 도로가 여기에 해당한다.

결국 이러한 마을의 길을 통칭하는 의미로 거릿길이 대표성이 있느냐는 것이다. 마을의 길을 통칭해 거릿길이라 할 것인지, 아니면 마을 안길이라 할 것인지, 그도 아니면 한질과 가름질이라 세분화하고 이러한 길에서 집 안으로 이어지는 긴 골목이라 정의할 것인지는 또 다른 연구대상이다.

마을과 집 안을 연결하는 올레는 그 연결매체로서 담에 의하여 형상화된다. 즉 좌우로 돌담을 쌓아올려 긴 골목을 만들고 있다. 그리고 올레는 마당에 이르기까지 다양한 경관의 변화를 거치게 되는데, 먼저 도입부로 거릿길에서 집으로 들어오는 목의 첫머리를 이르는 올레 어귀와 거릿길에서 집으로 들어오는 길목 안쪽에 세운 대문인 올렛문 등으로 나뉜다.

올레의 입구를 어귀라 부르는데 올레 어귀에는 외부와 집 안을 뚜렷하게 구분 짓는 지방돌이 가로로 땅바닥에 박힌다. 어귓돌은 큰 자연석으로 담이 시작되는 맨 끝의 밑에 놓이는 돌이다. 어귓돌은 여기서부터 민가의 입구가 시작됨을 암시해 주는 기능을 지니고 있다. 몰팡돌이 놓이는 경우도 많다 김홍식. 1996.

올레를 통해 하나의 집만 존재할 경우 올레 초입에 정낭이 세워지기도 한다. 정주석과 정낭은 원래 마소가 출입하지 못하게 하기 위해서 만든 시설이지만 나중에 걸쳐놓은 정낭의 숫자를 통해 주인의 출타 범위를 안내하는 기능으로 발전했다. 즉 3개가 가로 놓였을 때는 주인이 멀리 출타했다는 의미이고, 그 숫자가 적어질수록 출타의 거리가 가깝다는 것을 알렸다.

또한 올레 어귀에는 멀구슬나무를 심는 예가 많았다. 멀구슬나무는 빨리 성장하는 한편 그늘이 좋아 올레어귀에 사람이 모이게 하는 작용을 하기도 했는데, 댓돌을 만들거나 팡돌이 놓여 있어 이곳에서 휴식을 취하기도 한다.

올레 어귀에서 민가 쪽으로 들어가면서 올레 바닥의 양 옆에는 다리팡돌이 설치된다. 이것은 비가 올 때 신발에 흙이 묻지 않게 걸을 수 있도록 한 것이다. 잘 다듬어진 돌을 설치함으로써 거친 올렛담을 깔끔하게 정리하는 효과까지 담고 있다.

올레의 길이를 보면, 1가구 단독의 올레인 경우 그 길이가 상대적으로 짧고 하나의 올레에 3~4가구 이상이 밀집된 경우 그만큼 길어진다. 올렛담의

■
올레의 구조.

올레 어귀

다리팡돌

올렛문

높이는 1.2~2.1m 정도가 대부분인데 올렛담 너머에 밭이나 다른 집의 우영이 있는 경우 상대적으로 낮고, 올렛담 바로 옆으로 다른 집이 위치한 경우에는 성인의 키 높이보다 더 높은 경우가 많다. 이는 밖에서 집 안이 보이지 않도록 하려는 의도에서 비롯된 독립성 보장 측면이 강하다.

올레의 형태는 I형, L형, S형 등 다양한데 대부분의 올레는 직선보다는 곡선 형태를 띠고 있다. 특히 안거리의 정면을 비끼도록 하여, 곧지 않으며 끝부분이 구부러져 있다. 이는 집주인에게는 외부로부터 시선을 차단하여 독립적인 공간을 확보하여 주고, 이 집을 방문하는 사람에게는 집주인과 단번에 마주치는 상황을 배제하는 전이공간의 역할을 한다.

경우에 따라 올레 어귀 또는 올레목을 일부러 구부리기도 했다. 올레의 좌우가 자신의 밭_{우영팟}임에도 불구하고 일부러 꺾어 곡선을 만든 사례는 초기 올레의 곡선 형태에 충실하고자 하는 의식을 잘 보여준다. 올레에서 곧은길이 똑바로 대문 앞으로 향하는 경우는 드물다.

올레목은 올레가 끝나는 부분으로 마당 직전의 공간이다. 올레는 전체적으로 구부정하게 만들어지지만 올레가 끝나는 올레목에는 특히 심하게 구부린다. 그리고 올레목은 대문이 있고 없음에 따라 크게 두 가지로 나누어 볼 수 있는데 하나는 농촌지역에 많은 것으로 문간 없이 긴 올레를 갖는 것이며, 다른 하나는 이문간을 두면서 짧은 올레를 갖는 경우다_{김석윤·신석하, 1996}. 이문간은 꼭 문을 설치할 필요가 있을 경우 부속채에 문을 덧붙여 다는 경우가 대부분이다.

바람 많은 제주에서 바람을 이겨내는 지혜가 담겨 있는 올레도 많은 변화

올레 어귀의 형태.

를 겪고 있다. 가장 심하게 나타나는 현상이 올레를 넓히며 올렛담을 허물어 새로 쌓는 경우와 바닥을 정비하는 경우다.

먼저 올레를 넓히며 올렛담을 허물어 새로 쌓을 때 전통적 방식으로 자연석을 사용해 축조하는 경우와 인공적으로 다듬은 돌담을 사용해 쌓는 경우, 벽돌이나 블록으로 쌓는 경우로 구분된다.

올레를 넓힘에 따라 올레의 폭도 달라지는데 과거의 경우 1.8~3.0m 정도가 대부분이었으나 최근에는 3m 넘는 경우가 많아졌다. 1970년대 경운기 등 농기계가 보급되며 올레를 넓혔고, 1990년대 이후에는 자가용 승용차가 보급되며 차량의 진입을 용이하게 하기 위해 넓혔던 것이 주요 원인이다. 이 경우 가능한 범위 내에서 곡선의 올레를 직선화하는 경향이 두드러지게 나타난다.

또 바닥의 경우도 과거에는 흙 또는 그 한쪽 구석으로 다리팡돌을 설치하는 경우가 대부분이었으나 최근에는 시멘트로 포장한 경우가 더 많다. 일부에서는 판석, 맷돌, 보도블럭을 깔거나 잔디를 심는 경우도 있다.

올레의 길이와 관련해서는 과거보다 짧아지는 양상으로 변하고 있는데 이는 마을 안길의 확·포장 과정에서 많이 나타난다. 즉 예전에는 긴 올레였는데 마을을 관통하는 소방도로 개념의 도로가 새롭게 생겨나며 집과 도로와의 간격이 좁혀져 올레의 길이가 짧아지는 것이다.

2010. 12. 19.

올레의 변화 양상(애월읍 어음리).

한라산이
곧 제주

조릿대와
한라산 관리

　　　　　　　　　요즘 한라산이 조릿대 문제로 시끄럽다. 제주
조릿대의 급속한 확산에 따라 다른 식물들이 자라지 못해 생물종 다양성이 훼
손되고 있다는 것이다. 급기야 환경부는 최근 공문을 통해 "한라산국립공원
내에 조릿대 확산으로 국립공원과 유네스코 생물권보전지역에서 제외될 수
있다."라고 경고하며 제주도의 시급한 대책 마련을 주문하기에 나섰다.

　실제로 한라산 조릿대는 30여 년 전만 해도 해발 600~1,400m에서만 분포
했던 것이 최근 들어 한라산국립공원 153.386㎢의 90% 정도까지 퍼진 것으
로 조사되고 있다.

　제주조릿대의 확산에 따른 문제는 강한 근경 번식력과 큰 군락을 이루는
특성으로 인해 일단 번지기 시작하면 제주조릿대만 남고 나머지 식물은 밀
려나는 생태계의 교란으로 이어진다는 것이다. 뿌리로 번식하는 제주조릿
대는 땅속을 뿌리로 빽빽하게 채워 다른 식물의 씨가 떨어져도 발아할 틈을

주지 않기 때문에 결국 종 다양성이 급격하게 감소한다는 말이다.

이런 추세가 계속되면 한라산 전체가 제주조릿대로 덮이며 철쭉과 진달래의 장관도 볼 수 없을뿐더러 시로미, 눈향나무, 한라솜다리 등도 사라질지 모른다는 최악의 상황까지 거론되고 있다. 실제로 등산로를 걷다 보면 조릿대에게 영역을 빼앗긴 시로미가 지표면이 아닌 바위 위로 밀려난 모습을 흔하게 볼 수 있다. 그만큼 조릿대의 확산은 심각한 문제다.

그렇다면 환경부의 경고처럼 제주조릿대의 확산으로 생물종 다양성이 훼손될 경우 한라산국립공원 지정이 해제될 수도 있을까? 결론부터 말하자면 한라산의 가치를 전혀 모르고서 하는 말이다.

한라산은 1966년 천연보호구역으로 지정된 이후 1970년 국립공원, 2002

년 유네스코 생물권보전지역, 2007년 세계자연유산, 2010년 세계지질공원
으로 지정됐다. 제주의 가치를 이야기할 때 유네스코 자연과학분야 3관왕이
라고 자랑하고 있는데, 그 중심에 한라산이 있다.

이 부분에서 묻고 싶다. 한라산은 식물종이 다양하기 때문에 이러한 타이
틀을 획득할 수 있었던 것일까 하는 문제다. 물론 한라산은 우리나라 식물
4,000여 종의 절반에 해당하는 2,000여 종이 서식하는 식생의 보고임에는 틀
림이 없다. 하지만 단순하게 생물종이 다양하기 때문에 국립공원과 유네스
코 3관왕이 된 것이 아니라 경관과 지형, 지질 등 다양한 부분에서 보호할 필
요가 있기에 세계적으로 그 가치를 인정받았다는 것이다. 물론 식생도 그중

의 하나다.

환경부에서 조릿대 문제로 국립공원이 해제될 수도 있다고 말하는 것은 한라산의 가치를 전혀 모르고 하는 말이다. 아니, 한라산의 가치를 매우 잘못된 시각에서 보고 있다는 얘기다. 차라리 요즘 논란이 되고 있는 설악산에 케이블카가 설치될 경우 국립공원에서 해제될 수도 있다고 말하는 것이 환경부의 존재 이유에서 보면 더 설득력을 얻을 것이다.

한라산의 관리를 맡은 제주특별자치도 당국도 문제가 많다. 한라산에서의 조릿대 확산 문제는 어제오늘의 일이 아니다. 그동안 제주도 산하의 한라산연구소가 조릿대 확산을 막기 위해 80년대 중반까지 이어졌던 말 방목 및 베어내기를 통한 제주조릿대 억제효과를 연구했었다.

연구 결과 말을 풀어놓을 경우 조릿대 잎사귀뿐만 아니라 줄기까지도 먹는 것으로 나타났다. 베어내기를 할 경우에도 베어낸 곳에서 조릿대 밀집지역보다 다른 식물들이 많이 자라는 모습을 볼 수 있었다. 효과가 있다는 얘기다. 그럼에도 불구하고 실제로 실행에 이르지는 못했다. 그리고는 이제야 부랴부랴 대책을 마련한다고 요란을 떨고 있는 것이다.

제주 사람들은 한라산을 이야기할 때 어머니산이라 부른다. 민족의 영산靈山이라고도 한다. 말로만 할 것이 아니라 제대로 된 보호와 관리대책이 나와야 한다. 조릿대 확산이 주는 교훈이다.

2016. 3. 1.

한라산의
마른 폭포들

　　　　　　장마철이다. 혹 관광에 나섰다가 비가 많이 내리면 낭패를 보기 십상이다. 특히 자연자원을 위주로 한 관광지일수록 더욱 그렇다. 제주는 해양성 기후의 영향으로 육지부보다 많은 비가 내리는 곳이다. 그래서 제주에서 비를 만난 관광객들은 당혹스럽다.

　그런데 몇 해 전부터 비 날씨를 기다리는 관광객들이 생겨나고 있다. 서귀포에 위치한 엉또폭포의 장관을 보기 위해서다. TV 예능 프로그램에 소개되면서 유명세를 타더니 요즘 비가 내린 직후에는 관광객들로 미어터진다. 급기야 행정당국에서 진입로와 전망대까지 만들었다.

　이제껏 제주에서의 폭포 관광은 서귀포의 정방폭포와 천지연폭포, 천제연폭포가 전부였다. 여기에 엉또폭포가 새롭게 가세한 것이다. 기존의 폭포들

광령천의 보광천(위)과 영구비폭포(아래).

214

영신계곡 바위를 흘러내리는 폭포.

천미천 계곡.

이 이미 관광지로 조성된 경우라면 엉또폭포는 이제 관광지의 대열에 합류한 경우라 할 수 있다.

　모두가 알다시피 제주에는 강이 없다. 대신에 내, 내창이라 불리는 하천이 있을 뿐이다. 거의 모든 하천이 건천으로 평상시에는 물이 전혀 없다가 폭우에 물이 흘러넘치는 형태다. 제주에서는 이를 '내 터진다'라 표현한다. 제주에서 하천은 곳곳에 용천수와 소가 있어 사람들이 모여들어 마을을 이루어 사는 기준일 뿐만 아니라 마을과 마을 사이의 경계가 되기도 한다.

　제주도에는 크고 작은 60개의 지방 2급 하천이 있는데 이 중 22개가 백록담 기준 남쪽으로, 26개는 북쪽으로 흐르고 있다. 대표적인 하천으로는 북쪽의 한천과 외도천, 남쪽의 효돈천과 강정천 등이 있다. 동쪽으로 흐르는 하천으로는 제주도 최장을 자랑하는 천미천이, 서쪽에는 창고천 등이 있다.

백록담을 기준으로 보면 북쪽 외륜인 북벽에서 발원하는 하천이 탐라계곡이라 불리는 한천이고, 서북벽에서 발원하는 하천이 Y계곡, 광령계곡 등으로 불리는 외도천이다. 백록담 서쪽 외륜도 하천의 발원지인데 이곳에서 남쪽으로 돌아 흐르는 하천이 산벌른내라고도 불리는 효돈천이다. 강정천은 영실계곡에서 시작된다.

한라산의 하천은 백록담을 정점으로 하여 방사상 수계를 이룬다. 제주도의 지형에서 알 수 있듯이 백록담을 기준으로 동서 사면은 넓은 용암대지가 발달하여 수계의 발달이 빈약하고 남북 사면은 경사가 급하기 때문에 이곳을 중심으로 하천도 발달해 있다. 산이 높으면 골도 깊은 법이다. 2,000m에 육박하는 한라산에서 모든 물줄기가 시작되기에 제주의 하천은 골짜기가 깊을 뿐만 아니라 절벽들도 많다. 하천이 범람할 때 폭포수를 이루는 지형은 이러한 절벽에서 볼 수 있다. 경사급변점이라 불리는 하천의 절벽은 용암의 흐르는 시기가 다른 경우, 또는 동굴의 파괴나 수직절리 등의 요인으로 만들어졌다.

하천마다 수많은 절벽들이 있기에 물이 넘치면 폭포수를 이루는 곳도 그만큼 많다. 엉또폭포만 있는 것이 아니다. 대표적으로 한라산 영실의 절벽에서도 세 갈래의 폭포수를 볼 수 있다. 그 밖에도 곳곳에 이름 없는 폭포들이 짧은 시간 만들어졌다가 금세 물이 빠지면 사라지기를 반복한다.

비 오는 날만 볼 수 있는 제주의 특급 경관이다. 상당수가 알려지지 않은 숨겨진 비경들이다. 물론 개발하면 관광객을 불러들이는 관광자원 역할을 할 수도 있다. 그럼에도 개발에 신중을 기해야 하는 이유는 사람들이 몰려들기 시작하면 그 시점부터 훼손도 시작되기 때문이다. 무궁무진한 자원을 보유한 제주도를 자랑하고 싶으면서도 반면에 알려지기를 원치 않는 이유다.

2016. 7. 8.

백록담
일출

　　　　　　　　새해가 열렸다. 많은 이들이 새해 첫날의 아침 해를 보면서 새 희망을 염원하곤 한다. 일 년 365일 해는 뜨건만, 1월 1일의 아침 태양은 남다를 수밖에 없다. 더불어 유명 해맞이 명소에는 수많은 사람들의 발길이 이어진다.

　그중에서도 눈길을 끄는 곳이 한라산 백록담이다. 우리나라에서 가장 높은 곳에서 맞이하는 새해의 해맞이도 그렇거니와 무엇보다도 새해 첫날이 아니면 이곳에서 일출을 볼 수 없기 때문이다. 평상시 한라산에서의 야간산행은 허용되지 않기 때문에 보려고 해도 볼 수가 없다. 그런데 새해 해맞이를 위한 1월 1일의 야간산행은 허용하기 때문에 이날은 수많은 등산객들이 백록담에서의 새해 첫 일출을 보기 위해 몰린다.

　원칙적으로 한라산에서의 산행은 일출 이후부터 일몰 이전까지다. 때문에 등산 시작 시간은 계절에 따라 달라진다. 아침에 등산로 개방시간도 제한을

백록담 분화구 안으로 번지는 빛.

두지만, 백록담이나 윗세오름 등 목적지까지 다녀오는 소요시간을 감안해서 통제 시간도 정해져 있다. 예를 들면 백록담으로 갈 수 있는 성판악등산로의 경우 12시 이전에 진달래밭대피소를 통과해야만 백록담으로 오를 수 있다. 산행시간을 제한하는 것은 안전사고의 우려 때문이다.

하지만 과거 한때는 환경훼손을 방지하기 위해 백록담 산행 자체를 금지하기도 했었다. 이른바 휴식년제다. 1986년 4월까지 백록담에 오르는 등산객들 대부분이 윗세오름에서 서북벽을 통해 산행에 나섰었다. 하지만 서북

만세동산에서 본 백록담 일출.

백록담 동릉 일출.

벽의 붕괴가 심해지면서 안전사고의 우려 때문에 남벽으로 새롭게 등산로를 개설하게 된다. 하지만 이후 남벽마저 훼손이 심해지자 1994년 7월을 기해 통제하기에 이른다.

이후 성판악코스를 이용한 백록담 동릉 구간만 허용하다가 이마저도 훼손 문제가 대두되자 1997년부터 2003년까지 휴식년제를 시행하기도 했다. 1997년부터 1999년까지는 겨울철 적설기에 한해 백록담 등반을 허용하기도 했다. 겨울철 눈이 덮인 경우 눈길을 걷는 것이기에 그나마 훼손을 막을 수 있다는 이유에서였다. 이러한 과정을 거쳐 현재와 같은 성판악과 관음사코스를 이용해 백록담에 향하는 코스가 자리 잡은 것은 2003년 이후의 일이다. 훼손 우려가 없다는 판단에 따라 등산로를 연중 허용하게 된 것이다.

하지만 오늘날 한라산은 또다시 훼손의 우려 속에 어떻게 보호할 것인가에 대한 논란이 일고 있다. 연간 130만 명 이상이 산행에 나서서 훼손에 노출돼 있다는 얘기다. 급기야 얼마 전 한라산 입장료를 2만 원 징수하자는 의견이 대두돼 찬반 논란이 일기도 했다.

자연자원의 경우 적정 수용력에 대한 고민이 필요하다. 적정 수용력이란 목초지에서 일정한 생산력을 유지하면서 목축할 수 있는 최대 가축 사육 수를 구하기 위한 개념에서 시작돼 지금은 '인간이 자연의 특성을 파괴하지 않고 이용하기 위해서는 어느 정도 자연에 개입해도 되는지'를 산출하는 의미로 쓰이는 말이다. 한마디로 지속 가능한 범위 내에서의 이용을 전제로 하고 있다.

모두가 알다시피 한라산은 민족의 영산이고, 백록담은 그러한 한라산의 상징으로 표현된다. 뿐만 아니라 한라산은 유네스코 생물권보전지역, 세계자연유산, 세계지질공원으로 지정된 세계인의 보물이다. 이 시대를 사는 우리들로서는 후손에게 온전하게 물려주어야 할 의무가 있다.

백록담에서 보는 일출도 좋지만, 멀리서 백록담을 끼고 떠오르는 태양도 장엄하기는 마찬가지다. 어리목등산로 만세동산에서 보는 백록담 일출은 또 다른 멋이 있다. 이용객의 분산을 통한 혼잡 방지도 하나의 방법이라는 얘기다. 그 전에 정상만을 고집할 게 아니라 그 과정을 중시하는 인식이 먼저 전제돼야 하겠지만.

2017. 1. 3.

한라산 유일 너덜지대,
남벽 탐방로

　　　　　　　한라산 백록담 등반을 위한 남벽 탐방로 재개
설 문제로 논란이 많다. 2017년 1월 제주특별자치도 세계유산본부가 1994
년도부터 출입이 통제되고 있는 한라산 남벽 탐방로에 대한 복원공사를 거
쳐 2018년부터는 개방하겠다고 밝히면서 논란이 시작됐다.

　세계유산본부는 남벽 탐방로 복원 공사를 추진하여 현재 성판악 탐방로로
집중되고 있는 정상 등반 가능 탐방로를 5개 코스로 분산함으로써 탐방객들
의 만족도를 높인다는 계획이다. 행정당국에서는 탐방객이 분산되면 환경
훼손도 줄고, 한라산의 가치는 더 높아질 것이라고 말한다.

　이어 2017년 2월에는 원희룡 제주지사가 서귀포시 이·통장 역량강화 워크
숍에서 "절차나 예산이 잡히면 돈내코로 분산할 수 있지 않을까 생각한다.
돈내코로 백록담 정상에 올라갈 수 있는 시설 부분을 추진하도록 하겠다."라
고 재차 밝혔다고 한다.

한라산에서 유일한 너덜지대.

　이 같은 내용이 알려지자 제주도 내 환경단체를 중심으로 우려의 목소리
가 나오고 있다. 한라산은 유네스코 생물권보전지역을 시작으로 세계자연
유산, 세계지질공원 등 유네스코가 인정한 세계적인 보호지역이고, 백록담
은 이러한 한라산의 상징이기에 신중을 기해야 한다는 것이다.

　남벽 탐방로는 1986년 5월부터 1994년 6월 말까지 이용됐던 등반 노선이
다. 백록담 탐방로는 1950년대 이후 대부분의 탐방객들이 서북벽 코스를 이
용했으나 이곳의 훼손이 심각해지자 대체 노선으로 개발됐다. 1986년 남벽
코스 개설 당시에도 신중을 기해야 한다는 우려의 목소리가 높았으나 관리
당국에서 강행, 불과 8년 만에 또다시 훼손으로 인한 폐쇄조치가 내려진 곳

백록담 남벽 정상부 복구 모습(1995년).

이다. 불과 10년 앞도 내다보지 못하는 우(愚)를 범한 것이다.

남벽 등반로를 복원해 다시 개설하겠다는 관리당국에게 실제로 현장에 가 봤는지를 묻고 싶다. 왜냐하면 현재의 남벽 등반로는 복원이 불가능할 정도로 망가져 있기 때문이다. 이 지역은 한라산에서 유일한 너덜지대로 이뤄져 있다. 특히나 경사지역이기에 사람이 밟으면 돌덩이들이 쓸려 내리는 현상이 나타난다. 복원 자체가 불가능한 지역이라는 말이다. 더욱이 현무암과 조면암이 만나는 지역이라는 특수성으로 인해 더더욱 신중을 기해야만 하는 곳이라 할 수 있다.

남벽을 통과해 정상부 능선에 오른다 하더라도 이곳 또한 환경 훼손으로

남벽 정상부.

부터 안전지대가 아니다. 지난 80~90년대 등반객들이 몰리며 바닥 토양층이 속살을 드러내 먼지가 날리던 곳으로, 한라산에서 장구목과 더불어 가장 먼저 복구공사를 벌이기까지 했던 곳이다. 바닥이 암반이 아닌 토양층이기에 사람이 밟으면 또다시 훼손되는 것은 자명하다.

백록담의 지형지질을 알면 쉽게 이해할 수 있다. 백록담은 동쪽으로는 현무암이 뒤덮고 있고, 북쪽과 서쪽, 남쪽은 조면암으로 형성돼 있다. 현재 등산객들이 오르는 성판악코스의 동릉은 현무암 암반으로 덮여 있기에 그나마 훼손 우려가 덜한 반면 나머지 지역은 상황이 다르다.

즉 백록담의 지형지질과 훼손 상태 등을 고려하면 추가적인 탐방로 개설은 막아야 한다는 것이 많은 전문가들의 하나같은 입장이다. 현 상황을 유지하더라도 언젠가는 풍화작용에 의해 백록담의 북쪽이나 남쪽 사면이 무너져 원형의 백록담은 사라질지 모른다는 우려마저 나오고 있다. 사람들이 드나들 경우 그 훼손 속도는 더더욱 빨라질 것이다.

실제로 예전에 많은 등산객들이 오르내리던 서북벽이나 남벽에 가서 보면 무너져 내린 암반을 쉽게 확인할 수 있다. 특히 조면암인 경우 사람이 손으로만 만져도 떨어져나갈 정도로 풍화가 심각하다.

한라산 백록담은 그런 곳이다. 어떻게 하면 보다 많은 이들에게 보여줄 것인지가 아니라 어떻게 하면 온전한 모습을 조금이라도 더 보존할 수 있는지를 고민해야 한다. 자연은 현재 세대의 것이 아닌 미래 세대에게 온전하게 물려주어야 할 자산이다. 특히나 세계적인 보호지역이라면 더더욱. 백록담 남벽 탐방로 재개방은 재고되어야 한다.

2017. 3. 15.

한라산의
연분홍 봄꽃

예로부터 제주 최고의 아름다움을 열 손가락에 꼽아 영주십경瀛洲十景이라 표현한다. 영주瀛洲는 제주도의 옛 명칭이다. 그중에 영구춘화瀛邱春花는 제주시 방선문訪仙門에 핀 봄꽃 절경을 말한다. 방선문은 한천漢川 상류로, 계곡 양쪽 기슭에 진달래와 철쭉, 참꽃나무 등이 만발하여 장관을 연출하는 곳이다. 예로부터 신선의 세계로 들어가는 의미를 덧붙여 시인 묵객들이 즐겨 찾는 유람장소이기도 하다.

이처럼 한라산의 봄은 분홍이다. 4월 하순 털진달래가 피기 시작하여 5월초 절정을 이루고, 산철쭉은 5월 말에서 6월 초가 절정이다. 특히 해발 1,400m 이상의 아고산대 지역은 넓은 산자락에 키가 큰 나무가 거의 없기 때문에 털진달래와 산철쭉의 연분홍 꽃망울이 지표면을 뒤덮으며 장관을 연출한다.

대표적인 곳이 방애오름, 움텅밭, 탑궤를 비롯한 선작지왓, 만세동산 일대다. 그중에서도 선작지왓은 넓은 초원지대에 온갖 꽃들로 뒤덮이며 산상화

참꽃나무.

원을 방불케 하고, 방애오름의 경우는 나무 한 그루 없는 오름 전체가 온통 분홍으로 덮인 형상이다. 만세동산 또한 백록담 화구벽과 어우러지며 또 다른 멋을 연출한다. 엄밀한 의미에서 우리나라에서 고산초원을 보여주는 곳은 한라산밖에 없다고 해도 틀린 말이 아니다.

한라산에서 자라는 진달래과 식물로는 털진달래와 산철쭉, 참꽃나무가 있다. 그렇다면 5월의 한라산을 대표하는 진달래와 철쭉의 차이점은 무엇일까? 그보다 앞서 정확한 이름부터 알 필요가 있다. 현재 한라산에서 자라는 식물은 진달래와 철쭉이 아니라 털진달래와 산철쭉이라고 해야 맞는 말이다. 그리고 과거 영산홍이라 불리던 식물은 참꽃나무라 해야 된다.

먼저 진달래와 철쭉의 가장 큰 차이점은 꽃피는 시기다. 진달래가 먼저 피고 철쭉은 진달래가 지고 난 후 꽃을 피운다. 또한 꽃과 잎을 보고도 알 수 있다. 진달래는 꽃이 진 후 잎이 나오는 데 반해 철쭉은 꽃과 잎이 비슷한 시기에 나오거나 잎이 먼저 나온 후 꽃이 핀다.

털진달래는 진달래에 비해서 고산지역에 자라며, 어린 가지, 잎 앞면, 잎 가장자리, 잎자루 등에 털이 늦게까지 남아 있고, 꽃은 더욱 늦게 피므로 구분된다.

산철쭉은 계곡이나 높은 산의 능선에서 자라는데 잎이 꽃보다 먼저 난다. 잎 모양은 긴 타원형, 잎에 털이 많고 점액 성분이 있어 만지면 끈적거린다. 잎 뒷면의 맥 위에는 갈색 털이 빽빽하게 난다. 꽃의 색은 철쭉에 비해 진한 특징이 있다. 제주도의 꽃으로 지정된 참꽃나무는 낙엽성으로 잎이 작고 수술이 5개인 것이 차이점이다.

한라산은 우리나라 식물 전체 종의 절반가량이 서식하는 곳으로, 종 다양성 측면에서 매우 중요한 위치를 점한다. 때문에 한라산을 표현할 때 식물의 보고寶庫라는 수식어가 붙기도 한다. 그중에서도 특히나 학계에서 주목하는 종들이 고산식물이다. 과거 빙하시대부터 전해 내려온 식물들이 아직까지 남아 그 생명력을 이어가고 있기 때문이다.

2017. 5. 1.

닭게의 털진달래.

한라산의 의미,
그리고 개발 논란

"제주도가 곧 한라산이고, 한라산이 곧 제주도다." 제주에서 한라산이 갖는 의미를 가장 함축적으로 표현한 말이다. 제주 사람들은 태어날 때부터 한라산을 보면서 자란다. 실제로 제주의 거의 모든 마을에서 한라산이 보인다. 때문에 한라산을 볼 수 없는 극히 일부의 마을이 도리어 이상하게 여겨질 정도다.

늘 한라산을 보면서 자라왔기에 한라산에 대한 제주 사람들의 자부심은 대단하다. 어릴 적 그렇게 높아 보였던 마을 뒷산이 객지에서 생활하다 성인이 된 후에 와서 보니 이렇게 낮을 수가 없었다고 말하는 육지부의 산과는 다르다. 한라산은 어릴 때의 느낌도 높은 산이었고, 타향생활하다 오랜만에 보더라도 역시나 높은 산이다.

제주에서 한라산을 이야기할 때 모든 사람들에게 변치 않는 진리가 하나 있다. 제주의 어느 곳에서 보는 한라산이 가장 아름다운지를 물어보면 답이

나온다. 모든 사람들이 이구동성으로 자신이 나고 자란 마을에서 본 모습이라고 주장한다는 것이다. 한라산은 그런 곳이다.

최근 제주에서는 한라산 중턱에 대규모 개발계획이 진행되면서 논란이 되고 있다. 오는 2021년까지 약 6조 2,800억 원을 투자해 제주시 오라2동 산 46-2번지 일대 357만 5,753m² 부지에 휴양콘도와 관광숙박시설, 골프장시설, 상업시설, 휴양문화시설 등을 조성한다는 오라관광단지 조성사업이다. 투자규모로 치면 제주 역사상 최대 규모라는 제2공항 건설 사업비 4조 1,000억 원보다도 훨씬 더 큰 규모로, 개발주체는 중국자본인 제주차이나캐슬JCC이다.

무엇보다도 문제가 되는 것은 그 대상지역이 한라산 천연보호구역의 경계선에서 불과 650m에 불과한 해발 350~580m에 위치하고 있다는 것이다. 때문에 제주도 내 환경단체와 시민사회단체에서는 상주인구와 관광객을 포함한 6만여 명이 체류하는 하나의 도시가 국립공원 턱밑에 들어서는 것이라며 절대 불가를 외치고 있다.

───

오라관광단지 사업 예정지.

　오라관광단지 조성사업 환경영향평가 동의안 처리와 관련해 두 차례나 제
동을 걸었던 제주도의회 또한 2017년 5월 23일 열린 환경도시위원회에서 '심
사 보류' 결정을 내리며 사업자와 제주도의 관련 부서에 보완자료를 요구하
고 나섰다.

　이 자리에서 의원들은 '지하수 오염 방지를 위한 장기적 측면에서 오수처
리를 공공하수도로 연결하는 방안 검토 필요, 경관적 측면이나 환경적 측면
에서의 대안 마련 부족, 삼다수 생산량과 맞먹는 하루 3,600톤 연간 130만 톤
이 넘게 사용되다 보면 지하수 고갈 우려' 등의 문제를 제기했다.

　각계에서 제기하는 문제점을 요약하면 한라산 중턱에 이러한 대규모 시설
물이 들어서서는 절대 안 된다는 것이다. 예컨대 저지대의 경우 상하수를 공
공상수도 및 공공오폐수 처리시설과 연결하면 되지만, 고지대에서 자체 처리
하려면 문제가 발생한다는 얘기다. 나아가 이번에 오라관광단지가 통과되면
향후 비슷한 고도에 개발 행위가 이어질지도 모른다는 우려도 포함되었다.

　경관 문제 또한 논란이다. 도민사회에서는 저지대의 경우 그나마 관대한 편
이지만, 한라산 중턱의 대규모 시설물은 심리적으로 받아들이기 쉽지 않다.

개발예정지는 제주시내에서 한라산을 바라볼 때 백록담으로 이어지는 중턱에 해당한다. 자신이 나고 자란 마을에서 보는 한라산이 가장 아름답다고 전제할 때 제주시민들이 보는 가장 아름다운 모습의 한라산이 망가지는 것이다.

이처럼 한라산을 바라보는 제주도민들의 정서를 전혀 감안하지 않았다는 얘기다. 개발에 따른 지역사회의 경제적 이득보다는 대규모 시설물로 인해 한라산을 온전하게 볼 수 없다는 손실이 더 크다. 경관이 갖는 가치에 주목해야 할 필요가 있다. 정서적 요인까지 작용한다면 더더욱.

예로부터 한라산을 이야기할 때 삼신산三神山의 하나인 영주산瀛洲山이라 하여 신령스런 산으로 여겼다. 때문에 한라산에서의 무분별한 개발 행위에 대해서는 민감하게 받아들이며 오늘날까지 지켜왔다. 산악관광을 통한 제주지역경제 활성화라는 이름으로 추진됐던 1960년대 백록담 분화구 내 호텔건립계획을 비롯해 영실 오백장군 일대의 방갈로 개발계획, 한라산 케이블카 설치 계획 등을 무산시킨 것이 좋은 예다. 아이러니하게도 이러한 반대운동이 있었기에 오늘날 한라산은 세계자연유산으로서 제주의 위상을 한껏 높여주고 있다. 장기적인 안목에서 무엇이 이득인지 고민해야 한다.

2017. 5. 31.

제주도 연륙설과
한라산의 빙하기 유존종

얼마 전 국내에서는 제주도 한라산에만 서식하는 것으로 알려진 '세바람꽃'이 충북 소백산국립공원에서 발견됐다고 한다. 희귀식물이기에 관심을 끄는 것이 아니라 빙하기의 식물로 한반도의 자연사와 기후변화에 관한 단초를 제공할 수도 있기 때문이다. 보도에 의하면 연구진은 한라산과 소백산의 세바람꽃 유전자 분석 및 서식지별 생물 계통학적 차이, 세바람꽃이 빙하기 이후 격리된 시기 등 한반도의 자연사와 기후변화에 관한 연구에 나설 예정이라고 한다.

이처럼 과거 빙하기에 빙하와 주변 주빙하peri-glacial 지역의 혹독한 기후환경을 피해, 보다 나은 서식지를 찾아 남쪽으로 이동하여 정착한 식물들의 후손을 '빙하기 유존종'relict species이라 한다. 유존종遺存種이란 생물이 환경의 영향을 받아 이동 또는 변화하는 사이에 섬이나 높은 산, 계곡 등에 격리돼 현재까지 생존하고 있는 종을 말한다.

한반도는 북극권과 지리적으로는 멀리 떨어져 있지만 지금으로부터 15,000
~18,000년 전인 신생대 제4기 플라이스토세 빙하기만 하더라도 극지방의 식
물들이 추위를 피해 남쪽으로 이동해 정착한 핵심 피난처였다. 그 식물들이
이후 빙하기가 끝난 후에 고산지대에 남아 오늘에 이른 것이다. 때문에 이러
한 빙하기 유존종을 '살아있는 식물화석'이라 부르기도 한다. 대표적인 식물
로는 눈잣나무, 눈향나무, 찝빵나무, 눈주목, 돌매화나무, 시로미, 들쭉나무,
월귤, 홍월귤, 노랑만병초 등이 있다.

우리나라에서 빙하기 유존종은 한라산을 비롯하여 지리산, 설악산의 산정
부에 자라는 키 작은 식물에서 찾아볼 수 있는데, 한반도 자연사를 알려주는
열쇠이자 한반도 생물종 다양성을 드높이는 소중한 자원이다.

특히 한라산의 높은 지대에 자라고 있는 돌매화나무, 시로미, 들쭉나무 등

시로미.

눈향나무 군락.

━━
돌매화나무.

과 같은 극지고산식물들은 과거 빙하기에 제주도와 한반도, 중국대륙이 서로 연결됐었다는 '연륙連陸설'을 증명하는 자료로 이용되기도 한다. 당시는 현재보다 해수면이 약 150m가량 낮아 제주도는 한반도와 중국 대륙, 일본 타이완과도 육지로 연결된 내륙이었다는 학설이다.

　이를 뒷받침하는 근거가 한라산 정상부 일대에만 주로 분포하고 있는 돌매화나무다. 돌매화나무는 북반부 툰드라지대에 널리 분포하는 종이다. 한반도에서 백두산과 한라산 등지에만 자라는 시로미 역시 일본과 중국 동북지방, 사할린, 캄차카반도, 동시베리아에 분포하는 식물이다. 들쭉나무의 경우 한라산에서는 찾아보기 힘들 정도로 극소수 개체만 존재한지만, 백두산에서는 흔하게 볼 수 있는 종이다.

이러한 빙하기 유존종들의 서식환경을 보면 그 질긴 생명력에 절로 감탄사를 자아내게 된다. 한라산 백록담의 척박한 바위에서 자라 암매라고도 불리는 돌매화나무가 대표적이다. 거센 추위와 바람을 막기 위해 가는 가지에 잎이 빽빽하게 달려있고 한군데에서 많이 뭉쳐서 자라는 특성이 있다. 우리나라에서는 멸종위기 야생생물 I급으로 지정된 아주 귀중한 식물이다. 무엇보다도 돌매화나무는 다 자란 키가 2cm 정도에 불과하지만 엄연한 목본식물로, 세상에서 가장 작은 나무이기에 더욱 소중한 자원이다.

시로미 또한 다르지 않다. 1980년대까지만 하더라도 한라산 아고산대에서 흔하게 볼 수 있었지만 지구온난화와 조릿대의 기승으로 지금은 바위 위에서 근근이 그 생명력을 이어가고 있다. 토양층에서 남부럽지 않게 자라다가 조릿대와의 생존경쟁에서 밀리자 생존을 위해 바위 위로 서식처를 옮긴 모습이 애처롭기까지 하다.

한라산의 빙하기 유존종들은 모두들 최고와 최대만을 지향할 때 살아남기 위해 스스로 작은 키를 택했을 뿐만 아니라, 모두들 비옥한 환경을 찾을 때 척박한 바위틈에서 강한 생명의 힘을 보여주고 있다. 안타까운 것은 척박한 빙하기에 삶의 터전을 찾아 따뜻한 남쪽으로, 그리고 기온이 상승하자 예전 서식환경과 비슷한 높은 산의 고지대로 이주하며 수만 년 그 생명을 이어왔는데 오늘날 지구온난화라는 최대의 위기를 맞고 있다는 사실이다.

2017. 6. 14.

문화재위원들이 지켜낸
세계유산 한라산

최근 문화재청 문화재위원들이 국민권익위원회 소속 중앙행정심판위원회의 설악산 케이블카 사업 허가 결정에 반발해 항의사표를 제출했다고 한다. 이들의 사퇴 이유는 문화재위원들이 5개월 동안 조사 분석한 결과를 토대로 케이블카 사업 불가 결정을 내렸는데, 이를 중앙행정심판위원회가 뒤집으며 문화재위원회의 존재 가치를 부정했기 때문이다.

관련 기사를 보면서 예전의 한라산국립공원 사례를 떠올리게 된다. 1968년 제주도 당국이 산악관광을 통한 지역경제 활성화라는 이름으로 한라산에 케이블카 시설을 추진하자 당시 문화재위원회 제2분과 위원들이 총사퇴를 내걸고 허가 철회를 교통부에 요구했던 적이 있다.

당시 이들은 한라산은 동양에서 유일하게 온대溫帶, 난대暖帶, 한대寒帶 식물이 분포하는 곳으로 세계자연보존위원회에서도 "한라산의 자연은 세계자연

한라산 정상에 이르는 도로 개설계획을 보도한 신문기사(1965년).

학계의 가장 귀중한 보고"라 지적했으며, '세계자연보호학회지'에서도 "세계의 자연 연구 공원으로서 절대로 현상을 파괴 변경해서는 안 될 세계적인 자연학계의 보고"라고 규정하고 있다며 압박했었다.

이뿐만이 아니다. 한라산은 1966년 6월 22일 문교부에 의해 해발 700~1,000m 이상과 일부 계곡이 천연보호구역으로 가지정되는데, 당시 문교부가 가지정을 서둘러 취한 것은 제주도에서 관광도로 개설계획과 수종갱신 사업을 벌이며 한라산을 훼손하는 것을 방지하기 위한 조치였다. 가지정 직

백록담의 암벽 상태를 조사하는 문화재위원들(2006년).

후 제주도를 찾은 문화재위원들은 "제주도 당국의 한라산 관광도로 개설계획을 반대하지 않으나 문화재위원회와 협의 없이 시행할 경우에는 실력투쟁도 불사하겠다."라고 밝히기도 하였다.

　나아가 성안 중인 국립공원법이 제정되면 한라산은 문화재보호법과 국립공원법의 대상이 된다며 이에 비협조적인 제주도에 대해 경고의 목소리를 내기도 했다. 이때 제주도와 일부 단체에서 개발사업과 상충되니 재조명돼야 한다는 의견도 있었으나 문교부가 강행해 1966년 10월 12일자로 천연기념물 제182호로 정식 지정함에 따라 한라산은 법적인 보호구역이 되었다.

　이보다 앞서 1965년에는 제주도 당국에서 성판악~사라악 구간 8km에 차도를 내고 이후 백록담 구간에 3m 폭의 등산로를 개설, 백록담 분화구 안에 호텔을 신축하는 계획을 세웠지만 역시 문화재위원들의 반대로 무산된 바 있다. 이후 제주도는 1967년에 한라산 케이블카 설치를 문교부에 허가 신청하는데, 이때도 문화재위원들은 "한라산천연보호구역을 유원지화遊園地化하는 결과를 초래하게 되므로 지정 구역 내에서의 케이블카 시설은 불가"하다며 한라산 케이블카 설치를 막기도 했다.

이러한 과정을 거쳐 한라산은 1970년에 국립공원으로 지정되고 이어 2002년에 유네스코 생물권보전지역, 2007년 세계자연유산, 2010년 유네스코 세계지질공원으로 등재되기에 이른다. 뿐만 아니라 한라산이 품은 람사르 습지도 물장올을 비롯해 물영아리오름, 1100고지 습지, 동백동산 습지, 숨은물뱅듸 등 5개소에 달하고 있다. 그야말로 세계인의 문화재로 그 위상을 드높이고 있는 것이다.

이 지점에서 묻고 싶다. 예전 문화재위원들이 우려했던 것처럼 만약에 한라산에 차도가 개설되고, 백록담에 호텔이 들어서는 등 유원지화했을 경우 오늘날 한라산의 이러한 위상이 가능했을 것인가. 수백만이 찾는 유명 관광지는 될지 모르나 세계적으로 인정받는 자연유산은 결코 될 수 없을 것이다. 결국 당시 문화재위원들을 비롯한 지식인들의 행동하는 양심이 오늘날 한라산의 가치를 살렸다고 해도 과언이 아니다.

오늘날 전국 각지에서 벌어지고 있는 산악관광 개발 계획의 명분을 보면 예전에도 그랬던 것처럼 한마디로 '산악관광을 통한 지역경제 활성화'로 요약할 수 있다. 혹 지금의 계획이 당장 눈앞의 이득을 위해 황금알을 낳는 거위의 배를 가르는 어리석은 행동은 아닌지 반문해야 한다. 세계자연유산 한라산의 사례가 우리 사회에 던지는 교훈이다.

2017. 6. 30.

백록담 북쪽 능선의 복구 현황을 둘러보는 문화재위원들(2006년).

한라산 영실에 오락시설과 숙박시설 설치계획을 알리는 공사안내판(1977년).

한라산
단풍

한라산은 우리나라에서 가장 늦게까지 단풍을 즐길 수 있는 곳이다. 기상정보업체에 의하면 2017년의 경우 10월 16일 한라산에서 첫 단풍이 들기 시작해 오는 10월 29일 절정을 이룰 것으로 내다봤다. 일반적으로 첫 단풍은 산의 20%가량에 단풍이 드는 것을 말하는데 산의 80% 이상 단풍이 물들었을 때를 단풍 절정기라 말한다.

한라산이 있기에 우리나라의 가을은 2주가량 더 늦춰진다고 해도 틀린 말이 아니다. 북쪽에서 남쪽, 고지대에서 저지대로 차차 내려가는 단풍의 특성상 한라산이 있음으로 인해 11월 중순까지도 가을을 느낄 수 있다. 육지부에서 미처 단풍산행을 가지 못해 아쉬운 사람들에게 마지막으로 기회를 주는 곳이기도 하다.

가을 단풍의 아름다움은 기상조건, 즉 온도, 햇빛, 그리고 수분의 공급에 의해 결정된다. 우선 낮과 밤의 온도차가 커야 하는데 영하로 내려가면 안

영실기암.

장구목.

■■■■
골머리오름.

되고 하늘은 청명하고 일사량이 많아야 한다. 너무 건조하지도 않은 알맞은
습도를 유지해야 아름다운 가을을 볼 수 있는 것이다. 추우면서 비가 오는
날씨에는 잎이 충분히 단풍 들기 전에 떨어지고, 너무 건조할 경우 단풍을 보
기 전에 잎이 타게 되어 맑은 단풍을 보기 어렵다.

그렇다면 한라산에서 단풍이 아름다운 곳은 어디일까? 한라산의 단풍을
이야기할 때 가장 먼저 꼽는 곳이 영실기암이다. 영주십경의 하나인 영실은
병풍바위와 오백나한 등 뾰족한 바위와 어우러져 붉게 물든 모습이 한라산
단풍 중 최고라 해도 부족함이 없다.

영실과는 달리 관음사코스는 탐라계곡을 끼고 등산로가 이어지는 관계로

왕관릉.

단풍을 한참이나 볼 수 있는 곳이다. 특히 삼각봉 주변과 그 너머의 장구목 능선, 그리고 용진각 현수교 너머의 왕관릉은 백록담 북벽의 웅장함과 어우러지며 한라산의 또 다른 모습을 보여준다.

　문제는 관음사 등산로가 8.7km에 달하고 경사가 심해 전문산악인들은 좋아하지만 일반인들에게는 어려운 코스여서 기피한다는 것이다. 백록담으로 향하는 등산객이 성판악코스로 몰리는 것을 감안하면 약간 힘들더라도 관음사코스를 추천하고 싶다. 등산객으로 붐비지 않기에 호젓함을 느끼며 한라산의 참모습을 만끽할 수 있다는 장점이 있다. 날씨가 변화무쌍하고 기온이 급격히 떨어지는 경우가 많기에 비상의류 지참은 필수다.

이 밖에 치도라 불리는 천아오름계곡과 천왕사와 석굴암이 있는 골머리오름도 단풍의 나른 맛을 주는 곳이다. 천아오름계곡은 1100도로에서 어승생 제2수원지에서 서쪽으로 난 도로를 따라 가면 나타나는 계곡으로 상류는 어리목골이고 하류는 광령계곡을 거쳐 광령천으로 이어진다.

천왕사의 경우 뒤의 골머리오름 바위와 더불어 펼쳐진 단풍, 그 아래 다소 곳이 들어선 대웅전과 계곡의 물 등 우리가 육지부의 사찰에서나 느낄 수 있는 산사의 가을 분위기를 그대로 옮겨 놓은 것과 같은 느낌을 주는 곳이다. 천왕사 입구에서 40분가량 걸어야 하는 석굴암 가는 길도 비슷한 느낌을 준다.

혹 시간이 없다면 5·16도로의 숲터널을 권하고 싶다. 붉게 물든 단풍이 터널을 이룬 이곳의 멋은 아무래도 가을이 제격이다. 이 밖에 사려니숲길도 단풍의 아름다움을 느끼기에 부족함이 없다. 산책로 중간에 계곡이 있기에 조용한 가운데 단풍의 참맛을 느낄 수 있다. 한라산 등산로의 경우 굴참나무 등 참나무 종류가 많은 반면 숲터널이나 사려니숲길은 단풍나무와 고로쇠나무 등이 주를 이루기에 어쩌면 단풍이 더 아름답게 느껴질 수도 있다.

육지부에서 단풍나무라 하면 대부분 당단풍과 고로쇠나무를 지칭하는 데 반해 제주에는 단풍나무가 별도로 있다. 단풍나무는 잎이 다섯에서 일곱 갈래로 갈라지고 갈라진 부분이 톱니처럼 작은 각을 이루고 있어 단풍나무과의 다른 나무와 구별하는 기준이 되는데, 당단풍은 잎이 아홉에서 열한 갈래, 고로쇠나무는 잎이 다섯에서 일곱 갈래로 차이를 보인다. 물론 제주도에서도 단풍나무뿐만 아니라 당단풍과 고로쇠나무도 자생하고 있다. 식물의 보고라 불리는 명성에 걸맞게 그만큼 다양한 식생을 자랑하고 있는 것이다.

2017. 10. 26.

호종단과
한라산신

얼마 전 치러진 전국동시지방선거에서 제주도지사 후보들 사이에 논쟁이 벌어졌던 주제가 중국자본에 의한 제주도의 난개발 문제였다. 과거 투자유치라는 이름으로 자행된 중국인들의 제주투자, 그리고 그 결과 제주도 곳곳에서 진행되는 무분별한 대규모 개발사업의 원인 당사자가 누구냐는 것이다. 제주다움이 사라지는 문제제기에 따른 것이다.

제주도와 중국과의 관계는 옛날이야기에도 자주 등장할 정도로 오래된 화두다. 중국 진시황이 보낸 서복 일행이 불로초를 찾아 나섰던 삼신산 중 영주산이 제주라는 이야기와 함께 많은 이야기가 전해지고 있고, 중국의 왕이 호종단이라는 주술사를 보내 제주의 명당을 없앴다는 이야기도 유명하다. 과거 맹수가 많았는데, 중국에서 찾아온 스님이 한라산의 골짜기에 몰아넣어 없애버리는 바람에 백 골짜기가 아닌 99골^{아흔아홉골}이 되었다는 이야기도

산방산과 용머리해안.

차귀도 매바위.

있다.

이처럼 제주의 전설 중에는 한반도의 중앙조정보다 중국에 견주는 이야기가 많았다. 특히 호종단이나 아흔아홉골 이야기처럼 중국의 방해에 제주인의 삶이 어려워졌다는 메시지가 주를 이루고 있다. 원래 제주는 어려운 현실 세계를 구원할 왕이 나올 땅이었는데, 골짜기 하나가 사라졌기 때문에, 혹은 명당자리를 모두 없애버렸기 때문에 왕도 나오지 않고 백성들의 삶은 그만큼 피폐해졌다는 줄거리다.

호종단 전설의 주요 내용은 다음과 같다. 중국을 통일한 진시황이 지리서를 펼쳐놓고 보니 탐라에서 겨드랑이에 날개가 달린 아기장수들이 심심치 않게 태어날 땅임을 알게 된다. 이를 방치할 경우 아기장수들이 자라 천하를 통일하게 될 것이라 여긴 진시황은 풍수사 호종단^{胡宗旦}을 탐라^{耽羅}로 보내 인걸을 낳는 명혈, 산혈^{山穴}과 물혈^{水穴}을 모두 파괴할 것을 명한다.

처음 호종단이 도착한 곳은 종달리였다. 고종달이라고도 불렸던 호종단은 지명이 자기 이름과 같다는 사실에 불쾌함을 느껴 그곳의 '물징거'라는 물의 혈을 끊고는 이어 차례차례 명혈을 없애며 토산리에 이르게 된다.

호종단이 토산리에 도착하기 직전 그곳에서 밭을 갈고 있는 농부가 있었는데, 거슨새미와 노단새미 샘의 물을 행기^{놋그릇}에 떠다가 길마 밑에 잠시 숨겨줄 것을 간청하는 처녀의 부탁을 들어준 뒤였다. 뒤이어 나타난 호종단은 지리서에 적힌 '꼬부랑 낭 아래 행기물'을 찾지 못하자 농부에게 묻게 된다. 하지만 농부는 처음 듣는 이름이라며 모른다고 답하자 결국 쓸모없는 책이라며 지리서를 찢어버린 후 그곳을 떠났다.

'꼬부랑 낭 아래 행기물'은 구부러진 나무 아래의 행기물이란 뜻으로 '질매^{길마} 밑에 있는 놋그릇 물'을 가리키는 것인데 호종단이 그 의미를 미처 파악하지 못했던 것이다. 농부 앞에 나타났던 처녀는 노단새미와 거슨새미의 수신^{水神}

262

으로, 호종단의 화를 피했기에 거슨새미와 노단새미만은 다행히 남아서 지금도 솟고 있다고 전해진다.

비슷한 이야기가 서귀포시 서홍동의 '지장새미'에서도 전해진다. 지리서를 찢어버린 호종단이 물혈을 잘 알아내는 개를 데리고 지장새미를 찾았는데, 이번에는 개가 지장새미로 향하지 않고 소의 길마 부근에서 맴도는 것이었다. 밭을 갈던 농부는 개가 자신의 음식을 탐한다면서 쫓아버리고 호종단은 아무런 쓸모도 없다며 개를 죽여 버린다. 지장새미의 수신이 길마 아래 숨었던 것인데, 호종단이 알아차리지 못한 결과였다. 그 결과 지장새미 역시 무사히 남아 마을 사람들의 식수로 이용됐다.

이와는 반대로 산방산 앞 용머리의 경우 호종단에 의해 그 혈이 파괴되는

서귀포시 서홍동의 지장샘.

운명을 맞게 된다. 전설에 의하면 용이 살아 있기 때문에 왕후지지가 되는 곳으로, 용이 승천하는 날 이곳에서 제왕의 능력을 갖춘 장군이 태어난다는 용머리를 호종단이 칼로 끊어버리자 그 자리에서 피가 흘러내리며 산방산이 며칠간 울었다는 것이다. 대부분의 전설이 그렇듯이 용머리에 가서 보면 꼬리 부분과 잔등 부분이 반듯하게 끊어진 형상을 하고 있는데, 바로 호종단이 칼로 내리친 자국이라고 전해지고 있다.

하지만 정작 제주 사람들이 하고자 하는 말은 제주도의 명당자리를 없앤 호종단의 최후에 대한 이야기에 담겨 있다. 《동국여지승람》에 기록된 제주 광양당신廣壤堂神 이야기가 그것이다. 기록은 제주도의 지세를 누른 뒤 배를 타고 돌아가던 호종단을 매로 변신한 한라산의 호국신인 광양당신이 침몰시켰다고 전한다.

그 지점이 차귀도인데, 호종단이 중국으로 돌아가는 것을 막은 섬이라는 의미에서 차귀도遮歸島라 부르게 됐다는 것이다. 나아가 차귀도에는 매바위라 불리는 커다란 바위도 있어 전설의 신빙성을 더해주고 있다.

호종단 전설을 통해 제주인의 의식세계를 보면, 먼저 외세의 방해로 인하여 제주인의 삶이 척박해졌다는 것과 더불어 그 외세를 한라산신이 응징했다는 인식이 존재한다. 제주인의 자존심을 엿볼 수 있는 대목이다. 오늘날 제주도 곳곳에서 외자유치라는 이름으로 무분별하게 파헤쳐지는 대자연을 보면서 이 땅을 지키려 했던 한라산신의 재림을 간절하게 기원해 본다.

2018. 6. 24.

조선시대 인증샷,
마애명

'호사유피虎死留皮 인사유명人死留名'이라고, 범은 죽어 가죽을 남기고 사람은 죽어서 이름명성을 남긴다는 말이 있다. 사람으로 태어나 죽기 전에 이름을 전할 정도의 역할을 해야 한다는 말이다. 우스갯소리지만 요즘 들어서는 스마트폰이 생활화되고 소셜네트워크서비스Social Network Services, SNS가 활성화되면서 이름보다 인증샷, 즉 사진을 남기는 경우가 많기에 사람은 죽어서 사진을 남긴다는 말로 바꾸어야겠다.

그렇다면 과거 사진이 없던 시절 우리의 선조들은 어떤 형태로 그 흔적을 남겼을까? 가장 대표적인 것이 마애명磨崖銘이다. 마애석각문이라고도 불리는 마애명은 바위에 새겨진 명문을 이야기한다. 주로 명승이나 기암에 새겨지는데, 가장 대표적인 곳이 한라산 백록담이다. 특히 한라산의 경우 예로부터 삼신산의 하나로 추앙받아 왔기에 이름을 남기기 좋아하는 이들에게는 더더욱 동경의 대상으로 자리했다.

백록담 동벽에 새겨진 김종보 마애명.

심낙수와 남수의 마애명.

하지만 조선시대까지만 하더라도 한라산 산행은 극히 제한된 사람들만의
전유물이었다. 1520년 제주에서 유배생활을 했던 김정은 "내 귀양 온 죄인
의 몸으로 그렇게 올라가 볼 수 없음이 애석하다."라며 안타까움을 표시할 정
도였고, 최익현의 경우도 "이 산에 오르는 사람이 수백 년 동안에 관장官長. 벼슬
아치된 자 몇 사람에 불과했을 뿐"이라 표현하고 있다. 최익현의 경우 1875
년 유배가 풀리자마자 한라산 등반에 나섰다는 기록이 전해진다.

반대로 지역 주민의 경우는 한라산에 오르는 자체가 신성을 모독하는 불
경죄에 해당했다. 1901년 지그프리드 겐테Siegfroied Genthe가 한라산에 오르
고자 할 때 당시 이재호 제주목사는 한라산을 신성시하는 제주 사람들의 믿
음을 거스르지 않겠다며 "범접할 수 없는 고고함과 안정을 누군가가 깨뜨리
는 날이면 산신령이 악천후와 흉작, 역병 등으로 반드시 이 섬을 응징할 것

엄제 일행 마애명(위), 이양정 목사 일행 마애명(아래).

이며, 그렇게 되면 주민들이 와서 산신령을 괴롭히는 이방인에 대하여 항의할 것"이라고 경고할 정도였다.

한마디로 당시의 관리를 비롯한 극히 일부의 사람들만이 한라산에 오를 수 있었다는 것인데, 그러다 보니 그들에게는 그만큼 자랑하고 싶은 쾌거일지도 모를 일이다. 그래서 어떤 형태로든 그 흔적을 남기려 했는데, 일부는 기록으로 그도 아니면 백록담 바위에 자신의 이름을 새겨 넣기도 했다. 그것이 바로 마애명이다.

한라산연구소에서 지난 2012년부터 2년에 걸쳐 조사한 자료에 의하면 한라산 백록담 일대의 마애명은 31건에 달한다. 백록담 외에 한라산 일대의 마애명은 탐라계곡 4건, 방선문 65건 등이 남아있는 것으로 조사됐다. 이 외에 한라산을 제외한 저지대, 즉 용연과 천제연폭포, 안덕계곡, 산방산 등에도

정우식 도지사 일행 마애명.

269

조관빈과 조영순 마애명.

일부 남아있다.

백록담의 마애명은 주로 동릉의 바위 일대에 분포하고 있다. 이곳에는 목사 박장복을 비롯해 양세술, 엄제 일행, 남익상 일행, 조희순, 양당, 심낙수와 남수, 정이환, 조관빈과 조영순, 조정철, 이양정 목사 일행, 황덕빈 일행, 조우석 목사 일행, 이경로, 신호인, 김회 일행, 김종보 일행, 임관주, 홍구서, 윤식 일행, 조위진 목사 일행의 마애명이 남아있다. 이보다 약간 북쪽 일대에는 김정과 이익, 최익현, 정우식 일행, 김세완, 민복기, 손경오 일행, 김규한 등의 흔적을 찾을 수 있다.

이 중 눈길을 끄는 부분은 소위 말하는 조씨 제문이다. 조선시대 노론의 실세가문인 양주 조씨 집안으로 대사간을 지냈던 조관빈과 그의 조카로 부수찬을 지낸 조영순을 이르는 말이다. 둘 다 제주에서 유배생활을 했는데, 백록담에 올라 바위에 이름을 새겨 올랐던 흔적을 남겼다. 이들 조씨 집안이 유명한 것은 뒤이어 조영순의 아들인 조정철까지 제주에 유배되어 30년 이상 생활했고, 그 역시 백록담에 마애명을 남겼기 때문이다. 이들의 마애명은 1825년 백록담에 올랐던 윤제홍의 '한라산도'에도 등장하는데, 그림에는 조씨제명趙氏題名과 함께 마애명을 새기는 사람들의 모습도 표현돼 있다.

또 눈길을 끄는 이는 임관주다. 1767년 제주도 창천에서 유배생활을 했던 임관주는 두 달 만에 유배가 풀리자 곧바로 안덕계곡을 찾아 마애명을 남기고 뒤이어 산방산과 천제연폭포, 그리고 백록담과 용연에까지 가서 그 자취를 남겼다. 남들이 이름만을 남긴 것과는 달리 모든 곳에 시를 남긴 것 또한 특이하다.

조선시대 선비들의 풍류를 부러워했는지는 모르지만, 비교적 최근인 1950~60년대까지 그 흔적을 남긴 경우도 있다. 대표적인 사례가 1955년 이름을 남긴 민복기 전 대법원장과 1966년의 정우식 제주도지사 일행이다. 민복기 대법원장은 일제강점기 친일행적으로 논란이 됐던 인물이고, 정우식 도지사 일행은 당시 수행했던 도청의 부지사와 총무국장, 산업국장, 경찰국장, 제주시장, 북제주군수, 남제주군수 등의 이름까지 써넣어 두고두고 후세의 손가락질을 받고 있는 실정이다. 이름을 남기는 것이 중요한 것이 아니라 어떻게 처신하느냐가 중요한 대목임을 느끼게 해준다.

2018. 5. 17.

한라산 중턱의
메밀밭

10월 제주 들녘은 눈이 소복하게 쌓인 것처럼 하얀 메밀꽃으로 장관을 연출한다. 메밀이라 하면 많은 이들이 으레 '메밀꽃 필 무렵'의 무대인 강원도 봉평을 연상하지만 사실 국내 최대의 메밀 재배지는 제주도다. 생산량 또한 제주도가 가장 많다.

2017년 기준 우리나라의 메밀 재배면적은 2,272ha인데 제주는 845ha로 전체의 37%을 차지하고 있고, 뒤를 이어 전남 337ha, 경북 292ha, 전북 220ha, 강원 215ha 등의 순이다. 생산량 또한 전체 1,683톤 중 제주가 321톤으로 19%를 차지하며 가장 많고, 뒤를 이어 전남 283톤, 강원 226톤, 전북 220톤, 경북 219톤 순이었다.

제주에서의 메밀 재배역사는 멀리 고려시대로 거슬러 올라간다. 그 내용은 탐라를 점령한 몽골이 메밀에는 사람의 피를 말리는 독성이 있음을 알고는 삼별초 항쟁을 도운 제주 사람들을 골려주려고 메밀을 제주에 도입했는

팝콘처럼 혹은 소금처럼 피어나는 메밀꽃.

데, 제주 사람들이 독성을 제거하는 무를 함께 먹음으로써 피해를 예방했다
는 설이다. 이어 15세기《세종실록지리지》에 밭벼, 기장, 피, 보리와 함께 메
밀이 재배되었다는 기록도 전해지고 있다.

　역사기록뿐만 아니라 제주의 신화에도 메밀이 등장한다. 세경본풀이에 나
오는 이야기로 옥황상제의 아들 문곡성과 결혼한 자청비가 하늘나라에서 전
란을 평정한 후 농경의 신인 세경할망이 되어 지상으로 내려올 때 오곡의 씨

10월이면 제주 전역에서 메밀꽃을 볼 수 있다.

앗과 함께 메밀 씨앗을 가져왔다는 것이다. 이때 메밀씨앗을 빠뜨린 것을 뒤늦게 알고는 다시 가서 가져오는 바람에 메밀이 다른 작물에 비해 파종시기가 늦어졌다는 이야기까지 전해진다. 제주 사람들의 상상력과 함께 사소한 차이까지 이야기로 풀어내는 스토리텔링이 빛나는 대목이다.

메밀은 건조한 땅에서도 싹이 잘 트고 생육기간도 3개월로 짧을 뿐만 아니라 이모작까지 가능해 척박한 화산회토 환경의 제주 지역에 알맞은 품종으로 평가받는다. 특히 여름작물인 조가 홍수나 가뭄으로 폐작이 되면 대체작물로 메밀이 인기를 끌어왔다.

제주 전역에서 재배되기에 지역에 따른 명칭도 약간씩 차이가 나는데 모멀, 모믈, 모믈 등이 그것이다. 재배지역은 저지대 밭에서부터 중산간 일대까지 넓게 분포하고 있다. 중산간 지역의 경우 개간한 밭에 파종해도 잘 자라기 때문에 중요한 식량자원으로 인식되고 있다. 요즘에는 중산간 일대의 넓은 면적에 대규모로 재배해 또 다른 볼거리를 제공하며 관광자원으로도 인기를 끌고 있다. 82만 6,446m²의 면적에 메밀을 재배하며 매년 10월 메밀

꽃축제를 여는 제주시 오라동을 비롯해 메밀마을로 지정된 제주시 조천읍 와흘마을, 제주 메밀체험관이 있는 서귀포시 안덕면 동광마을, 보롬왓 제주메밀축제를 진행하는 서

꿩메밀칼국수.

빙떡.

귀포시 표선면 성읍리 일대 등이 대표적이다.

생산량이 많다 보니 예로부터 메밀을 이용한 다양한 음식문화도 발달했다. 가장 대표적인 것이 빙떡으로, 뒤집은 솥뚜껑에 돼지비계를 바른 후 반죽한 메밀가루를 지져 전을 만들고, 삶은 무채를 넣어 말아서 먹는다. 이 밖에 꿩메밀칼국수가 있는데 꿩고기와 메밀칼국수, 무를 넣어 끓이는 것이다. 메밀 요리에는 항시 무가 함께하는데, 메밀의 독성을 없애는 효과가 있기 때문이다.

메밀의 활용은 음식에 그치지 않는다. 예로부터 제주에서는 베개를 만들 때 그 안에 탈곡한 메밀 쭉정이를 넣어서 만들었다. 솜 베개는 땀이 차고 열을 발산하는 데 반해 메밀 쭉정이로 만든 베개는 시원함과 함께 숙면을 취할 수 있는 것으로 알려지며 인기를 끌어 왔다. 어쩌면 솜은 귀했고 메밀은 쉽게 구할 수 있었기에 더 많이 활용됐는지도 모를 일이다.

메밀의 국내 최대 생산지로 세경할망 이야기까지 전해지는 제주도지만 안타깝게도 오늘날 대규모 메밀재배단지를 활용한 관광자원화 외에 메밀을 자원화한 사례는 보이지 않는다. 비근한 예로 메밀 요리를 전문으로 하는 식당도 찾아보기 힘들다. 곳곳에서 1, 2, 3차 산업을 복합해 농가에 높은 부가가치를 안겨주자며 6차 산업을 강조하고 있지만 아직은 구호에 머무르고 있는 것이다. 적어도 메밀에 있어서는 그렇다.

2018. 10. 26.

한라산 중산간을 하얗게 뒤덮은 제주시 오라동의 메밀꽃.

역사의 광풍이
휩쓸고 간 섬

제주4·3,
잃어버린 마을

또다시 4월이다. T.S. 엘리엇은 '황무지The Waste Land'에서 "사월은 가장 잔인한 달/ 죽은 땅에서 라일락을 키워내고/ 기억과 욕망을 뒤섞고/ 봄비로 잠든 뿌리를 뒤흔든다. / 겨울은 따뜻했었다."라고 전후 서구의 황폐한 정신적 상황을 표현하고 있다.

이 4월을 제주 사람들만큼 잔인하게 여기는 이들이 있을까 생각해본다. 제주 현대사 최대의 비극인 4·3이 있기 때문이다. 제주4·3특별법에서 정의한 4·3사건은 "1947년 3월 1일을 기점으로 하여 1948년 4월 3일 발생한 소요사태 및 1954년 9월 21일까지 제주도에서 발생한 무력충돌과 진압과정에서 주민들이 희생당한 사건"을 말한다.

이 기간 제주에서 전체 인구의 10%에 해당하는 3만 명 내외가 희생당한 것

금악리 웃동네 일동이못(위), 동광리 무등이왓(아래).

와흘리 고평동.

으로 추정하고 있다. 희생자 중에는 10세 이하의 어린이가 5.8%, 61세 이상이 6.1%이고 여성의 비율도 21.3%에 달하고 있다. _{제주4·3사건위원회 신고자 기준} 전시가 아님에도 이처럼 전투능력이 없는 주민들이 희생된 사례는 흔치 않다.

인명 피해뿐만 아니라 물적 피해도 상당해 300여 개 마을에서 가옥 2만여호, 4만여 동이 피해를 입었고, 각급 학교와 시설이 폐허로 변했다. 당시의 참상을 아직까지 증언하는 대표적인 사례가 잃어버린 마을이다.

잃어버린 마을은 4·3 당시 마을 전체가 불에 타 소실된 이후 복구되지 않고 폐허로 남거나 훗날 농경지로 바뀐 마을을 이르는 표현이다. 제주4·3사건위원회 조사에서는 84개소의 잃어버린 마을이 확인되고 있다. 이와는 별도로 제주4·3연구소에서 조사한 바로는 제주시 82개소, 서귀포시 26개소 등 108개의 마을이 4·3 당시 없어진 것으로 나타났다.

제주의 중산간 마을이 수난을 당한 것은 1948년 10월 제주도경비사령부의 포고문, 즉 "전도 해안선부터 5km 이외의 지점 및 산악지대의 무허가 통행 금지를 포고하고 위반하는 자에 대해서는 이유를 막론하고 폭도배로 인정하여 총살에 처한다."라는 발표에서 비롯된다. 바닷가에 접한 해안마을을 빼고는 거의 대부분의 마을이 해당되기 때문이다. 특히나 제주에서 통상 중산간이라 하면 해발 200~600m 지대를 이르는 말이다 보니 모든 중산간 마을이 해당된다고 해도 과언이 아니다.

이어 같은 해 11월 계엄령이 선포된다. 중산간마을 모두를 불태우고 남녀노소를 구분하지 않고 무차별 총살하는 과정에서 마을은 없어지고 수많은 인명피해가 발생한다. 실제로 4·3위원회에 신고된 희생자 중에서 15세 이하의 어린이들 중 76.5%가 1948년 11월부터 1949년 2월 사이에 희생됐다. 61세 이상 희생자 중에도 76.6%가 이 기간에 희생됐다.

해안마을로 소개됐던 중산간마을 주민들은 1954년 4월 1일을 기해 복귀가 허용되자 하나둘 원래의 고향으로 돌아갔으나 온 가족이 몰살당했다거나 집단희생의 이픈 기억 때문에 상당수의 주민들이 원래의 마을로 돌아가지 않는 경우도 발생했다. 오늘날까지 잃어버린 마을로 남아있는 이유다.

제주의 중산간 마을을 돌아다니다 보면 우람한 팽나무와 더불어 대나무를 많이 볼 수 있는데, 이들 지역 대부분이 4·3 당시 잃어버린 마을이라고 여기면 크게 틀리지 않는다. 제주에서 팽나무와 대나무는 마을입지와 주거문화의 특징을 잘 보여주는 요소이기 때문이다.

'폭낭'이라 불리는 팽나무는 마을 중앙의 정자나무 개념으로 이를 중심으로 가옥들이 방사형으로 확산되는 모습을 보인다. 팽나무 아래에는 돌을 쌓아 대*를 만들었는데, 마을 주민들의 휴식공간이자 마을회관이 들어서기 전 공회당 역할을 했던 댓돌이다.

대나무는 대개 집의 뒷부분에 해당에는 우영의 가장자리에 많이 심었다. 우영은 집 주위를 두르고 있는 텃밭을 말한다. 우영은 매일 소요되는 부식을 공급하는 곳으로서, 바로바로 채취해 먹을 수 있는 채소작물을 많이 심었다. 특히 배추와 무는 다른 곳에 비해 비교적 온화한 한겨울에도 재배되었다.

대나무를 많이 심은 이유는 각 가정마다 필요한 죽제품을 만드는 재료를 자급자족하기 위함이다. 구덕과 바구니, 차롱 등의 죽제품은 먹거리, 생활용구 등을 보관하는 생활필수품이었다. 때문에 수시로 베어 사용하기 위해 집 가까이에 대나무를 심었던 것이다.

오늘도 들판에 외로이 서 있는 팽나무, 집 울타리에 심어졌던 대나무만이 그날의 아픔을 조용히 대변하고 있다.

2016. 3. 27.

봉성리 자리왓(위), 와흘리 물터진골(아래).

제주4·3해원상생굿,
희생자와 자연을 치유하다

　　　　　　제주의 4월은 노란 유채꽃으로 대표되는 찬란한 봄의 절정이다. 왕벚꽃축제를 시작으로 유채꽃축제 등 각종 축제로 들판마다 상춘객들이 넘쳐난다. 이와는 반대로 다른 한편에서는 숙연함이 동시에 존재한다. 제주를 관통한 비극, 4·3 추모 분위기가 한 달 내내 이어지기 때문이다.

　당시 제주도민의 10%인 3만여 명이 희생당한 4·3을 빼고서는 제주와 제주 사람들을 이해할 수 없다. 성산일출봉, 정방폭포, 함덕해수욕장 등 이름난 관광지마다 당시 학살터 아닌 곳이 없고, 집집마다 4·3 희생자가 한두 사람은 존재한다. 제주인의 삶 속에 4·3이 있는 것이다.

　그럼에도 4·3을 이야기하는 것은 그리 오래된 일이 아니다. 1978년 소설 '순이삼촌'이 발표되며 그날의 아픔이 세상에 드러나는 듯했으나 당시 군사정권에서는 4·3을 언급하는 것조차 금기시했다. 1987년 민주화항쟁 이후 조

원동 4·3위령굿.

금씩 그 진상이 알려지면서 시민사회단체와 대학생 등을 중심으로 추모분위기가 조성된 것이다.

　이 과정에서 눈길을 끄는 추모제가 1990년에 열린 원동 위령굿이다. 4·3 당시에 사라진 마을인 애월읍 서부산업도로^{평화로} 변 원동마을에서 심방^{무당}이 굿을 통해 희생자들의 넋을 위로한 것이다. 제주에서 굿은 여타의 종교보다 주민들의 삶 속에 더 가까이 존재한다. 장례가 끝난 후 고인의 명복을 비는 의식도 '귀양풀이'라는 굿을 통해 이뤄진다.

　같은 의미로 4·3 당시 주민들이 희생된 학살터를 찾아 진행되는 위령제가 4·3해원상생굿이다. 2002년 구좌읍 다랑쉬마을에서 처음 시작된 4·3해원상생굿은 이후 북촌리와 곤을동, 표선백사장, 목시물굴, 빌레못굴, 정뜨르비행

정방폭포 해원상생굿.

장, 성산포 터진목, 산지항, 정방폭포 등에서 열렸다.

예술가 집단인 제주민예총에서 주최하는 해원상생굿은 현재의 문화예술과 토속신앙인 굿이 어우러진 형태로 위령제를 진행한다. 제주도지정 무형문화재인 심방들이 굿 제차를 진행하는 한편, 예술가들의 춤과 노래, 소리, 설치미술 등이 어우러져 죽은 자와 죽은 땅을 되살리는 의식이다.

이처럼 해원상생굿의 가장 큰 특징은 인간만을 위무하지 않는다는 것이다. 비극적 죽임을 당한 '학살의 터'를 찾아 인간의 영혼뿐만 아니라 상처받은 장소, 즉 '죽임의 장소'였던 자연까지도 함께 치유하자는 상생의 굿이다. 인간과 자연이 하나 됨을 의미한다.

목시물굴 해원상생굿.

2015년 표선백사장 해원상생굿.

2015년부터 4월 3일이 국가추념일로 지정돼 정부 주최로 공식 추모제가 열리고 있지만 격식에 치중하다 보니 일반 유족들 입장에서는 거리감이 있는 게 사실이다. 국가 공권력에 의한 희생자를 기리는 추모제에서 또다시 국가에 의해 희생자 유족들이 배제되고 있는 것이다. 초기 합동위령제의 민중성, 민중적 미의식은 탈각되고 관 주도의 공식적인 기념식일 뿐이다. 이런 현실에서 비공식적, 문화예술적, 민중적 의례로서의 위령제를 지향하는 4·3 해원상생굿이 눈길을 끈다.

올해의 4·3해원상생굿은 과거 천년의 세월 동안 제주의 중심지였던 제주시 관덕정 광장에서 열린다. 특히 관덕정 광장은 1947년 3월 1일 3만 명의 인파가 모여 3·1절 기념대회를 마친 후 통일정부 수립을 외치며 시가행진을

다랑쉬굴 해원상생굿.

벌였던 곳이다. 당시 경찰의 발포로 6명이 사망하고 8명이 중경상을 입었던 곳으로, 제주4·3의 기점이 된 장소다. 실제 4·3특별법에서는 4·3의 정의를 이 날로부터 1954년 9월 21일까지 제주도에서 발생한 무력충돌과 그 진압과정에서 주민들이 희생당한 사건으로 규정하고 있다.

4월 1일 열리는 관덕정 해원상생굿은 오늘날 세계적인 관광지로 널리 알려진 제주에서 그 경관의 아름다움뿐만 아니라 제주의 참모습을 볼 수 있는 기회이기도 하다. 제주 현대사의 비극인 4·3의 아픔을 공유하면서 제주의 전통문화인 굿을 통해 마음의 상처를 치유하는 과정도 볼 수 있다.

2017. 3. 29.

성산포 더진목 해원상생굿.

한 많은
정뜨르비행장

제주의 4월은 상춘객들로 넘쳐난다. 제주 들녘
은 봄꽃으로 뒤덮이고, 거기에 싱그러운 보리밭까지 어우러지며 장관을 연
출한다. 관광객이 가장 많이 찾는 계절 또한 4월이다.

이와는 반대로 제주의 아픔을 함께하려는 추모의 발길도 도내 곳곳에서 이
어진다. 제주도 인구 10분의 1이 죽임을 당한 4·3의 현장을 찾는 다크투어[역
사교훈여행] 행렬이다. 대표적인 곳이 4·3평화공원을 비롯하여 성산일출봉이나
정방폭포, 함덕해수욕장, 표선해수욕장 등 4·3 당시 주민들이 집단 학살당한
희생터다.

제주도 전체가 학살터였다고 해도 과언이 아닌데 특히 그중에서도 제주국
제공항이 대표적이다. 제주국제공항의 시작은 '정뜨르비행장'인데, '정뜨르'
는 넓은 들의 한가운데 우물이 있다고 해서 우물 정[井]과 들판을 의미하는 '드
르'가 합쳐진 말이다. 태평양전쟁 말기인 1942년부터 건설되기 시작하여

유해발굴이 이뤄지고 있는 제주국제공항의 모습.

1944년 5월 준공된 일본 육군의 비행장이다.

4·3 당시 정뜨르비행장에서는 1948년 12월 말부터 인근 지역 주민들을 끌어다 학살한 것을 시작으로 1949년 2월에는 경찰서에 수감되어 있던 화북 등지의 주민 76명이 토벌대에 의해 희생됐다. 1949년 10월에는 249명의 군법사형수들을 총살했다. 이어 1950년 한국전쟁 직후 제주시와 서귀포지역 예비검속자들에 대한 집단학살로 제주경찰서와 주정공장에 갇혀 있던 주민들을 트럭에 싣고 이곳에 와서 총살했다. 증언에 따르면 희생자는 트럭 10대에 실려 있었고 약 500명 정도였다고 한다.

이처럼 많은 학살이 자행됐음에도 다른 지역과 달리 희생자의 시신이 수습되지 못했다. 공항이라는 특성상 민간인의 출입이 자유롭지 못했기 때문이다. 그리고 제주국제공항이 4차에 걸쳐 확장되면서 정확한 학살 장소를

두 손이 뒤로 묶인 채 발견된 완전유해(위), 여러 유해들이 뒤엉켜 있는 현장(아래).

확인하기도 힘들었다.

이곳에 대한 유해발굴작업이 진행된 것은 2003년 노무현 대통령이 국가권력에 의해 대규모 희생이 이뤄졌음을 인정하고 제주도민에게 공식 사과한 지 4년이나 흐른 2007년 8월부터 2009년 6월까지였다. 유해발굴은 두 차례에 걸쳐 진행되는데, 남북활주로 북서쪽 지점과 북동쪽 지점이다.

1차 발굴에서는 완전유해 54구를 비롯하여 부분유해 1,000여 점, 유류품 659점이 수습됐다. 완전유해의 경우 하나같이 두 손이 뒤로 묶인 채 엎어진 형태를 띠고 있는데 구덩이 앞에서 총살당한 후 그 위에 흙을 덮었음을 보여주고 있다. 한편 발견된 유류품은 칼빈소총을 비롯해 M1소총의 탄두와 탄피, 안경, 금보철, 단추, 버클, 머리빗, 신발 등이다. 특히 실명이 새겨진 도장도 있었다.

수습된 유해를 감식한 결과, 모두 123개체가 확인됐다. 이를 바탕으로 유가족 채혈을 통한 유전자 감식 결과, 21구의 신원을 확인했다. 이는 한국전쟁 전후 민간인 집단 희생자 유해발굴을 통한 신원확인이라는 최초의 사례다. 신원이 확인된 유해는 옛 서귀포경찰서와 모슬포경찰서에 수감됐던 이들로 서귀포경찰서의 경우 그동안 바다에 수장된 것으로 알려졌었다.

한편 2차 발굴에서는 한 구덩이에서 완전유해 259구를 수습한 것을 비롯해 유류품 1,311점이 나왔다. 1949년 10월의 군법사형수 249명보다 많은 숫자다. 감식 결과 260개체가 확인됐는데 이들 중 48구의 신원이 확인됐다. 신원이 확인된 유해는 유가족들에게 개별 통보되고 나머지는 4·3평화공원에 안치돼 있다.

제주공항에서 희생된 경우처럼 시신을 수습하지 못하면 후손들은 헛묘를 만들어 조상을 모시기도 했다. 시신이 없기에 그 혼만 모셔와 봉분을 쌓는 것이다. 바다에 수장되거나 정방폭포 앞에서 희생돼 바다로 떠내려간 경우, 육지부 형무소에 수감됐다가 한국전쟁의 와중에 행방불명된 경우가 이에 해당한다.

제주공항의 유해발굴 사례에서 보듯이 지속적으로 유해발굴을 진행하여 희생자의 신원을 확인하고 이를 후손들에게 인계할 경우 이제껏 한을 안고 살아온 후손들에게는 큰 위안이 될 것이다. 또한 소문으로만 전해지던 4·3사건의 실체를 하나하나 밝혀가는 주춧돌이다. 그럼에도 제주공항을 끝으로 더 이상의 유해발굴작업은 진행되지 않고 있다. 정권이 바뀌면서 더 이상의 진상조사 예산이 배정되지 않은 탓이다.

제주국제공항은 제주를 찾는 관문이다. 매일 수많은 비행기들이 제주공항 활주로에서 뜨고 내린다. 그 밑에 이러한 아픔이 있는지도 모른 채. 확실한 것은 여러분이 탄 비행기가 제주공항 활주로에 내리는 순간 이미 여러분은 제주4·3을 밟고 있다는 것이다.

김수열 시인은 '정뜨르비행장'이라는 시를 통해 이렇게 말한다. "하루에도 수백의 시조새들이/ 날카로운 발톱으로 바닥을 할퀴며 차오르고/ 찢어지는 굉음으로 바닥 짓누르며 내려앉는다/ 차오르고 내려앉을 때마다/ 뼈 무너지는 소리 들린다/ 빠직 빠직 빠지지지직/ 빠직 빠직 빠지지지직"

2017. 4. 10.

큰넓궤와
동광마을의 참극

　　　　　　　　제주4·3항쟁이 70주년을 맞고 있다. 4·3을 이야기할 때 많은 분들이 하루에 400명 가까이 희생된, 암울한 시기 4·3을 세상에 알린 현기영 선생의 '순이삼촌'의 무대인 조천읍 북촌리를 떠올린다. 하지만 제주도 대부분의 마을마다 그들만의 4·3의 아픔에 대한 이야기가 전해진다. 그중 하나가 안덕면 동광리다. 영화 '지슬'의 무대로 더욱 유명해진 마을이기도 하다.

　한라산 중턱에 위치한 동광리는 약 300년 전에 관의 침탈을 피해 숨어든 사람들이 화전을 일구며 정착하기 시작해 조선 후기 제주의 대표적인 민란이었던 임술년 무장봉기, 방성칠난, 신축년 항쟁에 이르는 과정에서 주도적으로 활약한 마을이다. 4·3 당시에 현재의 동광육거리를 중심으로 무등이왓 130여 호, 조수궤 10여 호, 사장밧 3호, 간장리 10여 호, 삼밧구석 45호의 5개 자연마을이 있었다.

동광마을 무등이왓.

하지만 1948년 11월 중순 중산간마을에 대한 토벌대의 초토화작전이 벌어지면서 마을은 모두 파괴되고 수많은 주민들이 희생됐다. 이후 동광초등학교를 중심한 간장리만이 복구되어 주민들이 거주하고, 4개의 마을은 잃어버린 마을로 변해 대나무숲 널려있는 집터만이 옛 모습을 대변하고 있다. 4·3으로 무등이왓에서 약 100명, 삼밧구석에서 약 50명, 조수궤에서 6명이 희생됐다.

동광마을이 더욱 주목을 받는 것은 그 참혹함 때문이다. 대표적인 사례가 소위 '잠복 학살'이다. 1948년 12월 11일 토벌대는 동광리 일대에서 대대적인 수색작전을 벌여 체포된 주민 11명을 학살한다. 그리고는 다음 날 새벽, 희생자의 가족들이 시신을 수습하러 올 것이라 여기고는 근처에 잠복했다가

다시 19명을 붙잡아 불에 태워 생화장하는 만행을 저질렀다. 이들 중 12세 이하 어린이가 12명이었고, 나머지도 모두 부녀자와 노인들이었다.

무차별적인 학살극이 자행되면서 주민들은 더 깊숙한 곳으로 숨어야만 했는데, 대표적인 곳이 큰넓궤다. 큰넓궤는 동광목장 안에 있는 용암동굴로 1948년 겨울 동광 주민들이 40~50여 일간 집단적으로 은신생활을 했던 곳이다. 당시 이 굴에서 120여 명이 피난생활을 했던 것으로 전해진다.

큰넓궤의 구조는 험한 대신 넓어 사람들이 숨어 살기에 적당했다. 동굴의 입구는 한 사람이 겨우 들어갈 정도로 매우 좁지만 그곳을 지나면 5m가량의 절벽 아래로 넓은 공간이 펼쳐진다. 주민들은 이곳에서 생활했는데, 토벌대의 총알을 막으려고 쌓은 돌담과 깨진 그릇 파편이 당시의 참상을 오늘날까

동광마을 삼밧구석 위령비.

동광마을 큰넓궤 유족들.

지 보여주고 있다.

하지만 토벌대의 집요한 추적 끝에 동굴이 발각되고 만다. 토벌대가 굴 안으로 진입을 시도하자 동굴 안의 주민들은 이불 등 솜과 고춧가루를 모아 함께 불을 붙이고는 매운 연기가 동굴 밖으로 나가도록 열심히 키질을 했다. 매운 연기 때문에 동굴로 들어가지 못한 토벌대는 밖에서 총을 난사하다가 밤이 되자 굴 입구에 돌을 쌓아 주민들이 밖으로 나오지 못하도록 조치한 후에 철수했다.

다행히 인근에 숨어있던 청년들이 굴 입구의 돌을 치워 주민들은 무사히 밖으로 나올 수 있었지만, 토벌대를 피해 더 깊은 산으로 향할 수밖에 없었다. 유난히 추웠던 그해 겨울, 주민들은 무작정 한라산을 향해 발걸음을 옮겼다. 이들이 찾아간 곳은 영실 인근의 불래오름이었다. 혹독한 추위와 배고픔을 견디며 생활하던 주민들은 끝내 토벌대에 총살되거나 붙잡혀 서귀포

동광마을 임문숙 가족 헛묘.

한 단추공장 건물에 일시 수용됐다가 정방폭포 위에서 집단학살 당한다.

문제는 그뿐만이 아니다. 정방폭포에서 희생된 상당수의 시신이 바다로 떠내려가 버리거나 상당한 시일이 흘러 신원확인이 불가능한 경우까지 발생한 것이다. 결국 시신을 수습하지 못한 유족들은 헛묘를 만들게 된다. 대표적인 곳이 동광육거리에 위치한 임문숙 씨 가족의 경우로 희생자 9명을 헛묘 7기^{2기는 합묘임}로 조성했다. 이 밖에도 동광리 곳곳에 4·3유적들이 산재해 있는데 지난 2015년 4·3길이 개통돼 탐방객들의 발길이 이어지고 있다. 아름다움 너머의 아픔도 함께 봐 주길 당부드린다.

2018. 3. 8.

제주4·3유족들에게
희망을

올해는 4·3 70주년이다. 지난 2000년 제정된 '제주 4·3사건 진상 규명 및 희생자 명예회복에 관한 특별법'에 의하면 제주 4·3의 시작은 1947년 3월 1일로 거슬러 올라간다. 이날 5만 명 이상이 모인 3·1절 28주년 기념대회에서 제주도민들은 통일조국을 외쳤다. 단순하게 제주도의 문제가 아닌 우리나라의 역사라는 얘기다.

그럼에도 그 결과는 혹독했다. 3만 명에 이르는 희생자가 발생했고, 40여 년 동안 입에 담는 것 자체도 허용되지 않았다. 뿐만 아니라 그 유족들은 '연좌제'라는 이름으로 또다시 불이익을 당해야만 했다. 다행히 1987년 민주화 항쟁 이후 사회 곳곳에서 진상규명 운동을 벌여 오늘에 이르고 있다.

하지만 아직 완전한 해결에 이른 것은 아니다. 피해자 배·보상 등의 내용을 담은 특별법 개정안이 국회에 계류돼 있고, 정명正名의 문제를 비롯하여 미군정의 책임 규명 및 미국의 사과를 요구하는 목소리도 높다. 4·3의 전국화와

제47주년 4·3희생자합동위령제(위), 1998년 제주4·3유족들.

세계화 및 4·3정신의 미래세대 계승 문제 또한 앞으로 풀어야 할 과제다.

한편 70주년을 맞아 4·3의 의미를 되새기는 다양한 행사가 전국적으로 펼쳐지고 있다. 먼저 제주에서는 4·3민중항쟁 정신계승 전국노동자대회 및 범국민대회[3.31.]를 비롯하여 25회 문화예술축전[3.31.~4.1.], 청소년 문화예술한마당[4.3.], 해원상생굿[4.9.~15.], 전국문학인대회[4.27.~29.] 등이 펼쳐지고, 서울에서는 대한민국역사박물관에서 4·3아카이브 전시[3.30.~6.10.], 광화문광장에서 국민문화제[4.7.]가 열린다.

이처럼 많은 행사가 열리는 것은 4·3 70주년이 갖는 의미가 각별하다는 얘기다. 특히나 4·3을 직접 겪은 유족들의 입장에서는 더더욱 그렇다. 어쩌면 그들에게는 이번 70주년이 마지막 10주기일 수도 있다. 1세대 유족의 경우 이미 그 나이가 70세가 되었다. 더 늦기 전에 4·3의 완전한 해결이 시급하다

━━━
2004년 제주4·3유족들.

고 보는 이유다.

이보다 더 심각한 것은 4·3의 참상을 직접 보고 기억하는 유족들이 그보다 한참 나이가 많다는 데 있다. 만약에 당시 열 살 소년이었다면 이미 80세에 이르는 노인이라는 것이다. 실제로 최근 제주4·3생존희생자 후유장애인협회에서 조사한 자료에 따르면 생존희생자 후유장애 생존자와 수형 생존자의 평균나이는 87세였다. 더욱이 이들 중 80%가 심각한 통증과 함께 경제적 어려움까지 겪고 있는 것으로 조사됐다. 극단적으로 표현하자면 언제 돌아가실지 모르는 일이다.

과거 20여 년간 제주에서 열린 4·3위령제를 되돌아보면 매년 꼬박꼬박 참여하던 유족이 어느 날 보이지 않는 경우를 흔하게 봐 왔다. 당장 필자의 집

2008년 제주4·3유족들.

안만 하더라도 매년 행방불명인 위령제에 참석하던 고모님을 비롯하여 큰어머님이 최근 몇 년 사이에 세상을 달리했다. 매년 일본에서 찾아오던 유족들의 운명 소식도 심심치 않게 들려온다. 더 늦기 전에 생존 희생자와 유족들에게 국제법의 기준에 부합하는 4·3의 완전한 해결 모습을 보여줘야만 한다.

4·3유족들의 염원이 무엇인지는 지난 20여 년간 이어진 합동위령제에 참석한 유족들의 표정에서 읽을 수 있다. 1990년대의 경우 유족들은 위령제 참석 자체를 꺼렸을 뿐만 아니라 제대로 고개를 들지도 못하고, 심지어는 암울한 표정을 짓기까지 했다. 적어도 2000년 4·3특별법이 제정되기 전까지는 그랬다.

특별법이 통과된 이후 2003년 진상조사보고서가 채택되고, 뒤이어 노무현 대통령이 과거 국가 권력의 잘못에 대해 유족과 제주도민에게 사과한 이후 유족들의 표정은 한결 밝아진다. 2006년 4·3위령제에 참석한 노무현 대통령이 무력충돌과 진압의 과정에서 국가권력이 불법으로 행사되었던 잘못에 대해 다시 한 번 사과하자 당시 유족회장은 "대통령님, 고맙습니다."라며 눈시울을 붉히기까지 했다.

이제 더 늦기 전에, 유족들이 한 분이라도 더 살아계실 때 이들의 한을 풀어주어야 한다. 4·3의 완전한 해결은 다름 아닌 평화와 인권이라는 인류보편의 가치와도 일맥상통하기 때문이다.

2018. 3. 22.

아름다움에 가려진
섬 땅의 아픔

　　　　　　　　서울 광화문에 위치한 대한민국역사박물관에
서 열리는 기획전시 '제주4·3 이젠 우리의 역사'가 관람객 급증으로 7월 3일
까지 연장전시에 들어갔다는 소식이다. 이와는 별개로 2018년 5월 16일부
터는 박물관 1층 부출입구에서 연계사진전인 '세계자연유산 제주, 그 아름
다움 너머'가 새롭게 내걸려 관람객들을 맞고 있다.

　3층 기획전시실의 전시는 역사적 사료와 예술작품들을 통해서 제주4·3이
어떤 배경에서 시작돼 어떤 과정을 거쳤는지, 그리고 그 피해는 얼마나 심각
한지를 보여준다면, 연계사진전은 아름답고 평화롭게만 보이는 제주섬의 뒷
모습에 담겨 있는 아픈 상처를 공감하고 그 이야기에 귀 기울여 주기를 바라
는 마음에서 기획됐다. 잘 알다시피 제주는 연간 1,500만 명이 찾는 세계적

▬▬▬
천제연폭포.

310

안덕면 동광 삼밧구석(1996년).

인 관광지로 그 아름다움에 대해서는 모두가 공감하는 곳이다.

하지만 사진전에서는 제주에 도착하는 순간부터 이미 4·3의 아픔 위에 서 있음을 이야기하고 있다. 대표적인 곳이 제주국제공항과 제주 앞바다다. 과거 정뜨르비행장이라 불리던 이곳은 1949년 10월 2일 군법회의 사형수 249명에 대한 총살 집행과 1950년 6·25전쟁 발발 직후 제주경찰서 및 서귀포경찰서 관할 예비검속자에 대한 집단 학살이 있었던 곳으로 많은 시신들이 암매장된 곳이다. 2007년에 이어 다시 유해발굴이 진행될 예정이다.

과거 산지부두로 불렸던 제주항은 군법회의에 의해 육지부 형무소로 끌려가는 사람들이 배를 타고 떠났던 항구다. 4·3 희생자 중 많은 사람이 이곳에서 배를 타고 가다 바다에 수장되었다고 한다. 제주의 길목인 하늘과 바다 모두 4·3의 아픔을 안고 있는 곳으로, 제주 땅에 도착하는 순간부터 이미 4·3

을 밟고 있다는 얘기다.

제주도의 유명 관광지들 또한 다르지 않다. 대표적인 곳이 성산일출봉과 정방폭포, 천제연폭포, 함덕해수욕장, 표선백사장 등이다.

올레길로 유명한 성산일출봉 일대의 4·3 학살터로는 터진목과 우뭇개동산이 있다. 터진목에서는 1948년 11월에서 이듬해 2월까지 수차례에 걸쳐 성산의 성산리, 온평리, 난산리, 수산리, 고성리 등의 주민들이 희생되었다. 우뭇개동산은 해방이 되자 일본군들이 버리고 간 다이너마이트를 고기잡이용으로 가지고 있던 오조리 주민 30여 명이 희생당한 곳이다.

정방폭포 상단과 이어지는 소남머리에서는 서귀리 및 서귀면 일대의 주민뿐만 아니라 남원면 의귀, 수망, 한남리 주민과 중문면, 멀리 안덕면 동광리 주민 등 산남지역 전체에 이를 정도로 많은 주민 희생이 있었다. 일제강점기

▬▬▬
영모원.

에 가축을 도살하는 도축장이었던 천제연폭포 입구의 주차장 일대에서는 1949년 1월 4일 중문면 관내 주민 36명이 집단 학살당했다.

전시에서는 이 밖에도 주요 학살터인 송악산 일대와 북촌리 당팟과 너븐숭이, 선흘리 곶자왈, 어음리 빌레못동굴, 동복리 장복밧의 팽나무, 다랑쉬오름과 동굴, 종달리 소금밧, 하가리 육시우영 등이 소개되고 있다. 잃어버린 마을로는 동광리 무등이왓과 삼밧구석, 봉성리 자리왓, 서귀포 영남마을, 화북 곤을동, 와흘리 고평동 등의 이야기를 접할 수 있다.

전시에서 소개되는 이들 장소는 제주도 전체적으로 보면 극히 일부에 해당한다. 2003~2004년 발간된《제주4·3유적Ⅰ·Ⅱ》에 의하면 잃어버린 마을은 108개소, 4·3성 65개소, 은신처 35개소, 학살터 153개소, 수용소 18개소, 주둔지 83개소, 희생자 집단묘지 6개소, 비석 41개소에 달한다.

소설〈순이삼촌〉에서 "이 섬 출신이거든 아무나 붙잡고 물어보라. 필시 그의 가족 중에 누구 한 사람, 아니면 적어도 사촌까지 중에 누구 한 사람이 그 북새통에 죽었다고 말하리라."라고 표현했던 현기영 선생의 말처럼 제주 사람 중에 4·3과 연관되지 않은 사람이 없고, 제주의 자연 중 4·3의 아픔을 간직하지 않은 곳이 없다고 해도 과언이 아니다. 한마디로 '잔인한 아름다움'이다.

하지만 이번 전시는 아픔만을 이야기하지 않는다. 주민들의 합의에 의해 일제강점기 항일운동가와 한국전쟁 당시 희생된 호국영령, 그리고 4·3영령을 한곳에 모신 하귀리 영모원靈慕園의 사례를 통해 화해상생의 소중함을 말하고 있다. "지난 세월을 돌아보면 모두가 희생자이기에 모두가 용서한다는 뜻으로 모두가 함께 이 빗돌을 세우나니 죽은 이는 부디 눈을 감고 산 자들은 서로 손을 잡으라."라는 위령비의 비문 소개와 함께.

2018. 5. 31.

성산일출봉과 우뭇개동산.

장두를 상징하는 꽃,
동백

무술년 새해가 밝았다. 2018년은 제주4·3 70주년으로 제주도에서는 이를 기념하여 제주방문의 해로 선포하고, 4·3 관련 행사들을 대대적으로 준비 중이다. 2017년 3월 제주 지역 100개 단체가 참여한 제주4·3 70주년 기념사업위원회가 출범했고 이어 4월에 서울에서 전국의 시민단체들이 참여한 제주4·3 제70주년 범국민위위원회도 만들어져 올 4월 광화문을 중심으로 기념행사를 준비 중이다.

이와 관련해 많은 분들이 의아하게 여기는 부분이 제주방문의 해 로고를 비롯해 기념사업위원회, 범국민위위원회의 상징마크에 하나같이 동백꽃을 표현하고 있다는 것이다. 동백꽃은 제주4·3을 이야기할 때 늘 빠지지 않는다. 그렇다면 왜 동백일까?

동백과 4·3을 연관시키는 작업은 1992년부터 시작됐다. 구체적으로는 강요배 화백의 4·3항쟁 기록화 전시 제목이 '동백꽃 지다'였다. 그 전까지는 안치환의 '잠들지 않는 남도' 노랫말처럼 유채꽃을 연관시키는 이들도 있었다. 하지만 제주의 4월을 대표하는 유채꽃은 1960년대 환금 작물로 도입된 이후 재배하기 시작했기에 4·3과는 거리가 멀다는 문제제기도 없지 않았다.

관련 자료가 많지 않을뿐더러 미군정의 사진기록 등도 공개되지 않았던 당시 강요배 화백의 기록화는 제주뿐만 아니라 전국에서 큰 반향을 일으켰다. 각종 기관단체에서 발행한 4·3 관련 자료집마다 그림이 인용됐고, 심지어 2008년 개관한 제주4·3평화기념관 전시물에도 당시 상황을 설명하는 그림으로 상당 부분 이용되고 있다.

뿐만 아니라 1994년부터 매년 4·3예술제를 여는 제주민예총의 후배 작가

강요배 화백과 '동백꽃 지다'.

317

4·3문화예술축전.

들이 강요배 화백의 작품을 재해석하는 작업을 벌여왔고, 제주의 민중가수 최상돈은 '애기동백꽃의 노래'를 발표하며 동백꽃을 통해 4·3의 아픔과 제주의 정서를 노래하기도 했다.

사실 제주에서는 동백꽃을 기피하는 경향이 있었다. 온전한 상태에서 뚝 떨어지는 동백꽃에서 목이 잘리는 불길한 모습을 연상했던 것이다. 심지어 동백나무를 심으면 집안에 도둑이 든다는 속설까지 전해지며 정원수로 기피했다.

제주에서 겨울에 피는 꽃으로는 동백 외에도 수선화가 있다. 늦가을 잎사귀가 나오고 뒤이어 돌담 옆에서 하얀 꽃을 피우는 수선화는 순수한 느낌이 들지만 동백은 찬바람을 맞으며 붉은색의 꽃을 피워내 강렬한 이미지가 강하다. 그리고 꽃잎이 시들기 전 붉은 꽃 덩어리가 통째로 떨어지는 모습을 통해 극적인 아름다움이 무엇인지 보여준다. 말라비틀어질 때까지 그 생명을 연명하는 복련과는 대비되는 모습이다.

그런 동백꽃을 보며 화가 강요배는 제주의 장두정신을 떠올렸을지도 모른다. 장두狀頭는 여러 사람이 서명한 소장訴狀이나 청원장請願狀의 맨 첫머리에 이름을 적는 사람을 이르는 말로, 제주에서는 민중의 아픔을 외면하지 않고 그 해결을 위해 나서는 인물을 가리킨다. 대표적으로는 1901년 탐관오리 봉세관과 그 위세에 편승한 신부 및 천주교도들의 횡포에 맞서 민중항쟁을 이끌다 끝내는 형장의 이슬로 사라진 이재수李在守를 꼽을 수 있다. 조정의 입장에서는 반란이기에 이재수난이라 부르지만, 민중들은 이재수를 세상을 구원할 날개 달린 장수로 여기며 훗날 설화를 통하여 영웅으로 인식하고 있다.

이처럼 동백은 장렬함을 상징적으로 보여준다. 1954년 4·3항쟁이 마무리된 후 특별법이 만들어진 2000년까지 50년 가까이 이야기하는 것 자체를 금기시해야만 했던 상황을 고려한다면 4·3 당시 목숨을 잃은 수많은 이 땅의

원혼들의 한을 강요배는 '동백꽃 지다'라는 이름으로 풀었던 것이다.

제주에서 동백은 흔한 나무다. 숲속이나 하천변에 자생하는 동백나무를 어렵지 않게 볼 수 있고, 시내 가로수로도 많이 심어져 있다. 군락을 이뤄 문화재로 지정된 곳도 있는데, 조천읍 선흘리 동백동산^{제주도기념물 제10호}을 비롯해 남원읍 위미리 동백나무 군락^{제주도기념물 제39호}, 남원읍 신흥리 동백나무 군락지^{제주도기념물 제27호}가 대표적이다.

유네스코 세계지질공원 및 람사르 습지로 더욱 많이 알려진 선흘 동백동산에는 20여 년생 동백나무 10여만 그루가 숲을 이루고 있다. 평지에 남아 있는 난대성 상록활엽수로는 제주에서 그 면적이 가장 넓다. 그 주위에는 이 지역 근처에서만 자라는 특산식물인 제주고사리삼을 비롯해 백서향, 변산일엽 등 희귀식물도 자생한다.

위미 동백동산은 이 마을로 시집온 현맹춘 할머니가 황무지를 개간하는 과정에서 모진 바람을 막기 위해 동백 씨앗을 뿌린 것이 오늘날 울창한 숲으로 탈바꿈한 것이다. 현재 남아 있는 동백나무는 약 500여 그루가 넘는데, 그중 가장 큰 나무는 흉고둘레 1.4m, 높이는 10m에 달한다.

신흥리 동백나무는 집 주위에 방풍수로 심은 것인데. 이후 생달나무, 참식나무, 팽나무 노거수 등과 어우러지며 울창한 숲으로 바뀌었다. 특히 이 마을에는 대부분의 감귤과수원 방풍림으로 동백나무를 식재해 겨울철이면 마을 전체가 동백 향기로 넘쳐난다.

겨울철 따뜻한 남쪽 나라 제주에서 동백꽃의 아름다움만을 볼 것이 아니라 그 너머 제주의 아픈 역사인 4·3을 함께 기억해줬으면 하는 바람이다. 현대사의 비극인 4·3을 통해 평화와 인권의 소중함, 나아가 통일조국의 염원을 함께 생각하는 그런 자리를 기대해 본다.

2018. 1. 4.

제주도의 장두,
이재수

제주대정군삼의사비는 1961년 보성초등학교 부근 홍살문거리에 처음 세워졌었다. 이재수의 후손들과 도민들이 1901년 제주 민중들을 위해 희생한 이재수, 오대현, 강우백 등의 정신을 기리자는 의미로 세웠다.

현재는 1997년 새로 세워진 비석 옆에 묻혀있어 사진으로만 남아있다. 당시의 비문에는 "제주 무뢰배들이 천주교에 입교하여 그 위세를 믿고, 탐학을 마음대로 하고, 부녀를 겁간했다."라는 내용 등이 적혀 '이재수의 난' 당시 천주교도들의 폐해를 아주 직설적으로 나타내고 있었다.

이후 도로가 확장되면서 홍살문거리에서 남쪽으로 15m 정도 가서 동쪽 좁은 골목으로 들어간 드랫물 앞으로 비석이 옮겨진다. 드랫물은 지금은 쓰지 않는 샘물터다. 1980년 홍살문거리 확장공사 이후 1997년 '제주대정군삼의사비'가 새로 건립된 비의 옆에 묻히기 전까지 대략 10년간 이곳에 설치되어 있었다.

　현재의 삼의사비는 대정읍 안성리 1642번지 부근 도로변에 세워져 있다. 드랫물과 같이 외진 곳이 아닌 사람들이나 차량의 왕래가 잦은 대로변에 비를 다시 세웠다는 것은 역사적으로 '이재수의 난'을 새롭게 인식하고 받아들이고 있다는 반증이기도 하다. 이 비석은 당초 1997년 4월 20일 제막식을 할 예정이었으나, 비석 뒷면의 비문 내용을 둘러싸고 천주교 측과 마찰을 일으켜 약 4개월 늦은 8월 13일 제막식을 거행했다.

　이재수李在守는 소위 신축항쟁, 이재수의 난 또는 신축교안 등으로 불리는 1901년 난리의 주동인물이다. 제주에서 관리를 등에 업은 천주교도들과 제주 민중들 간의 싸움에서 민중들의 무력항쟁 선두에 섰던 인물이다. 원래 이 사건의 주동인물은 강우백姜遇伯, 오대현吳大鉉 등이었고, 대정고을의 관노 신분이었던 이재수는 오대현의 부하였다. 하지만 항쟁이 진행되는 과정에서 주도적인 인물로 부상, 신축년 난리는 이재수난이라 불리게 된다.

이재수의 출생과 관련하여 전하는 이야기로는 서귀포시 하원동의 위쪽에 위치한 서낭당모르라는 지경에 징군대좌형의 못자리가 있는데, 거기에 조상의 묘를 써서 장군이 될 운명을 타고났다고 말한다. 근본이 천민이니 장군이 될 수 없음에도 조상의 묘를 장군이 태어날 땅에 쓰는 바람에 장군이 됐다는 것이다.

이재수는 고종 14년 대정읍 인성리에서 아버지 이시준과 어머니 송 씨 사이에서 태어났다. 태어날 때 붉은빛이 이시준의 집을 감싸고, 집 안에서는 향기가 진동했다. 태어날 때부터 골격이 준수하고 안광이 빛났다. 뿐만 아니라 등에는 일곱 개의 반점이 새겨져 있었다고 전해진다. 자라면서 아주 날쌔 대정고을에서 한림까지 한 시간 만에 다녀올 정도였고 불의를 보면 물불을 가리지 않고 덤비는 용기까지 겸비했다.

신축년 제주항쟁 100주년 위령굿.

324

영화 '이재수의 난'의 한 장면.

　천주교가 제주에 전해지는 과정에서 천주교도들은 탐관오리를 등에 업고 백성을 괴롭힌다. 특히 당시 국제적으로 세력이 우세했던 프랑스 신부들에 의해 포교가 이루어지면서 그때까지 민간신앙에 의지하며 살아왔던 도민들의 정서를 무시했을 뿐만 아니라 세금을 징수하는 봉세관과 결탁해 그 폐단이 많이 발생했다. 심지어 신당의 나무를 함부로 베어내고, 주민들의 제사를 금지하는 한편, 심한 경우 사사로이 형벌을 집행하기까지 했다.

　이에 대정고을을 중심으로 대항하고자 상무회를 결성해 제주시로 항의하러 가는 중 천주교도들에게 주동자인 오대현이 감금되는 사태까지 발생했다. 이때 나선 인물이 이재수와 강우백으로, 민병을 규합해 수천 명이 모이자 제주시 외곽 황사평에 집결해 수차례 접전 끝에 제주성을 함락시킨다. 제주성을 함락시킬 때는 성안에 있던 기생들이 직접 나서 성문을 열어주기도 했다.

그리고 분노한 민병들이 관덕정 마당에서 천주교도 수백 명을 살상하는 참극이 빚어지는데, 이 과정에서 프랑스 함대가 제주로 출동하기도 했다. 이재수, 강우백, 오대현 등 세 사람의 장두는 끝내 조정으로 압송돼 사형에 처해진다. 이때 프랑스 정부와 갈등을 빚어 교당 파괴와 두 신부의 물건 보상, 교도 사망 위로금 등 5,160원당시 쌀 한 가마는 10원으로 쌀 516섬에 해당하는 거금임을 배상하기로 합의하게 된다. 그러자 삼읍 도민들이 모금한 돈으로 변상하는 한편, 천주교 묘지를 제공하게 된다.

직접 손해배상을 해야만 했던 주민들은 이재수 등이 올바른 일을 했음에도 나라의 허락을 받지 않고 행했기에 처벌받은 것이라 여기며 애석해했다. 그러다 60주년인 1961년 이들의 의거를 잊지 말자며 대정현성 동문 밖 홍살문 거리에 삼의사비를 세웠다.

한편 2003년 11월 7일 제주항쟁기념사업회와 천주교 제주교구는 과거 제주도민과 천주교인 사이에 빚어졌던 갈등^{신축항쟁, 이재수의 난 또는 신축교안}에 대해 '화해와 기념을 위한 미래선언'을 채택하고, 상호 존중의 기조를 바탕으로 과거사를 명백히 밝히고 화합과 상생의 길로 나갈 것을 대내·외에 천명했다.

장두 이재수에 대한 이야기는 역사 속의 실존인물이 시일이 흐르며 전설화하는 경향을 보이고 있다. '이재수의 난'의 장두는 '삼의사비'에서도 알 수 있듯이 이재수, 오대현, 강우백 세 사람이지만, 유독 '이재수'만이 회자된다. 당시 난리의 명칭을 이재수난이라 부르는 데서 잘 알 수 있다.

그 이유와 관련해서는 관노, 사령, 하인, 심부름꾼, 천민, 마부, 통인 등의 이력을 지닌 이재수가 지배층 출신으로 좌수인 오대현과 향장인 강우백보다 억눌린 당시 제주 사람들의 심정을 정확하게 이해하고 그들의 요구를 진정으로 해결해주기 위해 노력했기 때문으로 해석하고 있다. 나아가 소극적인 자세로 타협을 유도하지 않고 단호하게 일을 처리한 것이 민중들에게 크게 각인됐다는 평가도 있다.

이재수난의 내용에 대해서는 소설가 현기영의 장편소설《변방에 우짖는 새》¹⁹⁸³를 통해 세상에 알려지게 된다. 또한 1999년 박광수 감독의 영화 '이재수의 난'이 제작, 개봉되면서 대중들로부터 재조명되었다. 영화에서는 이정재^{이재수}, 심은하^{일숙화}, 명계남^{채군수} 등의 배우가 출연했다. 이재수에 대한 전설뿐만 아니라 소설과 영화의 내용까지 아우르는 스토리텔링 작업이 필요하다고 할 수 있다.

이와 함께 인근에 위치한 추사기념관과 함께 묶어 소개하는 공간연출의 기법을 적용해야 한다는 지적도 제기된다. 현재는 추사기념관에 대해서만 각종 홍보물이나 자료가 나와 있을 뿐 이재수난에 대한 소개는 거의 없는 실정이다.

2012. 11. 17.

일제 강제징용의 현장,
동굴진지

최근 영화 군함도와 함께 일제강점기 강제징용이 관심으로 떠오르고 있다. 강제징용을 이야기할 때 태평양전쟁이 벌어지는 전쟁터를 먼저 연상하지만, 국내에도 강제징용의 흔적은 많다. 그중에서도 제주도는 해안에서부터 한라산 중턱까지 곳곳이 그 현장이라 해도 과언이 아니다. 당시 이른바 결7호 작전이라 하여 일본 본토 수호를 위한 최후의 교두보로 제주도를 택했기 때문이다.

결호 작전은 태평양전쟁에서 수세에 몰린 일본이 본토 사수를 위해 고안한 것으로, 앞서의 결1호~결6호 작전은 일본 본토인 데 반해 결7호 작전은 제주도를 대상지역으로 하고 있다. 오키나와전이 치열하게 벌어질 무렵인 1945년 3월 일본군 작전대본영 참모회의에서는 연합군이 오키나와를 함락시킨 후 일본 본토인 큐슈 북부로 진격해 올 것이고 그 중간거점으로 제주를 이용할 것이란 판단했다.

송악산 동굴진지.

송악산 해안 동굴진지.

수월봉 동굴진지.

결7호 작전에 따라 작전을 수행할 제58군이 신설되고, 예하에 제96사단, 제111사단, 제121사단, 독립 혼성 제108여단 등 모두 7만 5,000여 명의 병력이 제주에 주둔하며 제주도 전역을 군사요새화하기에 이른다. 그리고 제주도 해안을 돌아가면서 동굴진지를 구축하는데, 상륙하는 미군함정을 공격하기 위한 일본 해군 자살 특공기지다. 대표적인 곳으로 송악산과 성산일출봉, 서우봉, 수월봉, 삼매봉 해안 등이 있다.

특히 송악산의 경우 해안의 동굴진지 외에 알뜨르에 비행장까지 건설하고, 주변에 격납고와 탄약고, 고사포진지, 지하벙커 등을 구축한다. 한마디로 송악산 일대는 해안과 오름 사면, 주변의 평지까지 전체가 군사요새화 했다고 해도 과언이 아니다. 그 시설들은 훗날 한국전쟁 시기에는 육군 제1훈련소 시설로 이용됐을 뿐만 아니라 이후 해병부대가 주둔하며 오늘에 이르고 있다.

해안뿐만 아니라 한라산 중턱인 어승생악을 비롯해 관음사 주변, 발이오름, 대록산 등 제주도내 중산간 곳곳에 거대한 진지를 구축했다. 어승생악의 1169m 정상에 시멘트 구조물이 흉물스럽게 북쪽을 향해 입을 벌리고 있는데 당시 미군기 공습에 대항하기 위한 일본군의 토치카 시설이다. 현재까지 확인된 바로는 제주도내 368개 오름 중 1/3가량인 120곳 이상의 오름 주변에 동굴진지가 구축된 것으로 파악되고 있다.

1945년 6월 미군의 B-29폭격기가 제주도의 한림 등 일본군 시설에 대한

사라봉 동굴진지.

폭격을 시작하자 일본군은 해안선을 포기하고 한라산에 방어진지를 구축, 유격전으로 시간을 벌고자 했던 것이다. 더 나아가 미군이 섬에 상륙하면 제주도의 청장년들을 한라산으로 끌고 가서 군인들과 행동을 같이하며 미군과 싸우도록 할 계획까지 세웠다. 한마디로 옥쇄작전이다.

가정이지만 일본의 항복이 늦어지며 연합군이 제주에 상륙했다면 제주도의 운명은 오키나와에서 그랬던 것처럼 크게 달라졌을 것이다. 오키나와에서 일본군과 미군을 합한 희생자 수는 8만~15만 명, 현지 주민 희생자 수는 10만 명 이상으로 추산되고 있는데 제주도 또한 다르지 않았을 것이다. 인명과 재산피해는 말할 것도 없거니와 유격전을 펼치려 했던 한라산의 자연마저도 초토화되었을 것은 자명한 일이다.

성산일출봉 동굴진지.

어승생악 동굴진지.

　이처럼 수많은 진지 구축과정에는 강제징집된 조선인 군인들과 강제징용 노동자들의 피땀과 한이 서려 있다. 이들 중 상당수는 육지부에서 건너왔으나 나중에 일손이 절대적으로 부족하자 제주도민들까지 투입된다. 그중에는 고령의 노인까지 무차별 동원했다는 증언들이 많다.

　한편 문화재청은 2002년 모슬포의 알뜨르비행장 격납고를 근대문화유산으로 지정한 데 이어 2006년 알뜨르 비행장 지하벙커를 비롯한 12군데의 일본군 전쟁 유적을 다시 문화재로 지정해 관리하고 있다. 우리 주변에는 평화와 인권이 왜 소중한지를 말없이 보여주는 유물·유적이 너무나 많다. 역사가 우리에게 주는 교훈이다.

2017. 8. 11.

북촌마을의 비극이 서린
너븐숭이

제주 사람들과 이야기하다 보면 4·3을 비껴간 이가 거의 없다. 1948년 당시 제주도 전체 인구의 1/10가량이 희생됐으니 집안마다 4·3 희생자가 있다고 해도 과언이 아니다. 그중에서도 특히 북촌마을은 다른 마을과 비교가 되지 않을 정도로 그 피해의 규모가 컸다.

한동안 말하는 것조차 금기시되던 4·3을 다시 꺼낸 것은 소설가 현기영의 '순이삼촌'이라는 작품을 통해서다. 이 소설은 북촌마을의 4·3 이야기를 담고 있는데, 당시 마을의 피해 상황을 보면 왜 소설의 무대가 북촌이었는지를 이해하게 된다.

제주시 조천읍 북촌마을은 동쪽으로는 구좌읍 동복리, 서쪽으로는 해수욕장으로 유명한 조천읍 함덕리 사이에 있는 해안마을이다. 제주4·3의 전 과정에 있어서 단일사건으로는 가장 많은 인명피해를 부른, 세계사에서도 그 유례를 찾아보기 힘든 학살의 현장이다. 4·3이 지난 후 오죽했으면 '무남촌 북

북촌마을 너븐숭이.

촌'이라 하여 남자 어른이 없는 마을이라는 말까지 나올 정도였다.

북촌리에서의 학살극은 1949년 1월 17일에 자행됐다. 이날 아침에 구좌읍 세화리 주둔 제2연대 3대대의 중대 일부 병력이 대대본부가 있던 함덕으로 이동하는 도중 북촌마을 고갯길에서 무장대의 습격을 받아 2명이 숨지면서 비극은 시작된다. 군인이 사망하자 당황한 마을 원로들이 시신을 들것에 담아 대대본부를 찾아갔는데, 흥분한 군인들이 경찰 가족 1명을 제외한 나머지 주민들을 사살해 버린 것이다.

비극은 여기서 그치지 않는다. 장교의 인솔 아래 2개 소대가량의 군인들이

북촌리 위령제단.

濟州四·三犧牲者北村里寃魂

慰

靈

碑

무장한 뒤 북촌리를 포위하고, 마을 주민 전체를 학교 운동장으로 내몰고는 온 마을을 불태워버린다. 이어 보초를 잘못 섰다는 이유로 민보단 책임자를 즉결처분한 후 군경 가족을 제외한 주민 대부분을 '당팟'과 '너븐숭이' 등 학교 인근 밭으로 끌고 가 무차별 사살했던 것이다.

학살극은 대대장의 중지 명령이 있을 때까지 계속됐는데, 이때 희생된 주민들이 300여 명에 이르는 것으로 알려진다. 대대장은 주민들에게 다음 날 함덕으로 오도록 명령하고 철수했다. 다음 날 일부 주민은 산으로 피신하고 나머지는 함덕으로 찾아갔는데, 함덕으로 간 주민들 중 또다시 100명 가까운 사람들이 희생된다. 이때 희생된 400여 명의 주민들 중에는 수십 명의 어린아이도 있었다. 이들의 시신을 인근에 임시로 가매장한 것이 너븐숭이 애기무덤이다.

북촌리는 속칭 '아이고사건'으로 또다시 세인의 주목을 받았다. 이 사건은 1954년 1월 23일 초등학교 운동장에서 열린 한국전쟁 전몰장병 고별식에서 비롯됐다. 행사 도중 한 주민의 제안에 따라 4·3희생 영혼을

위로하는 묵념을 하게 되는데, 설움이 복받친 주민들이 대성통곡을 했던 것이나. 이러한 내용이 경찰에 알려지면서 줄줄이 경찰에 잡혀 곤욕을 치렀다.

북촌리의 참상을 보여주는 유물로는 북촌포구에 있는 도대불 등명대가 있다. 4·3 당시 군인들이 폭도 마을이라며 마을 곳곳에서 총질을 했는데, 그 총탄에 맞아 부서진 흔적을 간직하고 있다. 이때 마을에 있던 아름드리 팽나무는 총탄의 영향으로 고사하기까지 했다. 북촌리의 비극은 1978년 소설가 현기영의 소설 '순이삼촌'으로 비로소 세상에 알려지게 된다.

너븐숭이는 북촌 주민들이 밭일을 하다가 돌아올 때 쉬어가던 넓은 팡이 있어서 불리게 된 이름이다. 4·3 학살 당시 희생된 어른들의 시신은 임시매장했다가 사태가 안정된 후 안장되기도 했으나 당시 어린아이와 무연고자 등은 임시 매장한 상태로 지금까지 남아있다. 너분숭이 애기무덤은 그렇게 생겨났다.

이곳에는 애기무덤 20여 기가 군락을 형성해 있는데, 이곳의 모든 무덤들에 4·3 희생자가 묻혀 있는 것은 아니다. 그 이전부터도 아기가 병에 걸려 죽으면 묻던 곳이어서 4·3 희생자의 무덤과 섞여 있다. 무덤들은 오랫동안 무성한 소나무와 가시덤불 속에서 모습을 감추었다가 2001년 소공원 조성사업으로 부지가 정리되면서 한꺼번에 제 모습을 드러내었다. 지금 이곳에는 20여 기의 애기무덤이 모여 있고, 그 옆 밭과 길 건너에도 몇 기의 애기무덤이 있다. 4·3 당시 참혹했던 북촌대학살을 증언하고 있어서 찾는 이들은 절로 고개를 숙이게 된다.

2013. 11. 5.

다랑쉬의
비극

　　제주의 오름들 중에는 현대사의 비극을 고스란히 안고 있는 곳이 많다. 그중에서도 다랑쉬오름은 4·3의 아픔이 깊이 서린 곳이다. 지난 1992년 오름에서 700m가량 떨어진 다랑쉬굴에서 4·3사건 당시 희생된 유골이 집단으로 발견돼 다시금 그날의 아픔을 일깨워주기도 했다. 당시 10평 남짓한 동굴 속에서 발견된 유골 11구 중에는 여성 3명과 어린이 1명도 포함돼 있었다. 하지만 동굴 밖으로 나오자마자 당국의 감시 속에 화장돼 바다에 뿌려졌다.

　　목격자들의 증언에 따르면, 1948년 12월 18일 군경민 합동 토벌대는 다랑쉬오름 일대를 수색하다가 이 굴을 발견했다고 한다. 당시 토벌대는 수류탄 등을 굴속에 던지며 나올 것을 종용했으나, 나가도 죽을 것을 우려한 주민들은 이에 응하지 않았다. 이에 토벌대는 굴 입구에 불을 피워 연기를 불어넣었고 입구를 봉쇄했다. 그렇게 굴속의 주민들은 연기에 질식되어 하나둘 죽

용눈이오름에서 본 다랑쉬오름.

어갔다.

이후 다랑쉬굴은 제주4·3연구소 회원들에 의해 1991년 12월에 발견되었다. 당시 엄중한 사회현실을 감안해 미공개했다가 1992년 4월 1일에 공개하여 4·3 희생의 참혹함을 세상에 알리게 된다. 굴속 현장에서 발굴된 유물들은 항아리, 가마솥, 질그릇, 물허벅, 요강 등의 생활용품과 낫, 곡괭이, 도끼 등의 연장들이었다. 목숨을 부지하기 위한 피난 생활의 단면을 보여주는 것이다. 이처럼 다랑쉬굴은 4·3의 참상을 증언하는 유적이다. 하지만 유해들이 밖으로 꺼내진 뒤, 이를 숨기고 싶은 관계 당국에 의해 동굴 입구는 다시 콘크리트로 봉쇄되고 만다.

한편 다랑쉬오름과 다랑쉬굴 사이에는 4·3사건 당시 다랑쉬마을이 자리잡고 있었다. 해발 170m의 중산간 지역에 위치한 다랑쉬마을은 100여 년 전에 설촌됐는데, 4·3 당시 10여 가호에 40여 명의 주민들이 살고 있었다. 1948

년 11월경 마을이 전소된 이후 일부 주민들이 돌아오기도 했으나 견디지 못하고 1960년대 중반 이후 하나둘 떠나 결국 아무도 살지 않는 잃어버린 마을이 되었다. 지금은 잃어버린 마을 표석과 함께 무성하게 자란 대나무 숲과 말라버린 물통 등만 옛이야기를 전하고 있다. 마을의 상징이자 쉼터였던 팽나무 또한 몇 해 전 말라 죽으면서 그 흔적이 사라지고 있다.

지명 유래를 보면, 분화구가 마치 달처럼 둥글게 보인다 하여 '도랑쉬, 달랑쉬, 다랑쉬'로 불렸다고 한다. 송당마을 주민들은 "저 둥그런 굼부리에서 쟁반 같은 보름달이 솟아오르는 달맞이는 송당리가 아니면 맛볼 수 없다."라고 자랑할 정도다. 일부 학자들은 '높다, 고귀하다'는 뜻의 '달'과 봉우리를 의미하는 '쉬'가 합쳐진 것으로 '높은 봉우리'라는 주장을 펴고 있다.

다랑쉬오름은 동부 지역의 오름들 가운데 특히나 빼어난 균형의 아름다움을 보여준다. 어느 곳에서 보든 좌우 대칭의 균형을 이루고 있다. 형태는 스트롬볼리안 분출에 의한 원형의 분화구를 보인다. 분화구의 깊이는 115m에 달해 백록담과 똑같다. 사면의 경사는 20에서 50도로 매우 급한 편이다.

특히 비고가 227m로 동부 지역의 오름들 중 높은오름 다음으로 높기 때문에, 주변의 오름들과 비교할 때 우뚝 솟아 있는 느낌을 준다. 오름의 정상에 서면 동쪽으로는 지척의 아끈다랑쉬를 비롯하여 용눈이오름, 은월봉, 성산일출봉, 심지어는 우도까지 한눈에 조망할 수 있다. 서쪽으로는 돝오름, 둔지봉, 높은오름, 동거미오름이 펼쳐져 수려한 경관을 자랑한다.

제주도의 다른 오름들보다 일찍부터 알려져 많은 탐방객이 찾는 곳으로, 특히 1990년대 이후 패러글라이딩의 적지로 알려지면서 많은 동호인들이 이곳에서 패러글라이딩을 즐긴다. 4·3의 아픔을 뒤로한 채.

2013. 11. 1.

제주역사의 굴곡이 담긴
새별오름

제주시에서 평화로를 타고 서귀포로 가다 보면 유달리 매끈하여 눈길을 끄는 오름이 있다. 제주의 오름 대부분이 곡선의 멋을 자랑하지만 새별오름을 보면 나무 한 그루 없는 원초의 완만한 능선이 더욱 돋보인다. 매년 봄이 열릴 무렵, 들불축제가 열려 수십만 명이 찾는 명소이기도 하다.

들불축제는 새별오름의 남쪽 사면 38만 6,000m²의 면적에 불을 놓아 장관을 연출한다. 지난 2000년부터 축제장으로 바뀌었는데, 오름에 나무가 없고 경사도 완만해서 지금껏 축제장으로 이용되고 있다. 제주도의 대표적 축제로 지난 2001년과 2002년 문화체육관광부 선정 우수축제, 2006~2011년 6회 연속 유망축제에 선정되기도 했다.

제주들불축제는 목초지에 불을 놓는 방앳불 놓기에서 출발했다. 매년 봄이면 목장에 불을 붙어 진드기 등 병해충을 없애고, 새로 돋아나는 풀들이 잘

자라도록 목초지를 태웠던 것이다. 목축문화의 산물이다.

들불축제가 열리는 남쪽 사면의 조랑말공연장 주차장 서쪽 길을 따라 30분가량 오르면 새별오름 정상에 도달할 수 있는데, 이 밖에 이달오름과 이달촛대봉 쪽에서도 오를 수 있다. 정상에서는 각각의 봉우리들까지 둘러보는 것이 좋다.

특히 6월에는 오름 사면으로 노란 꽃들이 펼쳐지는데, 우리나라 특산식물인 갯취다. 국화과에 속하는 다년생 초본식물인 갯취는 제주도 서쪽 낮은 지대와 거제도에서 자라는 다년초로 키가 1m 내외로 자라고 가지가 갈라지지 않으며 밑부분의 지름이 1cm 정도다. 이곳 새별오름에서 유독 많이 볼 수 있다.

　새별오름샛별오름이란 이름은 샛별금성처럼 빛을 발한다 하여 붙은 이름이
다. 날개 뻗은 등성이가 마치 새가 날고 있는 모습이라 하여 조비악이라 부
르기도 한다. 표고 519.3m, 비고 119m, 둘레 2,713m, 면적 522.216m², 저경
954m로, 오름의 형태는 5개의 봉우리가 있는 복합형이다. 즉 서쪽 사면과
북쪽 사면에 각각의 말굽형 분화구를 갖추고 있다. 때문에 5개의 봉우리가
별처럼 보인다 하여 새별오름이라 불리게 됐다는 이야기도 전해진다.

　눈길을 끄는 것은 5개의 봉우리마다 묘가 조성돼 있다는 사실이다. 북쪽
사면의 무덤에는 동자석까지 볼 수 있다. 이는 새별오름을 한라산 서쪽 지맥
의 중심으로 여기기 때문이다. 백록담에서 시작된 맥이 노로오름-족은바리

메-큰바리메-한대오름-다래오름-괴오름-북돌아진오름-새별오름-이달오름-
누운오름-당산봉-수월봉-차귀도로 이어진다고도 한다.

지금은 들불축제의 장소로 더 잘 알려져 있지만 과거 고려시대에는 치열
한 전투가 벌어졌던 역사적 장소이기도 하다. 즉, 1374년 명나라로부터 말
2,000필을 요구받은 고려 조정이 이를 제주에서 징발하려 하자 원나라의 후
손들로 목장을 관리하던 목호들이 반발, 고려 조정에서 파견한 최영 장군 휘
하 장수들과 격전을 벌인 곳이다.

최영 장군은 전함 314척에 군사 2만 5,000여 명을 이끌고 명월포에 상륙한
후 이곳의 광활한 초원에서 전투를 벌였는데, 어림비 즉 지금의 어음리에서
목호를 격파한 뒤에 마지막에는 서귀포 앞 범섬으로 달아난 적을 토벌했다.
새별오름 정상에서 볼 때 북쪽으로 펼쳐진 광활한 초원지대가 어림비다.

갯취.

역사적 전적지로서의 새별오름은 제주현대사의 비극인 4·3에도 그대로 적용된다. 4·3 당시 새별오름은 한림면 유격대의 거점이자 서북부 지역의 근거지였고, 무장대의 훈련장으로 이용되기도 했다. 오름 정상에 올라 보면 대정부터 제주시 지역까지 한눈에 들어오는 곳일 뿐만 아니라 해안과 한라산을 잇는, 즉 정물오름과 다래오름을 연결하는 유격대의 전략적 요충지였기 때문이다.

이와 관련하여 주한미육군사령부 방첩대_{제971방첩대 제주도 지구대}의 《제주도 남로당 조사보고서》_{1948. 6. 20.}에는 "인민해방군은 … 48년 2월 초 폭도 300여 명이 애월면의 오름_{새별오름}에서 훈련 중인 것으로 보고됐다. 다이너마이트와 식량, 민간인 옷이 훈련 장소에서 발견됐다."라는 내용이 있다.

축제의 무대로 유명해진 새별오름에는 오늘도 수많은 탐방객들이 이어지고 있다. 이들 중 아픈 제주의 역사를 아는 이가 얼마나 될지 자못 궁금해진다.

2013. 10. 29.

송악산과
알뜨르

오늘날 제주를 찾는 이들은 대부분 항공기를 이용한다. 제주국제공항의 연간 이용객은 2012년 기준 1,844만 명에 이를 정도다. 이들이 처음 접하는 제주의 모습은 제주국제공항에서 본 모습일 것이다. 하지만 제주국제공항 이전에 제주의 다른 곳에 비행장이 있었다는 사실을 아는 이는 많지 않다.

제주 최초의 비행장은 정뜨르에 위치한 현재의 공항이 아니라 대정읍 모슬포 송악산 앞 평야 지대에 있었다. 알뜨르비행장이다. 알뜨르비행장은 일본이 중일전쟁을 앞둔 1931년에 건설하기 시작해 5년 만에 완공됐다. 당시 활주로는 폭 50m에 길이는 1,500m에 달했다. 1937년 중국 국민당 정부의 수도인 난징에 폭격을 가할 때 나가사키현의 오무라항공기지에서 출격한 일본 전투기들의 귀착지로 쓰인 곳이 알뜨르비행장이다.

이후 1944년 중국을 점령한 미군의 B29 폭격기들이 청도나 중경에서 출

섯알오름 탄약고 터.

격, 일본에 공습을 감행할 경우 제주도 상공을 통과할 것으로 여겨 모슬포에 레이더 기지를 개설하는 등 군사시설을 추가로 구축하게 된다. 현재의 제주 국제공항이 들어선 정뜨르에 비행장이 추가로 건설된 것도 이 무렵이다. 1945년에는 조천읍 신촌리에 진드르비행장도 건설된다.

알뜨르비행장은 1944년 제3차 시설확충공사를 통해 확장되는데, 이때 격 납고와 고사포진지, 특공기지인 동굴진지 등 각종 시설물이 들어선다. 1935 년 무렵 모슬포에 59만 4,000m² 규모로 조성된 비행장은 1945년 무렵에 132 만m²으로 확장된다. 당시 격납고는 콘크리트 구조체 위에 돌무더기를 쌓아 동산처럼 만든 다음 나무 등으로 가린 모습이었다.

모슬포 알뜨르비행장 일제 지하벙커는 2006년 등록문화재 제312호로 지정 보호되고 있다. 모슬포의 일제 군사시설인 알뜨르비행장 일제 고사포진지 또한 4곳이 등록문화재 제316호로 지정돼 있다.

이들 모슬포 알뜨르비행장 일대의 일본군 시설들은 해방 이후 4·3의 와중에 참혹한 학살의 장소가 되었다. 일제강점기 탄약고로 쓰이던 섯알오름의 굴에서 한국전쟁 발발 직후인 1950년 7월과 8월에 200여 명이 총살되었던 것이다.

당시 모슬포경찰서에 연행, 구금됐던 예비검속 대상 주민들이 해병대사령부 산하 모슬포부대 제5중대 2소대 소속 부대원 및 동 사령부 산하 제3대대 소속 분대장급 이상의 하사관들에 의해 집단총살을 당했다. 경찰 공식 문서상 희생자가 249명이라는 기록도 있지만, 진실과화해위원회의 조사과정에서 확인된 희생자 수는 218명이다.

이곳 희생자의 유해는 암매장되었다가 1956년에야 시신을 수습하게 된다. 한림 지역 희생자 63구는 만뱅듸공동묘역에, 대정, 안덕, 기타 지역의 희생

자 유해 132구는 형체를 알아볼 수 없어 백조일손묘역에 안장하였다.

진실과화해위원회는 이 사건에 대한 진실규명결정서를 통해 다음과 같은 권고 및 화해조치를 내렸다. 첫째, 국가의 공식 사과, 위령사업 지원, 호적 정정과 신원조회 관련 기록 삭제 등 명예회복을 위한 조치, 둘째, 역사기록의 정정 및 수록, 평화 인권교육의 강화, 관련 법률의 정비 등 재발 방지를 위한 조치를 권고했다.

현재는 위령공원으로 정비되어 추모비 및 제단, 진입로, 주차장, 추모로 등이 조성되어 있다. 특히 2008년부터는 묘역에서 봉행하던 위령제를 이곳 역사 현장에서 백조일손유족회와 만뱅듸유족회가 합동으로 봉행하고 있다.

한편 국방부 소유인 알뜨르비행장은 1980년대 후반 공군에서 공군기지를 건설하려다 지역주민들의 격렬한 반대로 무산된 바 있다. 지금도 공군탐색부대 건설 등 논란이 끊이지 않는다. 식민지 시대에는 강제노역 등 착취의 현장, 해방 이후에는 4·3의 와중에 이데올로기 싸움으로 수많은 사람들이 희생되었던 학살의 현장, 또다시 군사기지 여부를 놓고 논쟁을 벌이는 역사의

현장이다.

　한편 송악산은 368개에 달하는 제주의 오름 중에서 각종 개발과 관련하여 가장 많은 논란을 겪은 곳이기도 하다. 군사시설뿐 아니라 각종 관광개발계획에 있어서도 송악산은 늘 논란이 돼 왔다. 수많은 개발계획이 세워졌다가 도민의 반대 또는 환경파괴 논란 등으로 철회되는 등 부침을 거듭해 왔다.

　송악산은 제주도의 최남단에 위치한다. 국토 최남단인 마라도를 찾는 수많은 관광객들이 유람선을 타는 선착장도 이곳이다.

　송악산은 약 7,000년 전에 형성되었다. 이를 증명이라도 하듯 송악산의 정상에 서면 붉은 송이들로 덮여 있는데, 금방이라도 다시 화산이 폭발할 것 같은 느낌마저 들게 한다. 송악산의 크기는 표고 104m에 비고가 99m다.

　지질 측면에서 송악산은 도내 3개의 수성화산 가운데 유일한 이중화산체일 뿐만 아니라 사람 발자국과 새 발자국 화석을 산출, 화산지질학 및 고생물학적 가치가 매우 높다. 즉, 1차 수중 폭발로 응회환^{Tuff ring}이 형성된 뒤 다시 육상 분화로 2차 분화구^{噴火口}를 가진 복합형인 이중화산이다.

원래 이름은 파도가 운다는 의미인 '절울'이다. 실제로 오름과 바다가 만나는 부근에서 파도가 해식동굴에 부딪히며 나는 소리를 들으면 왜 절울이라 했는지 수긍할 만하다. 한자로는 저리별이^{貯里別伊}, 저별악^{貯別岳} 등으로 표기했었는데 후대에 송악산이라 바뀌었다.

송악산에 서면 코앞의 형제섬을 비롯해 국토 최남단인 마라도와 가파도를 품은 광활한 바다가 펼쳐지고, 산방산 너머의 한라산까지 한눈에 들어온다. 더불어 송악산에서 사계리의 산방산과 용머리로 이어지는 해안도로는 드라이브 코스로 큰 인기를 끌고 있다.

이곳 해안에서 사람발자국 외에 사슴, 새 등 동·식물 화석 수천 점이 함께 발견됐는데, 고인류학과 고생물학, 고생태학 분야에서 제주도를 세계적인 지위에 올려놓는 것으로 평가되고 있다.

2013. 11. 5.

알뜨르비행장.

세계유산의 섬,
공존하는 자연

제주의 설경,
신 세한도

며칠 전 제주에 많은 눈이 내리며 항공기가 결항되어 수많은 승객들이 고통을 겪었다. 제주공항에서 밤을 지새운 이들에게 제주의 겨울은 겉으로 드러난 날씨보다 더 큰 추위로 다가온다.

제주의 겨울을 누구보다 춥게 여긴 사람을 꼽는다면 단연 추사를 떠올리게 된다. 추사 김정희는 1840년(헌종 6)부터 1848년까지 제주에 유배된 인물이다. 그는 이곳에서 추사체秋史體를 완성하는 한편 '세한도歲寒圖'를 통해 선비의 절개가 무엇인지를 보여주었다.

세한도는 허름한 집 한 채를 중심으로 좌우에 2그루씩 모두 네 그루의 나무가 서 있는, 문인화의 정수로 꼽히는 그림이다. 논어의 자한子罕편에 나오는 "추운

김정희의 세한도(歲寒圖) 부분. 출처: 추사박물관.

대정향교.

겨울이 돼서야 잣나무와 소나무가 푸름을 알 수 있다.歲寒然後知松柏之後彫也"라
는 내용을 담고 있다.

이 세한도에서 송백松柏이라 표현된 나무의 종류가 무엇이냐에 대해서는
여러 의견들이 있다. 흔히들 송백을 소나무와 측백나무 혹은 잣나무로 소개
하고 있는데, 당시 제주에는 소나무와 곰솔은 많지만, 측백나무나 잣나무는
없었다. 잣나무는 추운 지방에서 자라기에 지금도 제주도에서는 자라지 않
고, 측백나무는 일제강점기에 도입된 이후 감귤 과수원의 방풍림으로 많이
심어졌다.

송백松柏뿐만 아니라 한 채의 집에 대해서도 논란이 많다. 예전 제주도의

집들과는 그 형태가 많은 차이를 보이기 때문이다. 알다시피 제주도의 집들은 관아시설 등 극히 일부를 제외하고는 대부분이 완만한 곡선의 초가집이다. 둥근 형태의 문도 제주에서는 볼 수가 없다. 때문에 세한도를 소개할 때 상상 속의 이미지를 그린 것이라는 주장이 나온다. 만약에 제주도의 실제를 그린 풍경화라면 송백松柏이라는 의미는 사전적 의미로만 언급된 것이지, 실제의 나무는 소나무와 곰솔일 것이라는 주장이 더 설득력을 얻는다.

　제주는 우리나라에서 상대적으로 따뜻한 곳이기에 겨울철 푸름을 간직한 나무가 많다. 특히 서귀포의 천지연폭포나 천제연폭포, 안덕계곡 일대에 가 보면 한겨울에도 각종 상록수림으로 인해 온통 푸르다. 대나무와 감귤나무

또한 겨울철 잎이 떨어지지 않는다. 하지만 이들을 지조와 절개의 대상으로 여기지는 않았다.

　유독 소나무에 집착하는 이유는 옛 선비들의 정신세계와 맞닿아 있기 때문이다. 오죽했으면 '세한삼우'라 하여 소나무, 대나무, 매화를 벗이라 하였겠는가. 제주에는 소나무와 곰솔이 많다. 제주시 산천단의 곰솔처럼 그 우람한 기상을 자랑하는, 문화재로 지정된 나무들도 상당수 있고, 추사가 자주 드나들었다는 대정향교 안에도 기품을 자랑하는 소나무가 서 있다.

　세한도에 그려진 나무가 무엇이건 그 기품이나 의미가 달라지는 것은 아니다. 어려움을 겪는 스승을 잊지 않고 챙겨준 제자 이상적의 마음 씀씀이가 그렇고, 이를 두고 송백에 비유한 추사 또한 그렇다. 추운 겨울날 푸름을 간직한 수많은 나무들까지도.

2016. 2. 2.

노란 물결,
제주 유채

제주의 4월을 색으로 표현하라면 많은 이들이
노란색을 꼽는다. 들판에 널려 있는 노란 유채꽃의 물결을 연상하며 하는 말
이다. 틀린 말은 아니다. 요즘 들판에 나가 보면 유채꽃의 노란색과 보리밭
의 연두색이 어우러져 장관을 연출하고 있기 때문이다.

그런 이유인지는 몰라도 제주의 4월을 시와 노래로 표현한 수많은 작품
에도 노란색을 상징으로 삼는 경우가 많다. 특히 많은 작가들이 제주4·3의
아픔을 표현하면서 유채꽃을 거론했다. 하지만 제주에서 유채가 재배된 것
은 그리 오래지 않은 일로, 제주4·3 당시에는 유채밭이 거의 없었다. 물론
작가의 상상력이 동원되는 예술의 특성상 문제될 게 없지 않느냐는 반론도
있지만.

제주에서 유채가 재배된 것은 1960년대, 빨라도 1950대 중반 무렵으로 추
정하고 있다. 우리나라 농림통계에서 유채가 등장한 것이 1962년 제주도 통

계연보부터임을 감안하면 그 이전에는 별로 없었던 듯하다. 당시 통계에 의하면 1961년도 제주도의 유채 재배는 면적 1,199ha에 생산량 899톤이었다.

이후 재배가 급증하여 1966년에는 1961년 기준 재배면적 4.9배, 생산량은 6.2배로 증가한다. 이 기간 제주도의 유채 생산량은 전국의 63.4%, 심지어 1964년에는 80.8%까지 점유하며 전국 유채 생산량의 대부분을 차지한다. 제주도의 유채 생산량이 곧 전국 생산량에 직접적인 영향을 주고, 가격 결정에도 영향을 주었다고 해도 과언이 아니었다. 당시에는 제주 외에 전남과 전북 일부 지역에서 유채를 재배했다.

이처럼 제주에서 유채 재배가 성행한 것은 제주도의 기후조건이 유채의 생장조건과 맞아떨어지기 때문이었다. 유채는 생장 초기에 고온다습하고 월동기간 중 동해의 위험이 없을 뿐만 아니라 후반기에 저온건조한 곳이 적합하다.

특히 유채는 타 작물을 수확한 이후인 늦은 가을에 파종하여 다음 해 6월경에 수확하므로 토지 이용도를 높일 수 있다는 장점이 있었다. 뿐만 아니라 다른 작물에 비하여 노동력도 적게 들고, 농한기 유휴 노농력을 이용할 수 있다. 무엇보다도 당시 고가의 식용유를 유채기름으로 대체할 수 있기 때문에 국가 차원에서 식용유 및 공업용유의 공급이 무엇보다도 시급한 과제였다.

그래서 제주도에서의 유채 재배는 1974년부터 1982년 무렵 최대 전성기를 맞는데, 특히 1977년에는 1만 4,512ha에 1만 8,864톤의 유채를 생산하기도 했다. 이처럼 당시 유채는 고구마와 더불어 1970년대 제주도 농촌경제를 지탱하는 힘이었다고 해도 과언이 아니다. 하지만 80년대 이후 그 자리를 감

귤산업이 대체하며 유채 재배는 급격하게 감소한다. 경제성이 높은 작물로 재배를 전환했기 때문이다.

　1980년대 제주에서 재배열풍이 불었던 바나나와 파인애플이 1990년 들어 그 자취를 감춘 경우와 다르지 않다. 물론 바나나와 파인애플의 경우에는 수입자유화 때문에 사라졌지만. 현재 제주도 전체 농가 조수익 중 유채의 비중은 채 1%도 되지 않는다.

　관광객의 입장에서 보면 유채꽃 만발한 제주의 들녘은 아름다움의 대상이다. 그렇기에 유채 재배 면적이 감소하는 것은 아쉬운 일일 것이다. 하지만 제주 농민들 입장에서는 먹고사는 문제, 즉 생존권과 관련된 사안이다. 제주의 들판에서 노란 유채밭을 보거든 그 땅을 일구며 살아가는 농민들을 한 번쯤 다시 생각해 주셨으면 고맙겠다. 물론 보리 등 여타 작물도 마찬가지지만.

2016. 4. 26.

천년의 숲,
비자림

육지부와는 달리 제주에는 마을 숲이 드물다. 아름드리나무라 해봐야 마을의 정자 역할을 했던 '댓돌'의 팽나무가 대부분이고, 간혹 소나무 등이 남아있을 뿐이다. 과거 제주에서 보호수로 여겨지는 나무라면 마을에서 신성시했던 신당의 신목神木을 들 수 있다.

신목이 마을 주민들이 자발적으로 보호했던 나무인 데 반해 제주시 구좌읍 평대리의 비자림비자나무숲은 관아의 강제에 의해 보호조치가 취해진 경우라 할 수 있다. 인근 마을에 전해지는 금기어로 "비자는 구워 먹지도 말고, 볶아 먹지도 말고, 발로 밟지도 마라. 그러면 관습 벌른다."라는 말이 있다. '관습 벌른다'는 말은 관아에 잡혀간다는 의미다. 또 비자나무를 땔나무 등으로 함부로 태우지 말라는 이야기도 전해진다. 그만큼 비자나무는 함부로 대할 수 없는 나무였다.

그 결과 44만 8,000여m² 면적의 비자림은 500~800년생 비자나무 2,800여

그루가 자라는 세계 최대 규모의 비자나무 숲이 되었다. 가장 키가 큰 나무는 16m에 이르며 대부분은 11~13m 정도이다. 가슴높이의 직경은 최고령목이 1.8m이며 나머지 대부분도 40~70cm에 달한다. 지난 2000년 '새 천년 나무'로 지정된 비자나무는 고려 명종 20년[1189]에 태어났다고 소개되는 등 비자림 자체를 일명 '천년 숲'이라 부르기도 한다.

이처럼 비자림이 보호가 잘 된 것은 예로부터 약재로서 공물貢物의 대상이었기 때문으로 풀이하고 있다. 조선시대뿐만 아니라 일제강점기에도 철저하게 출입이 통제되었다. 일본인들은 이곳의 비자 열매를 전부 일본으로 반출해 태평양전쟁이 일어나자 비자 열매로 기름을 만들어 비행기 연료로 사용했다고도 전해진다.

한방에서 비자나무 열매는 충을 없애는 조충약이라 하여 회충, 요충, 십이지장충 박멸에 즐겨 이용해 왔다. 또한 강장제로서 폐를 돕고 치질 산기에 좋으며 근골을 튼튼하게 하며 시력을 좋게 하는 데 효능이 있는 것으로 전해지고 있다.

이 밖에도 기침감기에 비자 열매를 먹으면 효과가 있고 얼굴이 누런 사람에게도 좋다고

한다. 특히 탈모로 고민하는 사람에게 반가운 소식 하나. 비자를 짓찧어 머리를 빗질하면 머리카락이 빠지는 것을 방지할 수 있다고 한다. 비자 세 알과 호두 두 알을 측백나무 잎 한 냥과 함께 찧어 눈 녹은 물에 담가두었다가 이 물로 머리를 빗으면 탈모가 방지된다고 하니 보통 정성으로는 쉽지 않은 처방전이다.

뿐만 아니라 비자나무는 강하고 탄력이 있어서 특히 바둑판 재료로도 인기가 많았다. 심지어 바둑을 둘 때 은은한 종소리가 난다는 이야기까지 전해질 정도로 바둑판 중에서는 최고로 친다.

이러한 이유로 마구 베어낸 까닭에 육지부에서는 매우 희귀해 일부 사찰

근처에서만 자라고, 한라산 중턱의 경우도 아주 드물게 자란다. 주목과에 속하는 늘푸른나무로 난대성 식물인 비자나무는 한라산 중턱과 남해안 등지에서도 자란다.

　과거 우리 조상들이 관습 벌른다며 철저하게 지켜낸 덕분에 오늘날까지 온전하게 보존된 비자림. 마찬가지로 지금의 불편을 다소 감수하는 한이 있더라도 주변의 자원을 보호하면 우리 후손들에게는 의미 있는 자산이 될 수 있음을 보여주는 사례다.

2016. 5. 10.

공공재로서의
제주경관, 지삿개

　　　　　　　요즘 제주도가 관광호텔 건립문제로 시끄럽
다. 제주특별자치도가 ㈜부영주택에서 제출한 호텔건축허가 신청에 대해
허가 방침을 밝혔기 때문이다. 부영호텔은 서귀포시 중문관광단지 2단계 지
역인 제주컨벤션센터 동쪽 일대에 건립 예정으로, 호텔이 완공되면 해안선
을 따라 1km가량의 지역에 건물 4개 동이 들어서게 된다.

　문제는 그 해안선이 제주도에서도 비경을 자랑하는 지삿개 주상절리 지대
라는 것이다. '지삿개'라 불리는 중문·대포 해안 주상절리대는 천연기념물 제
443호이면서 지난 2010년에는 유네스코 세계지질공원의 핵심지역으로 지
정된 곳이다. 매년 170만 명 이상의 관광객이 찾는 제주의 대표 명소다.

　바다 위로 솟은 용암의 표면에는 클링커가 형성되어 거칠지만, 해식작용
으로 외형이 잘 관찰되고 서로 인접하여 밀접하게 붙어서 마치 조각 작품을
연상시킨다. 특히 현무암 용암이 굳어질 때 일어나는 지질현상과 그 후의 해

중문·대포 해안.

지삿개 주상절리.

식작용에 의한 해안지형 발달과정을 연구 관찰할 수 있는 중요한 지질 자원으로서 학술적 가치와 경관이 뛰어난 곳이다.

경관 사유화 논란이 이는 이유는 만약 호텔이 건립될 경우 중문관광단지 도로변에서는 해안선을 볼 수 없을 뿐만 아니라, 반대로 지삿개 일대에서 보는 한라산의 경관도 사라지기 때문이다. 마치 호텔이 거대한 성벽처럼 한라산과 해안선을 가로지르는 장벽이 될 수밖에 없다. 반면에 호텔에서는 한라산과 지삿개 해안 경관을 모두 볼 수 있다.

이에 대해 제주도는 건축·교통통합심의위원회와 경관위원회에서 경관 사유화 방지를 위해 건축물을 분절했고, 부지 전체 면적의 28%를 공공구역으로 설정해 호텔 이용객은 물론 지역주민과 탐방객에게 수시 개방을 허가하는 조건으로 경관협정서를 의결했으니 문제없다는 입장이다.

여기서 심각하게 고민해야 할 부분이 대표적 공공재인 경관을 특정 이익집단이 독점할 수 있느냐다. 물론 그 논란이 이번이 처음은 아니다. 앞서 ㈜보광도 제주의 대표적 해안절경인 성산읍 섭지코지에 건물을 건립해 섭지코지에서의 성산일출봉 조망권을 심각하게 훼손하면서 지역사회로부터 비판을 받았었다. 이 밖에 송악산과 이호유원지 등에서도 개발계획이 줄을 잇는 등 각종 개발행위로 인한 경관 사유화 논란은 더욱 확산될 전망이다.

제주도의 자랑은 청정한 자연환경과 더불어 빼어난 경관자원이라 할 수 있다. 특히 섬 어느 곳에서든 한라산과 푸른 바다를 볼 수 있다는 것은 대단한 매력요인이다. 이제껏 제주를 소개할 때 세계자연유산, 세계지질공원, 유네스코 생물권보전지역, 심지어 세계7대자연경관이라 자랑해 왔다. 그 뛰어난 경관은 특정 이익집단이 아닌, 이 땅을 사는 모든 이들의 자산이다. 거기에는 미래세대에게 온전하게 물려주어야 할 의무까지 담고 있다. 굳이 지속가능한 관광개발을 거론할 필요도 없이.

주상절리대.

요즘도 수많은 이들이 제주로 삶의 터전을 옮기고 있다. 제주 이주민의 숫자는 지난 2014년 1만 1,113명으로 연간 1만 명을 넘어선 이후 지난해 1만 4,257명 등 최근 5년간 4만 명에 달한다. 올해도 1분기에만 4,183명으로 역대 최고치를 기록했다. 이들이 제주를 찾는 이유가 무엇인지에 대해 고민해야 한다.

각종 시설물이 들어선 도시화된 제주가 아니라 천혜의 자연경관이 온전하게 보존되고 맑은 물과 공기를 마실 수 있는 청정 제주를 그리며 제주로 향하고 있는 것이다. 눈앞의 이득에 눈이 멀어 황금알을 낳는 거위의 배를 가르는 우를 범하지 않기를 바란다.

2016. 5. 24.

오름의
가을

제주도를 가리켜 오름의 왕국이라고 한다. 삿갓 모양을 한 한라산과 더불어 그 사면에 368개에 달하는 오름을 거느리고 있다. 이것은 단일화산체가 갖는 단성화산의 수로는 세계 최대다. 좁은 면적에 이처럼 많은 오름이 산재한 곳은 없기에 제주의 대표적인 자연경관이라 할 만하다.

오름은 '오롬'이라고도 불리는데, 자그마한 산을 말하는 제주도 방언으로서 한라산체의 산록에 개개의 분화구를 갖고 있는 소화산체를 의미한다. 그 어원은 행동을 나타내는 동사인 '오르다'에서 명사형인 '오롬, 오름'으로 변한 것으로 풀이되고 있다. 지질학에서는 분화구를 갖고 있고, 내용물이 화산쇄설물로 이루어져 있으며, 화산구의 형태를 갖추고 있는 소화산체를 일컫는다.

제주 사람들은 오름의 생성을 설화를 통해 설명하고 있다. 한라산을 만들었다고 알려진 설문대할망이 있었는데, 그 몸집이 얼마나 컸던지 치마폭에 산굼부리에서 본 한라산.

흙을 담아 한라산을 만드는 과정에서 치마의 찢어진 구멍으로 떨어져나간 한 움큼의 흙이 오늘날의 오름이라는 것이다.

오름은 봄꽃의 연분홍, 여름의 초록, 가을억새의 은빛, 겨울의 갈색 등 계절마다 각기 다른 모습으로 다가선다. 그렇다면 어느 계절에 보는 오름이 가장 아름다울까? 사람들마다 그 기준은 다르겠지만 필자의 경우 은빛 억새가 뒤덮인 가을을 선호한다. 가을의 오름은 은빛으로 물든 억새와 더불어 바람 많은 제주섬의 특징까지도 잘 보여주기 때문이다.

지금 제주는 완연한 가을 날씨를 보이며 오름에도 억새꽃 물결이 장관을 연출하기 시작했다. 억새 어우러진 풍경이 아름다운 오름으로는 단연 따라비오름을 필두로 아끈다랑쉬, 새별오름, 산굼부리 등을 꼽을 수 있다. 제주의 모든 오름이 그렇듯이 오름마다 각기 다른 특색을 보여주는데, 억새와 어우러진 가을의 풍경도 마찬가지다.

따라비오름의 경우 일부러 이 계절에 찾아야 할 정도로 가을의 대표적인 오름이다. 정상에 서면 세 개의 굼부리로 나뉘는 능선과 어우러진 억새가 장관이다. 아끈다랑쉬의 경우는 완만한 경사면을 덮은 억새가 장관이고, 새별오름은 오름의 사면을 뒤덮은 억새가 장관이다. 산굼부리의 경우는 끝없이 펼쳐진 억새평원이 그 너머의 한라산과 어우러진 모습이 일품이다.

물론 앞서 소개한 이들 오름만 억새와 어우러진 풍경을 보여주는 것은 아니다. 실제로 대부분의 오름이 억새를 품고 있다. 그럼에도 이 오름들을 소개하는 것은 완만한 능선을 함께 볼 수 있기 때문이다. 제주 오름이 보여주는 미의 극치는 완만한 능선이라 할 수 있다. 모나지 않은 능선은 흡사 어머니의 젖가슴을 연상시킨다. 그만큼 포근하다.

가을 오름이 더욱 아름다운 이유는 오름 사면에 널려 있는 무덤의 제 모습을 볼 수 있기 때문이다. 추석을 앞두고 벌초를 한 무덤과 이를 둘러싼 산담

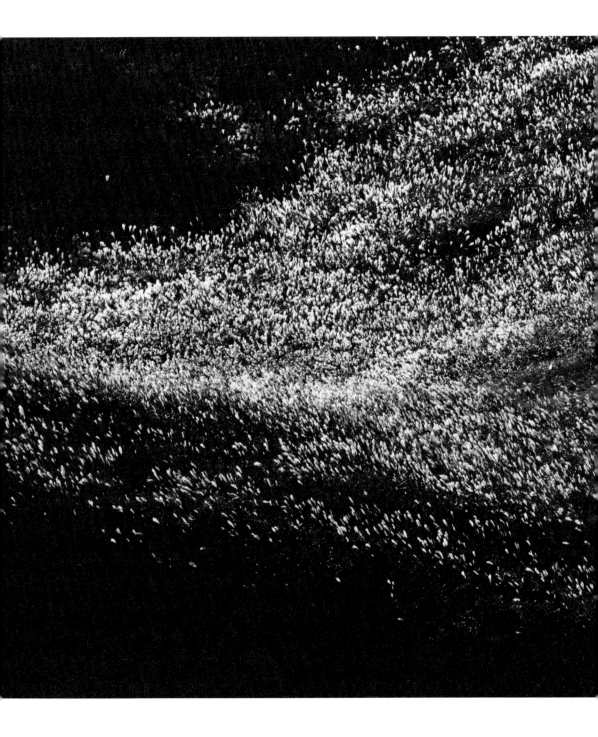

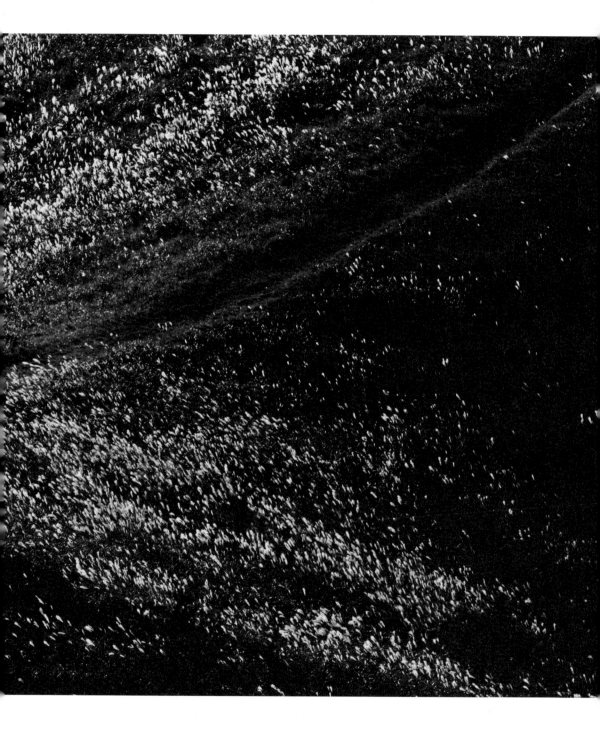

따라비오름.

야고.

이 온전하게 모습을 드러내는 것이다. 몇몇 오름을 제외하고는 거의 대부분의 오름 사면에 무덤이 있다. 심지어 오름 사면에 거대한 공동묘지를 형성한 곳도 있다. 여기에는 오름에서 태어나 오름으로 돌아간다는 제주 사람들의 생사관이 스며있다. 그럼에도 상당수의 사진가들은 오름을 촬영하며 프레임 안에 무덤이 들어가는 것을 극도로 꺼린다. 아름다움만을 보려는 의도는 이해하지만 제주의 참모습이 배제되는 것 같아 안타까울 따름이다.

눈여겨봐야 할 대상은 또 있다. 억새 뿌리 주변에 기생하는 야고라는 꽃이다. 야고는 제주도의 억새밭에 나는 일년생 기생식물로 그 키가 5~7cm에 불과하기 때문에 자세히 살펴야 볼 수 있다. 억새 들판의 아름다움에 눈을 빼앗기면 볼 수 없다는 얘기다. 무엇이든 자세히 보아야 아름다운 법이다.

2016. 10. 11.

해탈 신선의 꽃,
수선화

날씨는 차가워도 꽃봉오리 둥글둥글 一點冬心朶朶圓

그윽하고 담백하여 감상하기 그만이다. 品於幽澹冷雋邊

매화나무 고고해도 뜰 밖 나가기 어렵지만 梅高猶未離庭砌

맑은 물에 핀 수선화, 해탈신선 너로구나. 淸水眞看解脫仙

　　　　　　　　보물 547호로 예산 김정희 종가에 소장돼 있는
추사 김정희의 칠언시 '수선화水仙花'라는 작품이다. 이하 번역은 국립중앙박물관(2006),
《추사 김정희 학예 일치의 경지》 서예뿐만 아니라 금석고증학, 경학, 불교, 회화 등
다양한 분야에서 뛰어난 업적을 남긴 추사 김정희秋史 金正喜, 1786~1856는 55세
가 되던 해인 1840년, 윤상도 옥사사건에 연루되어 8년 3개월간 제주에서 유
배생활을 했다. 많은 이들이 세한도歲寒圖, 국보 제180호를 먼저 떠올리지만, 수
선화에 대한 사랑도 지극했던 모양이다.

《완당선생전집》에 보면 수선화에 대한 시가 다섯 편이나 전해질 정도인데, 추사는 선비의 지조와 절개를 상징하는 매화와 비교하면서 수선화를 해탈신선이라는 이름으로 극찬하고 있다. 어쩌면 뜰 안에서 주류로 자리한 매화와는 달리 들판에서 자라고 있는 수선화를 통해 절해고도에서 유배인의 신분으로 살아가는 자신의 모습을 봤는지도 모를 일이다.

수선화에 대한 추사의 지극한 사랑 때문인지는 몰라도 수선화 하면 먼저 추사를 연상하게 된다. 심지어 추사가 발견한 꽃이라고도 한다. 옛 그림이나 글을 보면 추사 이전에는 수선화에 대한 소개가 거의 없었는데, 추사를 시작으로 수선화를 노래한 작품들이 나오기 때문이다. 제주에서는 흔하게 볼 수 있지만, 우리나라에서 흔한 꽃이 아니었기에 추사를 통해 세상에 알려졌다고 해도 크게 틀린 말은 아니다.

그 때문인지는 몰라도 제주에서도 추사가 유배생활을 했던 대정읍 일대에 유독 수선화가 많다. 또한 제주 지역 상당수의 학교에서 수선화를 교화校花

로 삼고 있는데, 대정읍과 한경면, 서귀포 등 추사적거지 주변 지역 학교에서 두드러지게 나타나고 있다.

추사의 수선화 사랑과는 달리 당시의 제주 사람들은 수선화를 그저 잡초의 하나로 여겼던 것 같다. 추사의 글에 보면 "수선화가 곳곳에 여기저기 널려있다. 밭고랑 사이에 더욱 무성한데 이곳 사람들은 뭔지도 모르고 보리갈이 할 적에 모두 뽑아 없앤다."라고 할 정도다. 관점에 따라 달라지는 것이다. 예컨대 제주의 해안 절경이 관광객의 입장에서는 멋진 풍광이지만, 농부의 입장에서는 거센 바닷바람이 불어오는 척박한 땅인 것처럼.

어쨌거나 추사는 칠언시 '연전금화年前禁花'를 통해 "멍청한 사내놈들 신산神山, 한라산까지 못 갔던지/ 곧고도 미끈한 게 예 알던 모습일세./ 세상 모든 하늘 꽃은 물들지 않지마는/ 세상에 내려와서 온갖 설움 겪었구나./ 몇 해 전에 수선화를 캐내라고 하였다."라고 노래하고 있다.

수선화는 말 그대로 물에 떠 있는 신선이라는 의미다. 눈 속에서 꽃을 피운다고 하여 설중화雪中花라고도 불리는데, 제주에서는 수선화라는 이름과 더불어 금잔옥대로 불리기도 한다. 수선화의 꽃을 보면 그 이유를 알 수 있다. 하얀색 꽃받침과 그 안의 노란 꽃망울이 옥 받침 위의 금잔을 연상시키기 때문이다.

특히 제주의 수선화는 돌담과 어우러지며 그 아름다움을 더한다. 모든 나무와 꽃이 겨울을 앞두고 잎사귀를 떨어뜨릴 때 비로소 잎이 나오고 한겨울 한파 속에서 꽃망울을 터뜨리는 강인함을 보여준다. 매화와 동백 등 겨울에 피는 여타의 꽃들이 커다란 몸체를 자랑하는 데 반해 수선화는 가녀린 잎사귀와 더불어 아담한 꽃을 피워내며 훨씬 혹독한 시련을 이겨내는 인상을 준다. 물기가 많은 습한 곳에서 자란다 하여 수선水仙이지만, 해탈한 신선의 반열에 올리고자 했던 추사의 의도가 엿보이는 대목이다.

2018. 1. 18.

눈 속에 피는 꽃,
복수초

　　　　　　　수많은 식물 중에서 그 이름만을 놓고 볼 때 복
수초만큼 사람들에게 사랑받는 이름은 없을 것이다. 복수초福壽草, 한자로 '복福, 목숨壽, 풀草' 즉 복 많이 받고 오래 사는 것을 기원하는 의미가 담겨 있으니 사람들에게 이보다 솔깃하게 와 닿는 단어가 있을까? 그래서인지는 모르지만 일본에서는 정월 초하루 새해 인사를 가면서 선물로 들고 간다고 하여 원일초元日草라 부르기도 한다.

　복수초는 입춘立春부터 우수雨水 즈음에 볼 수 있는 꽃이다. 숲속 양지바른 곳에서 눈을 뚫고 나와 노란 꽃망울을 터뜨리는 복수초를 보면 자연의 강한 생명력을 느끼기에 부족함이 없다. 이른 봄 얼음 사이에서 피어난다고 하여 얼음새꽃이라고도 불린다. 스스로 열을 방출해서 주변의 눈과 얼음을 녹이며 꽃대가 자라는 모습은 경이롭기까지 하다. 이후 날씨가 더워지기 전에 서둘러 종자를 맺고 무더운 여름에는 뿌리만 남아 있다가 다시 내년을 기약한다. 날씨가 따뜻해지면 잎과 줄기가 말라버리는 하고현상夏枯現象인데, 주변 식물들과의 경쟁을 피하기 위한 생존 방식이다.

복수초는 낙엽수림 숲속 양지바른 곳에서 자라는데, 2~3월에 꽃대가 올라와 꽃이 먼저 핀 후에 그 아래로 잎이 나온다. 키는 10~15cm, 꽃은 4~6cm인 아주 작은 풀이다. 우리나라에는 복수초와 개복수초, 세복수초 등 3종이 분포하는 것으로 보고되고 있다. 이 중 제주에서 볼 수 있는 복수초는 세복수초다. 세복수초는 줄기에서 갈라져 나간 가지에도 비늘잎이 달리고 잎이 매우 가늘게 갈라지는 특징이 있다.

제주에서는 해발 400~600m 고지대에서 비교적 흔하게 볼 수 있으며 특히 한라산 동북쪽 사면에 해당하는 제주컨트리클럽 인근에서 사려니숲길, 절물자연휴양림 일대에 많이 분포한다. 2월 눈이 쌓였을 때 하나둘 꽃대가 나오기 때문에 자세히 살펴야 보이지만 3월이 되면 무더기로 자라는 모습을 확

인할 수 있다. 한라산과 바다, 유명 관광지 등만 둘러볼 게 아니라 숲속 나무 밑 조그마한 공간에도 눈을 돌려볼 것을 권한다. 자연의 위대함은 거창함에 있는 것이 아니다.

눈을 뚫고 나오는 꽃으로는 복수초 외에도 노루귀가 있다. 강인한 생명력이라는 부분에서는 가늘게 자라는 노루귀가 더 각광을 받을지 모르나 복수초가 더 사랑을 받는 이유는 쉽게 찾을 수 있기 때문이다. 물론 겨울철 꽃을 피우는 식물치고 강인한 생명력과 더불어 자연의 위대함을 보여주지 않는 것은 없지만.

제주에서는 자생지에서 비교적 흔하게 볼 수 있지만 들리는 얘기에 의하면 육지부에서는 무분별한 남획으로 인해 그 개체수가 급감했다고 한다. 복과 수명을 가져다준다는 의미와 더불어 눈을 녹여내면서 꽃을 피우는 강인한 생명력에 반해 모두들 자신의 정원에 심고자 캐갔기 때문이다. 복은 인위적으로 가져갈 수 있는 것이 아니다. 또한 복수초는 눈을 뚫고 나와야 제격이다. 대자연의 구성원 하나하나마다 그 자리에 있어야 할 분명한 이유가 있다.

2018. 2. 22.

사람 발자국 화석 발견,
그 이면

지난 2004년 2월 6일 문화재청에서는 전 세계가 주목할 만한 기자회견이 열렸다. 바로 제주도 송악산 인근에서 5만 년 전 구석기 시대 사람 발자국 화석이 사슴, 새 등 동·식물 화석 수천 점과 함께 발견돼 국가지정문화재인 천연기념물로 가지정했다는 것이다.

주요 내용을 보면 한국교원대학교 김정률 교수가 한국과학재단 지방대학 우수 과학자 육성 지원프로젝트인 '포유류와 조류 발자국 화석에 대한 고생물학적 연구'를 수행하던 중 지난해 10월 충북과학고 김경수 교사와 함께 발견했는데 100여 점이 발견된 구석기 시대 사람 발자국 화석은 세계에서 7번째이며 아시아에서는 최초로 발견된 매우 희귀한 사례라는 것이다.

지금까지 발견된 사람 발자국 화석 지역은 탄자니아, 케냐, 남아프리카공화국, 이탈리아, 프랑스, 칠레 등 6개국으로 이번에 발견된 사람 발자국은 길이족장(足長) 21~25cm가량이며 발뒤꿈치heel, 중간호medial arch, 앞꿈치ball가

특징적으로 잘 나타나고 있다고 소개
했다.

발견자인 김정률 교수는 "이번에 발
견된 사람 발자국 화석은 아시아 최초
의 호모사피엔스Homo sapiens의 발자국
화석"이라며 "제주도에서 생활했던 구
석기인의 직접적인 인간 활동의 증거
로서 한반도에 남겨진 선사시대 우리
민족의 유일한 발자국으로 추정된다."
라고 말했다.

이인규 서울대 명예교수생물학도 "현
재 남아공·프랑스·칠레에서 발견된 발
자국 유적의 신빙성이 논란이 되는 상
황에서 선명도가 매우 높은 이 화석은
더욱 의미가 있다."라며 발자국 화석과 함께 발견된 수천 점의 동물 발자국,
갑각류, 식물 화석은 고인류학과 고생물학, 고생태학 분야에서 제주도를 세
계적인 지위에 올려놓을 것이라 말했다.

이러한 내용이 알려지자 우리나라 주요 언론에서는 속보를 통해 시시각각
으로 이를 보도했고 TV의 경우 그날 밤 뉴스의 대부분을, 신문은 다음 날 1
면 톱기사와 함께 해설까지 상세하게 보도했다.

심지어 기자회견 도중 "이는 세계적인 토픽감"이라는 한 교수의 이야기와
함께 고대 한·중·일이 연결됐을 가능성, 아프리카 대륙에서 시작된 현생 인
류가 북방 육로를 통해 한반도까지 이동해 왔다는 지금까지 학계 통설을 뒤
바꿀 만한 고고학 및 고생물학의 증거물이라고 소개하기까지 했다.

이야기의 반전은 다음 날 일어났다. 필자는 고생물학자 K박사로부터 논문 하나를 소개받았는데, 송악산의 생성연대가 대략 5,000년 전이라는 것이다. 지질학자인 손영관 교수경상대 지구환경과학과의 논문에 따르면 송악산의 조개 껍데기 2점을 카본-포틴C-14을 이용해 연대를 측정한 결과 5,100년 전과 4,900년 전으로 보고됐다. 이 논문은 네덜란드에서 발행되는 화산학과 지열 연구 분야의 세계적인 학술잡지인 Journal of Volcanology and Geothermal Research 2002년 12월호에 게재됐다.

5만 년 전과 5,000년 전의 차이는 엄청나다. 1만 년 전을 경계로 그 이전은 후빙기라 하여 빙하시대를 의미하므로 5만 년 전은 빙하시대, 5,000년 전은 신석기시대에 해당하기 때문이다. 손영관 교수에게 전화를 걸어 논문내용 을 문의한 결과, 손 교수는 5,000년 전이 확실하다는 단호한 입장을 취했다.

워낙 사안이 중대하기에 문화재청과 발견자인 김정률 교수에게 확인 전화 를 했다. 김 교수는 전화통화에서 지층의 생성시기와 관련해 "원종관, 황상 구 박사 등이 참여한 지난 2002년 문화재청에서 실시한 '지질광물자원조사 보고서'를 참고해 이를 근거로 5만 년 전이라 추정했다."라며 "손 교수가 시 료로 사용한 표본의 추출지역과 이번에 발견된 지역은 서로 장소가 다르고 구성하고 있는 암석도 다르다."라고 반박했다.

문제는 이처럼 같은 표본지역임에도 불구하고 어떤 연대측정법을 이용하 느냐에 따라 그 결과는 다를 수밖에 없다는 것. 지질학계에서 주로 이용하는 암석의 연대측정법은 용암에 대한 방사연대측정법인 '포타슘-아르곤K-Ar age dating'법과 '아르곤-아르곤Ar-Ar age dating'법, 나무나 뼈, 조개 등 화석의 탄진 물을 이용한 탄소동위원소측정법인 '카본-포틴C-14 age dating'법 등이 있다.

이러한 내용을 기사로 작성해 송고하자 곧바로 주요 포털사이트에 주요 기 사로 게재되기 시작했고 일부 언론에서 인용보도하기 시작했다. 논란의 핵

심은 5만 년 전 또는 5,000년 전이라는 두 개의 주장이 담긴 논문이 있었는데 문화재청과 발견자가 충분한 검토 없이 5만 년 전이라는 논문을 인용한데서 비롯된 것이다.

생성연대와 관련해 사방에서 문제를 제기하자 문화재청은 관련 전문가 등으로 연합조사단을 구성해 정밀조사를 실시하겠다고 발표한다. 그리고 다음 해인 2005년 6월, 용역을 맡은 한국지질자원연구원은 발자국 화석이 산출된 지층의 위와 아래에 놓인 지층에서 광여기 루미네선스OSL 측정법으로 구한 6800±300~7600±500년을 발자국 지층의 나이로 해석했다.

이후 송악산의 사람 발자국 화석은 '남제주 해안 사람 발자국 및 각종 동물 발자국 화석 산출지'라는 이름으로 2006년 9월 8일 천연기념물 제464호로 지정됐다. 아쉬운 점은 최고와 최대, 최초 등에만 의미를 부여하고자 하는 사람들의 조급증이다. 사람 발자국의 생성 연대가 5만 년 전이었다는 당초의 발표도 결국 문화재청의 성급한 발표가 화근이 됐다. 서로 다른 자료들이 존재했기에 보다 정밀한 조사를 위해 독자적인 연대측정을 거쳤어야 했는데 그러지 않아 문제를 야기했던 것이다.

사람 발자국 화석 발견으로 요란을 떨었던 송악산 지역은 예전에 새 발자국 화석이 발견되기도 했지만 당국에서 조치를 취한 것은 고작 보호안내판 설치뿐이었다. 제주 속담에 '물 들어사 곰바리 잡나.'라는 말이 있다. 해변에서 해산물을 채취하려면 썰물 때 해야 하는데 썰물 때는 가만히 있다가 밀물이 든 후에야 요란을 떤다는 얘기로 기회를 놓치는 어리석음을 이르는 말이다.

2006. 6. 28.

405

안덕계곡,
관광지의 흥망성쇠

제주도는 매년 1,500만 명 이상의 관광객이 찾는 우리나라 제일의 관광지다. 최근 몇 년 사이에는 볼거리를 찾는 단순한 관광을 뛰어넘어 아예 삶의 거처를 이곳으로 옮기려는 이들이 이어지면서 '제주에서 한 달 살기'가 인기를 끌고 있다. 재방문 비율 또한 높게 나타나고 있다.

예전 관광객들의 경우 제주도는 그리 넓은 땅이 아니기에 한두 번 방문하면 모든 것을 다 본 것이 아니냐는 의식이 강했었다. 그럼에도 최근 10여 년 사이에 다시 찾는 이들이 급격하게 증가하고 있는 것이다. 가장 큰 이유는 관광 트렌드의 변화로, 예전에는 명승 위주의 관광지가 대부분이었으나 요즘에는 휴식과 치유를 뜻하는 힐링Healing이 관광 목적으로 바뀌고 있는 것이다.

관광지도 생명이 있다. 흔히들 관광지 수명 주기라 부르는데 그 과정은 자원 단독기에서 시작해 관광기반 정비기, 관광시설 정비기, 관광지 발전기,

안정기를 거쳐 쇠퇴기에 이른다는 것이다. 물론 예외적인 경우도 있어서, 줄곧 인기 관광지로 남는 곳도 있고, 관광 트렌드의 변화 또는 스토리텔링을 통한 신규 이미지 창출 등으로 새롭게 각광받는 경우도 있다.

관광지의 흥망성쇠를 보여주는 대표적인 곳으로 안덕계곡이 있다. 안덕계곡은 창고천의 중간 지점인 안덕면 감산리 일대를 이르는데, 창고천의 옛 이름이 감산천임을 감안하면 이 하천의 중심부라 해도 틀린 말이 아니다. 계곡의 깊은 맛과 함께 울창한 숲이 어우러져 조선시대에는 제주도 최고의 명승으로 시인 묵객들이 즐겨 찾았던 곳이기도 하다.

1577년 제주를 찾은 임제가 남긴 《남명소승》에 보면 굴산을 지나 산방산으로 향하는 과정에서 감산에 대해 소개하고 있다. 이어 이원진의 《탐라지》에 보면 감산천에 대해 소개하고 있는데 "감산천: 대정현 동쪽 25리에 있다."라는 내용이다. 감산리에 적거했던 유배인으로 임징하, 신명규가, 옛 감산 지경에 신임, 권진응, 임관주 등이 있는데 이 중에서 임관주任觀周의 경우 창고천을 찾아 마애명을 남긴 것으로 볼 때 당시 즐겨 찾는 명소로 추정할 수 있다.

1937년 제주도를 돌아다니며 조사했던 이즈미 세이이치泉靖一의 제주도 책자에 실린 '계곡의 용천지대와 해녀의 물맞이'라는 사진을 보면 안덕계곡 일대가 아닌가 여겨진다. 물이 풍부해서 당시 사람들이 즐겨 찾았던 곳으로 추측이 가능하다.

비슷한 시기에 한라산과 제주도를 둘러본 후 기행문을 남긴 이은상의 《탐라기행》에서도 안덕계곡이 언급된다. '감산천의 계곡미'라는 제목의 글에서 감산천은 그 시작이 한라산이라 하나 하상이 커지고 물이 흐르기는 가가악동을 지나면서부터라 소개하고 있다. 또한 지도에는 창고천이라 표기되고 민간에서는 안덕천이라 하는데, 한라산 남쪽으로 흐르는 하천으로는 제주에

서도 손꼽히는 곳이라 설명하고 있다.

이 글에서 이은상은 직접 계곡으로 내려가 그 경치를 감상하기도 했는데, 하천변의 식생에 대한 소개와 더불어 수많은 골짜기에 대해 언급하는 것으로 보아 지금의 안덕계곡 탐방로를 따라 걸었음을 알 수 있다. 지금과 크게 다르지 않은 코스로 당시에는 많은 사람들이 드나들었음을 짐작게 한다.

해방 이후 안덕계곡은 제주도의 대표적인 관광지로 부상한다. 실제 1980년대만 하더라도 제주도 일주 위주의 거의 모든 수학여행에서 단골코스로 자리 잡기도 했다. 1990년대 중반까지만 해도 도내 대표적인 관광지로 각광을 받아 1995년 입장객이 3만 8,000명에 달했으나 2000년 6,000명에 이어 입장료를 폐지한 2001년부터는 아예 통계조차 잡지 않고 있다. 수질오염과

암벽 균열로 인한 낙석 위험으로 출입이 통제되면서 위기를 맞은 것이다.

오염 상태가 심각했던 안덕계곡은 2000년대 중반부터 지자체와 지역주민의 정화 노력으로 점차 깨끗해지고, 2012년 8월 암반 균열 및 낙석 위험에 대한 보강공사가 완료되어 통행금지도 해제되면서 새롭게 부각되고 있다. 특히 안덕계곡이 MBC 인기드라마인 '구가의 서' 촬영지로 온·오프라인을 통해 유명세를 타면서 이곳을 찾는 도민과 관광객이 급증하고 있다. 제2의 전성기를 맞고 있는 것이다. 유명 관광지라 하더라도 환경이 훼손되면 금세 외면받는다는 사실을 보여주는 사례다.

2018. 9. 9.

보존과 현명한 활용의 본보기,
제주세계지질공원

최근 제주에서는 세계지질공원 재인증을 위한 유네스코 지질공원 전문가 현장평가가 진행됐다. 2018년 7월 4~6일 중국의 '한 진팡Han Jinfang'과 스페인의 '안나 루이즈Ana Ruiz'가 참여한 가운데 세계지질공원 대표명소를 중심으로 지난 4년간의 지질공원 관리현황 및 발전상황을 점검했다.

제주세계지질공원은 지난 2010년 한라산을 비롯하여 성산일출봉, 수월봉, 산방산·용머리해안, 만장굴, 중문대포 주상절리, 천지연폭포·서귀포층이 대표 명소로 지정됐다. 이어 동백동산과 우도, 비양도가 추가 지정되며 12개소에 이르고 있다.

제주도는 세계지질공원에 앞서 2002년 유네스코의 생물권보전지역, 2007년 세계자연유산에 등재된 바 있다. 유네스코의 자연과학분야 3관왕에 모두 등재된 지역은 세계에서 제주도가 유일하다. 그만큼 세계적으로 가치가 크

성산·오조 지질트레일.

다는 것이다.

세계지질공원의 경우 생물권보전지역과 세계자연유산과는 그 관리 측면에서 약간의 차이가 있다. 이들 모두가 보호를 목적으로 한다는 공통점이 있지만 세계지질공원의 경우 보호 외에도 현명한 관리, 즉 활용의 측면이 강조된다는 점이다. 때문에 이번 심사에서도 지오브랜드를 활용한 상품을 개발하고 판매하는 데에 높은 관심을 보였다.

제주도 당국도 세계지질공원 지정 이후 지질공원 축제를 비롯하여 지질트레일, 지오상품 개발 등에 꾸준한 노력을 기울여 왔다. 세계지질공원 지질마을의 지오브랜드Geo-Brand 상품, 즉 지질관광 대표상품은 지질트레일Geo-Trail, 지질테마 숙소 지오하우스Geo-House, 지질 로컬푸드 지오푸드Geo-Food전문점, 지질체험 지오액티비티Geo-Activity, 지질을 모티브로 제조한 가공식품 지오팜Geo-Farm, 지질기념품 지오기프트Geo-Gift 등이 있다.

지오액티비티는 지질마을의 자연환경, 관광자원, 역사, 음식, 문화, 민속신앙 등 지역자원 및 문화원형과 지질적 특성을 연계한 체험 프로그램이다. 산방산·용머리해안 지역의 자전거를 활용한 지질트레일 체험, 지질마을 해설사와 함께하는 수상 지질트레일, 성산일출봉 지역의 해녀물질 불턱문화체험, 수중해저 지질체험, 수월봉 지역 마을 트레킹과 전통주 활용 등 다양한 체험을 할 수 있다.

매년 개최되는 세계지질공원 수월봉 트레일이 대표적인 예로 '화산학의 교과서'라 불리는 수월봉 일대에서 지질 및 생태, 역사와 문화 등에 대해 전문가들로부터 해설을 들으며 탐방하는 지질탐방 프로그램을 비롯하여 다양한 체험행사가 펼쳐지고 있다. 만장굴이 위치한 김녕리와 월정리에서는 돗제와 해신제가 열려 척박한 자연환경을 이겨낸 선인들의 지혜를 배우는 자리가 마련된다.

■■■■
산방산과 용머리.

　세계지질공원 지질트레일은 수월봉과 산방산·용머리해안, 김녕·월정, 성산
일출봉 등 4개소의 걷기여행 코스가 개발돼 운영 중이다. 세계지질공원 대표
명소 주변을 돌아보며 제주 지질자원의 특징과 이를 활용하며 살아온 선인들
의 삶을 느끼는 프로그램이다. 면적이 넓지 않은 제주 땅임에도 불구하고 현
재 운영 중인 지질트레일에서 보이는 지질자원은 각각 그 특성이 다르다.

　수월봉 지질트레일의 경우 바다에서 분출한 화산의 특징을 가장 잘 보여
주고 있는 반면 김녕·월정 지질트레일의 경우 용암이 흐른 흔적인 동굴들이
발달해 또 다른 느낌을 준다. 산방산·용머리해안 지질트레일은 용암돔인 산
방산과 용머리 해안의 화산쇄설물, 사계리 해안 사람 발자국 화석과 화순리

의 곶자왈과 창고천 활용 사례를 살펴볼 수 있다. 성산·오조 지질트레일은 세계자연유산으로도 지정된 일출봉의 지질 특징과 함께 주변에 산재한 역사자원이 볼거리다.

이들 지질트레일의 또 하나의 특징은 지역 주민들의 적극적인 참여에 있다. 마을마다 마을지질해설사를 양성해 이들이 직접 해설에 나서는데, 매년 교육을 통해 습득한 지식과 경험을 바탕으로 지질전문가 못지않은 해설 솜씨를 뽐낸다. 마을지질해설사 외에도 다양한 인증상품이 개발돼 지역의 숙박업소와 음식점, 기념품 판매점을 통해 지역 지질자원의 가치를 드높이고 있다. 그 결과 세계지질공원 활용 지질관광과 지오브랜드는 2016년 창의통합관광 부문에서 국가브랜드 대상을 수상하기도 했다.

제주는 난개발에 따른 생태계 파괴와 더불어 일부에 편중된 관광소득 분배가 사회문제로 대두된 지오래다. 자연환경의 보존을 바탕으로 한 현명한 활용, 더불어 지역주민이 함께하는 관광개발에 대한 고민을 세계지질공원의 활용사례에서 찾아볼 필요가 있다.

2018. 7. 14.

람사르습지도시,
선흘곶 동백동산

 2018년 10월 제주시 조천읍 선흘곶자왈의 동백동산 습지가 람사르습지도시로 인증을 받았다. 이번에 열린 람사르협약 당사국총회에서 람사르습지도시로 인증된 곳은 우리나라에서 제주시를 비롯해 창녕군^{우포늪}, 강원도 인제군^{대암산 용늪}, 순천시^{순천만} 등 4개 도시다. 특히 이번 총회는 '미래 지속가능한 도시를 위한 습지'를 슬로건으로 내걸고, 습지의 훼손을 막아 개발로부터 자연과 인간을 보호하고 공존하자는 의미를 담고 있다.

 람사르습지도시는 람사르습지 인근에 위치하고 습지보전 및 현명한 이용에 참여하는 도시나 마을을 인증함으로써 습지의 보전 및 현명한 이용, 지역 및 국제 협력, 지역주민을 위한 지속가능한 사회경제적 혜택의 증진을 목적으로 도입된 제도다. 지난 2015년 우루과이에서 열린 제12차 람사르협약 당사국총회에서 인증제 시행을 결의해 이번에 처음 지정됐다. 인증을 받으면

선흘곶자왈.

람사르 브랜드를 6년간 사용할 수 있기 때문에 지역 농산물이나 특산품 판촉, 생태관광 활성화 등에 활용할 수 있다.

한편 람사르습지Ramsar wetlands는 '물새 서식지로서 중요한 습지보호에 관한 협약'인 람사르협약에 따라 독특한 생물지리학적 특정을 가진 곳이나 희귀동식물종의 서식지, 또는 물새 서식지로서의 중요성을 가진 습지를 보호하기 위해 지정, 보호하는 곳이다. 제주에서는 동백동산 외에 물영아리, 물장오리, 1100고지 습지, 숨은물뱅듸 등이 지정돼 있다.

그중에서 동백동산은 하천이나 호수가 아닌, 화산섬 제주의 독특한 지형인 곶자왈 숲속에 형성된 내륙습지로 지하수 함양률이 높고 생물다양성이

민물갓.

제주고사리삼.

풍부해 더욱 가치가 높다. 곶자왈은 '곶'과 '자왈'의 합성어로 곶은 숲을, 자왈은 '나무와 덩굴 따위가 마구 엉클어져서 수풀 같이 어수선하게 된 곳'을 이르는 말이다. 화산이 폭발할 때 오름으로부터 흘러나와 굳어진 용암의 크고 작은 암괴가 요철 지형을 이루어, 많은 돌무더기 때문에 과거에는 농사를 짓지 못하고 소나 말의 방목지 또는 땔감이나 숯을 얻기 위해 들어갈 뿐, 버려진 땅으로 인식돼 왔다.

선흘곶자왈의 대표적인 습지는 먼물깍이다. 마을에서 멀리 떨어져 있다는 뜻을 담고 있는 먼물깍은 과거 마을 주민들의 식수로 이용됐던 물이다. 2011

년 3월 14일 환경부 습지보호지역으로 지정된 이후 2010년 세계지질공원 인증, 2011년 람사르습지 지정, 2012년 선흘1리 생태마을로 지정 운영되고 있다. 습지의 면적은 0.59㎢다. 습지 주변에서는 전 세계에서도 이곳에서만 발견되는 제주고사리삼을 비롯하여 순채, 통발 등의 습지식물과 발풀고사리, 홍지네고사리 등 양치식물들이 많이 자라고 있다.

습지뿐만 아니라 동백동산 자체가 1981년 제주특별자치도 기념물 제10호로 지정돼 있다. 동백동산은 평지에 남아 있는 난대성 상록활엽수로는 제주에서 면적이 가장 넓은 곳이다. 곶자왈 내 용암이 만들어 낸 요철凹凸 지형은 지하수 함양은 물론 다양한 북방한계 식물과 남방한계 식물이 공존하는 숲을 이루어, 생태계의 허파 역할을 하고 있다. 용암이 깨져 형성된 돌무더기의 틈으로 온도와 습도가 일정하게 유지되는 환경이 조성되어 다양한 식생을 품고 있는

목시물굴.

동백동산 숲길.

것이다. 이 일대가 제주특별자치도 기념물 제18호인 백서향 및 변산일엽 군락지로 지정된 이유이기도 하다.

동백동산이 위치한 선흘곶자왈 안에는 목시물굴, 대섭이굴, 도틀굴 등 용암동굴도 많다. 4·3 당시 이 동굴들은 지역 주민들의 피난처 역할을 하기도 했다. 중산간마을 소개령과 초토화작전으로 집을 잃은 주민들이 동굴에 숨어든 것이다. 하지만 그 결과는 처참했다. 목시물굴 등 일부 동굴에 숨었던 주민들이 토벌대에 발각돼 집단학살을 당한 비극의 현장이기도 하다.

곶자왈 특유의 다양한 식생과 습지의 희귀식물들, 그리고 지역 주민들의 애환이 서린 동백동산은 이제 사람과 자연의 공존을 보여주며 사람들의 발길이 이어지고 있다. 동백동산습지센터가 건립됐을 뿐만 아니라 4.82km의 선흘곶 동백동산 숲길이 조성돼 생태관광마을로 탈바꿈한 것이다.

2018. 11. 17.

마을을 지키는 숲,
납읍 금산공원

풍수지리가 마을의 형성에 영향을 끼친 곳이 있다. 바로 제주의 서쪽 마을인 애월읍 납읍리. 예로부터 양반촌으로 유명한 납읍리는 전형적인 농촌 마을로, 천연기념물 제375호로 지정 보호되고 있는 금산공원이 있다. 서기 1670년경 외곽 지역인 곰팡이, 둥댕이 등지에서 거주하던 주민들이 현재의 마을 중앙 지점에 모여들어 살기 시작하면서 마을이 형성됐다.

전설에 의하면 이곳은 원래 돌무더기 땅이었는데, 건너편 금악봉^{今岳峰}이 훤히 보이므로 마을에 화재가 자주 발생한다 하여 나무를 심어 액막이를 한 것이 오늘날 금산공원의 시초라고 전해진다. 한림읍 금악봉이 불의 상징인 쥐의 형상으로 보여, 금산에 나무를 심어서 화체^{火體}를 막지 않으면 화^火의 재해를 면하기 어렵겠다는 풍수지리사의 결론에 따라 조림^{造林}하였다는 것이다.

처음에는 '금할 금' 자를 써서 '禁山'이라고 불렀고, 단순히 나무를 보호하

는 산에 불과했다. 그런데 수십 년 동안 철저히 보호한 결과 난대림을 비롯하여 많은 수목이 자라서 그 경관이 매우 수려해졌다. 그래서 '비단 금' 자를 써서 '錦山'이라고 고쳐 부르게 된 것이다.

마을에서 금산공원은 중요한 존재다. 마을 포제를 지내는 제단이 이곳에 자리하고 있는 것을 보아도 잘 알 수 있다. 포제란 마을의 안녕과 오곡의 풍성을 기원하는 유교식 의례다. 금산공원에 포제단을 마련한 것은 그만큼 이곳을 신성하게 여겼다는 의미다. 상록수가 울창한 공원 한가운데 돌을 쌓아 세 개의 제단을 마련했는데, 그 주위에는 성처럼 자연석을 여러 겹으로 쌓아 올려 울타리를 만들어 놓았다.

특이한 것은 포신지위^{酺神之位}, 토신지위^{土神之位}와 더불어 서신지위^{西神之位} 신위를 모시고 있는 것이다. 서신지위는 홍역신인데, 마을 사람들의 평안과 마을의 번영을 비는 한편, 예전에는 두렵기 그지없었던 홍역의 악질에 걸리지 않도록 간곡히 기원하는 뜻이 담겨있다.

금산공원 자연림은 원형이 잘 보존된 표본지역으로, 원식생 연구에 기초적인 자료를 제공하고 있기 때문에 학술자원으로서 가치가 높아 1966년 천연기념물 보호지역으로 지정됐다. 이 공원에는 33,980m² 규모에 온난한 기후대에서 자생하는 식물들이 숲을 이루어 원시의 경관을 그대로 보여주고 있다.

자생 식물들로는 후박나무, 생달나무, 식나무, 종가시나무, 아왜나무, 동백나무, 모밀잣밤나무, 자금우, 마삭줄, 송이 등이 있다. 이 중 금산공원의 후박나무는 제주도에서 자생하는 후박나무 중 가장 큰 나무로 알려져 있다.

특히 이곳은 제주도 서쪽의 평지에 남아있는 유일한 상록수림으로 상록교목 및 60여 종의 난대성 식물이 자라고 있으며, 원시적 경관이 그대로 보존되고 있어 수목 가지의 절취, 식물 채취 행위 및 야생 동물의 포획 등 자연을 손상하는 행위가 일절 금지되고 있다. 과거에는 풍수지리에 따라 마을 주민들에 의해 보호되던 곳이 이제는 국가기관에 의해 법으로 보호되고 있는 것이다.

그렇다면 우리나라의 산림보호정책은 언제부터 시작됐을까. 조선시대 초기에 법적으로 산림을 보호하던 제도적 장치로 황장금표를 여러 곳에 세워 소나무의 벌채를 금지하였고, 후기에는 황장봉산을 정해 소나무를 보호하기도 했다. 황장봉산은 금산과 봉산으로 나뉘는데 상징물로 금표와 봉표를 세웠다. 이처럼 황장봉산이라 하여 보호되는 곳의 유형을 보면 사찰 등 신성하고 권위 있는 구역의 접근을 막는 경우, 유배지에 임의로 출입을 금하는 경

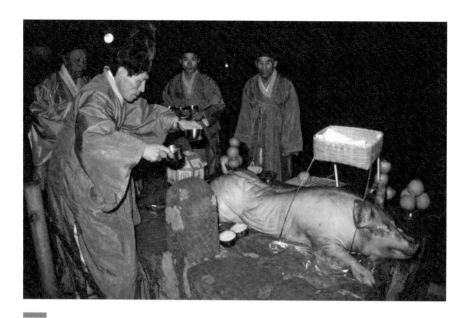

납읍리 마을제.

우, 금강소나무 등 좋은 재목을 마련하기 위해 지정된 숲의 출입을 금지하는 경우, 산삼을 임의로 채취하지 못하게 금하는 경우 등 다양한 목적에서 비롯된다.

 납읍리의 금산공원도 이와 같은 용도에서 보호 관리된 것이 아니냐는 견해가 식물학계에서 조심스럽게 제기되기도 한다. 하지만 《탐라지》를 비롯한 관련 문헌 기록이 전혀 없다. 그래서 금산공원의 유래는 전설처럼 풍수지리에 따라 납읍마을 공동체 차원에서 출입을 금지하면서 비롯되었다고 보고 있다.

2001. 9. 30.

제주세계자연유산의 중심,
거문오름

제주의 오름은 그 자체만으로도 아름답고 소중하지만, 주변에 다양한 자원을 만들어내기에 더욱 가치를 인정받는 경우가 많다. 대표적인 경우가 거문오름이다. 세계자연유산의 핵심 지역인 거문오름은 천연기념물 제444호로 지정돼 있을 뿐만 아니라 주변에 수많은 동굴들을 만들어내며 제주도가 세계자연유산으로 등재되는 데 결정적인 역할을 했다.

거문오름이 만들어질 당시 이 화산체에서 흘러나온 용암류가 지형 경사를 따라 북동쪽의 방향으로 해안선까지 도달하면서 김녕굴과 만장굴 등 20여 개의 동굴을 포함하는 용암동굴 구조를 완성했다. 뿐만 아니라 람사르 습지로 지정된 동백동산을 비롯해 넓은 면적의 곶자왈을 잉태하기도 했다.

거문오름에서 당처물동굴까지의 용암동굴계는 약 13km에 이르며 거의 직선으로 형성된 용암동굴구조를 보이고 있다. 분화구 안의 선흘수직동굴

을 시작으로 뱅뒤굴, 웃산전굴, 북오름굴, 대림동굴, 만장굴, 김녕사굴, 용천
동굴, 당처물동굴이 있는데, 각각의 동굴은 저마다 다양한 규모와 형태, 동
굴생성물 등이 발달했다. 특히 당처물동굴과 용천동굴은 화산활동에 의해
형성된 용암동굴이지만 이후 탄산염 성분의 다양한 동굴생성물이 이차적으
로 형성돼 세계의 어느 동굴과도 비교할 수 없는 아름다움과 독특한 차별성
을 지니고 있다.

이러한 특징으로 이 지역의 동굴들은 제주세계자연유산의 핵심이라 할 수
있다. 이를 상징이라도 하듯이 거문오름 탐방로 입구에 지난 2012년 제주세
계자연유산센터가 들어서 그 위상을 보여주고 있다.

제주세계자연유산센터는 대한민국 최초 세계자연유산으로서의 상징성을
확보하고 세계자연유산의 효율적 관리와 보전을 위한 시스템 구축, 유산의
보전과 관리 총괄 운영을 위해 만들어졌다. 세계자연유산의 가치 전달, 보전

을 위한 연구 모니터링, 홍보와 국제협력, 국제 교류 등의 기능을 수행하고 있다. 주요시설로 상설전시실, 4D 영상관, 교육·학술연구 공간, 사무 공간 등이 있다.

하지만 건립 과정에서 논란도 없지는 않다. 제주세계자연유산 등재 신청 당시 우리나라 문화재청과 제주특별자치도는 신청서에 "만약 제주가 세계자연유산으로 등재된다면 세계유산센터를 건립하겠다."라고 명시했다. 이어 2006년 세계자연보전연맹IUCN은 제주에서 현장 심사를 한 후 유네스코에 심사보고서를 제출하는데, 그 내용은 세계자연유산으로서의 가치가 충분하니 등재를 권고한다는 것이었다. 뒤이어 제주는 세계자연유산으로 등재된다.

여기까지는 잘 알려진 얘기다. 당시 제주도에서는 심사보고서의 주요 내용을 공개하며 제주의 가치에 대해 자랑했다. 문제는 결정적인 한 부분을 숨

긴 것인데, 다름 아닌 굳이 예산을 낭비하며 세계유산센터를 지을 필요가 없다는 권고 내용이었다. 세계자연보전연맹 심사단은 현재의 제주돌문화공원이면 충분히 세계유산센터의 역할이 가능하다고 보았다. 하지만 제주도는 300억 원의 예산을 투입해 세계유산센터를 건립했다. 그리고는 유네스코와의 약속을 지켰다며 자화자찬까지 했던 것이다.

거문오름은 해발고도가 456m로 분석구의 화구 부분은 주변 지형에 비해 깊고 분화구 안, 중심에는 알오름이 위치한다. 하늘에서 보면 알오름을 아홉 개의 용이 감싸는 모습이다. 지형은 북북동 방향으로 트인 말발굽 형태를 띠고 있다. 그리고 북북동 방향을 제외한 나머지 지역은 소위 9룡이라 불리는 분석구의 능선이 이어지고 있다.

　지난 2009년 환경부 선정 생태관광 20선, 2010년 한국형 생태관광 10모델에 뽑힌 바 있으며, 2007년 세계자연유산 등재 이후 매년 국제트레킹대회가 이곳에서 열리고 있다.

　탐방로는 약 1.8km로 1시간이 소요되는 정상 코스, 약 5.5km에 2시간 30분이 소요되는 분화구 코스, 약 5km에 2시간이 소요되는 능선 코스, 약 10km에 3시간 30분이 소요되는 전체 코스 등으로 나눌 수 있다. 삼거리까지는 해설사가 동행해 설명을 해주는데, 주요 볼거리로는 풍혈, 용암협곡, 알오름 전망대, 숯가마터, 화산탄, 선흘수직동굴, 일본군동굴진지 등이 있다.

2013. 11. 17.

논짓물과
갯깍 주상절리

육지의 물은 바다로 흘러 들어가면 더 이상 담수의 기능을 할 수가 없다. 예전 바닷가 가까이에 엄청난 용량의 물이 솟아올랐으나 곧바로 바다로 흘러버리기 때문에 버려진 물이라 하여 이름 붙여진 논짓물.

서귀포시 예래동에 위치한 이곳은 해변 가까이 있는 논에서 나는 물이라 하여 '논짓물'이라 불렀다는 설과 바다와 너무 가까운 곳에서 물이 솟아나 바로 바다로 흘러가 버리기 때문에 식수나 농업용수로 사용할 수가 없고 그냥 버린다 하여 쓸데없는 물이라는 의미로 '논짓물'이라 했다는 이야기가 전해진다.

그 버려진 물이 요즘에 와서는 엄청난 자원으로 주목받고 있다. 바다와 만나는 지점에 노천탕과 폭포를 만들고, 바다에는 어른 키 높이의 둑을 쌓아 담수와 해수가 만나는 천연풀장을 만든 것이다. 가장 깊은 곳이 성인 가슴

높이여서 가족 단위의 피서객들에게 인기가 많다. 한마디로 논짓물 해수풀장의 매력은 어린이나 노약자들이 안전하게 물놀이를 할 수 있다는 것이다.

특히 이곳에서는 매년 여름 논짓물 해변축제가 열려 풀장 안에서 맨손으로 넙치 잡기 같은 체험이벤트를 비롯해 다양한 행사가 벌어진다. 맛있는 계절의 진미를 즐길 수 있다는 것은 덤이다. 당국에서도 버려진 물과 주어진 환경을 잘 활용해 명소로 만든 공로를 인정해 2007년부터 더욱 아름답고 편리한 친수공간으로 만들기 위한 지원을 아끼지 않고 있다.

예래마을에는 논짓물 상류 지역에 대왕수천이 있어 생태마을로 운영되고 있는데, 논짓물과 대왕수천 일대에서 예래생태마을 체험축제가 열리기도 한다. 축제에는 해설사와 함께하는 생태마을 탐방, 맨손으로 장어 및 미꾸라지 잡기 등 다양한 생태체험 프로그램과 즐거운 공연이 펼쳐진다.

대왕수는 물이 곱고 불지 않으며 끊이지 않아 좋은 물이라는 의미인데, 예

로부터 대왕물^{큰이물}이라 불렸다. 하천에는 참게, 은어, 장어, 미꾸라지 등이 서식해 자연생태계의 보고라 할 수 있다. 실제로 환경부에서 12년간 자연생태 우수마을로 지정하기도 했고, 소방방재청 주관으로 실시한 2013년도 아름다운 소하천 가꾸기 공모에서 우수하천으로 선정되기도 했다.

대왕수 주변에는 2010년 3월 개관한 예래생태체험관이 있어 어린이 환경교실과 기후변화 대응 주민교육, 친환경 제품 만들기 및 생태체험의 공간으로 높은 인기를 누리고 있다. 하천에는 참게, 은어, 송사리 등이 서식해 자연생태계의 보고로서 생태학습장 및 휴식공간으로 활용되고 있다.

하천이 바다와 만나는 일대는 한국반딧불이연구회가 지정한 제1호 반딧불이 보호지역이기도 하다. 반딧불이는 1982년 천연기념물 제322호로 지정된 대표적인 환경지표 곤충이다. 이 밖에도 해안도로를 따라 이어지는 환해장성이 있는데, 지난 1998년 1월 제주도기념물 제49호로 지정되었다.

한편 하천 건너에는 갯깍이라 불리는 주상절리 지대가 있다. 중문관광단지 내에 위치한 하얏트호텔에서부터 예래천에 이르는 1km에 걸쳐 주상절리가 이어지는데, 예래천 인근 해식동굴지역과 조른모살 해수욕장 지역, 하얏트호텔 앞 붕괴지역 등으로 나눠볼 수 있다.

이 중 해식동굴지역은 30여m 높이의 주상절리들이 장관을 연출하는 곳으로 주상절리 절벽을 사이에 두고 뚫려있는 해식동굴이 일품이다. 해식동굴은 서로 다른 2개의 해안단애에서 파도에 의해 형성된 것이다. 이 밖에 다람쥐굴이라 불리는 해식동굴이 있는데, 바위그늘집터다. 이곳에서는 과거 사람들이 거주했음을 보여주는 적갈색 무문토기편들이 출토되기도 했다. 해식동굴 내부의 퇴적층은 빙하시대 전후의 해수면 변동을 연구할 수 있는 단

서를 제공하기도 한다. 이 동굴유적은 서귀포시 향토기념물 유산 제2호다.

이 지역은 둥그스름한 먹돌이 해안을 뒤덮어 또 다른 볼거리를 제공한다. 먹돌 위를 맨발로 거닐며 구경하는 재미가 쏠쏠하다. 특히 뜨거운 여름 한낮, 사랑하는 이와 손 잡고 맨발로 걸으면 사랑이 이루어진다는 이야기도 전해진다.

조른모살 지역은 주상절리들이 각양각색의 모습을 하고 있어 흡사 만물상을 연상하게 한다. 조른모살은 '작다, 짧다'라는 뜻으로 중문해수욕장을 진모살이라 부르는 것과 대비되는 이름이다. 즉, 중문해수욕장보다 규모가 작고 짧기 때문에 조른모살이라 불린다. 주상절리의 동쪽 끝에 위치한 하얏트호텔에서는 바닷가로 물이 폭포처럼 떨어지는 곳이 있는데, 개다리폭포라 부르는 곳이다.

수많은 관광객들이 대포동에 위치한 지삿개 주상절리를 보면서 감탄을 금치 못한다지만 갯깍 또한 결코 뒤떨어지지 않는다. 제주도는 문화재로 지정되거나 유명한 관광지만 소중한 것이 아니라 제주 그 자체가 소중한 곳임을 느끼게 해준다.

2013. 11. 17.

노루들의 안식처,
화순곶자왈

　　　　　　　　　　화순곶자왈이 위치한 병악곶자왈용암류는 해
발 492m인 병악에서 시작되어 화순리 방향 논오름이 위치한 해발 200m까
지 총 9km에 걸쳐 분포하고 있다. 이 곶자왈용암류는 평균 1.5km의 폭으로
산방산 근처의 해안지역까지 이어진다. 주요 암석은 주로 회색을 띠고 있는
다공질인 장석휘석감람석현무암이다.

　화순곶자왈에는 개가시나무, 새우난, 더부살이고사리와 직박구리, 노루
등 50여 종의 동식물이 분포하고 있을 뿐만 아니라 원시적인 상태로 잘 보존
돼 생태적·학술적 가치가 높게 평가되고 있다.

　특히 마을에서 불과 1km 이내에 위치하고 있음에도 불구하고 과거의 목
축문화 등 다양한 삶의 흔적들을 볼 수 있다. 현재는 곶자왈 지형의 특성을
관찰하고 울창한 산림 속에서 삼림욕을 즐길 수 있도록 탐방로가 개설돼 많
은 사람들이 찾고 있다. 탐방로에는 곶자왈의 보호와 관광객들의 편의를 위

한 나무 데크와 화산송이 길이 번갈아 이어지고 있어 둘러보기에 불편함이 없다.

　탐방로를 걷다 보면 가장 많이 보이는 동물이 소다. 인접한 목장에서 키우는 소들이 곶자왈 안으로 들어온 것인데, 예로부터 곶자왈은 소를 키우기에 안성맞춤이었다. 특히 겨울철 야산에 방목하던 소들을 곶자왈에 데려오면 사시사철 먹이가 풍부할 뿐만 아니라 무엇보다도 제주의 칼바람을 막아주었기 때문에 선호했다. 곶자왈에서 키우는 소를 달리 '곶쇠'라 부르기도 했다.

　산책로 곳곳에서는 이곳을 삶의 터전으로 삼고 살아가는 노루를 볼 수 있는데 사람들을 자주 접해서인지 가까이 지나가도 달아나지 않는다. 그야말로 살아있는 생태교육 장소로 모자람이 없다.

　노루의 경우 도로 개설과 각종 개발사업 등으로 예전보다 많이 줄어들었지만 화순곶자왈에서는 심심치 않게 볼 수 있다. 노루와 관련하여 불편한 이

야기 하나. 지난 2013년 노루에 의한 농작물 피해를 호소하는 농민들의 입장을 고려하여 제주도 당국에서 유해조류로 지정할 때의 일이다. 이곳 지역구 출신 도의원이 방송토론에 출연해 "노루가 얼마나 많은지 아느냐? 우리 마을에 가면 면사무소 마당에까지 노루가 출몰한다."라며 유해조수 지정 필요성을 강변했다. 곶자왈 한가운데 면사무소를 짓고는 노루가 출몰한다고 주장했던 것. 사정을 모르는 시청자들은 그의 말에 동의할 수밖에 없었고, 결국 노루는 유해조수로 지정된다. 노루가 인간의 영역을 침범한 것이 아니라 인간이 노루의 영역에 침범하고는 그 책임을 노루에게 뒤집어씌운 셈이다.

화순곶자왈은 도로 개설 등으로 인해 크게 세 부분으로 나뉜다. 먼저 자원

446

에너지운영센터를 출발해 번내골태양광발전소, 쇠물통 등을 거치는 목장산 책길 600m, 도로를 바로 건너 1.7km 거리의 숲길, 그리고 그 너머에는 제주 조각공원 주차장으로 연결되는 1.8km 탐방로가 계속된다. 이 중 탐방객들이 즐겨 찾는 곳은 두 번째 구간이다.

탐방로에는 심한 경사가 거의 없어 노약자도 큰 무리 없이 걸을 수 있을 뿐만 아니라 순환길은 넉넉잡아 1시간, 전체를 걷더라도 2시간 내외면 충분하다. 탐방로 주변에는 잣성 등 다양한 목축문화뿐만 아니라 숯을 만들었던 흔적들, 심지어는 일본군 진지도 있는데 이곳에는 막사터, 취사시설, 참호, 텃밭, 무기저장고로 추정되는 시설 등이 남아있다.

화순곶자왈은 울창한 숲이 바람을 막아주고 높은 습도로 연중 푸른 식물들이 자라 먹이가 풍부하기 때문에 소와 말을 키우는 목장으로 활용해 왔다. 곶자왈지대가 왕성한 생명의 복원력을 갖는 것은 적절한 수분의 보존과 지

열의 영향 때문이다. 땅이 숨을 쉬듯 곶자왈 지대는 바위와 바위 사이에 물이 스며들어 수분을 함유하고 지열을 보존해 겨울에도 양치류를 비롯한 식물들이 자라는 데 적합하다.

탐방로를 걷다 보면 과거부터 이어진 지질의 변천과정이나 화산활동의 잔해를 엿볼 수 있다. 현무암과 용암석이 놓인 공간, 넝쿨과 양치류 식물이 계절을 잊고 자생하는 모습, 다양한 식물들이 공존하는 모습은 신비와 감동을 안겨준다.

탐방로 곳곳에 마련된 전망대나 벤치에 앉아 숲에서 뿜어져 나오는 맑은 공기와 숲의 향기, 피톤치드를 느끼며 명상의 시간을 보내면 자아를 발견하는 기회가 될 것이다.

2013. 11. 17.

섬 속의
섬

보리 익어가는
가파도

요즘 가파도는 온통 황금빛 물결이다. 불과 며칠 전만 하더라도 푸름을 간직했던 보리가 누렇게 익어가고 있다. 18만여 평의 너른 들판을 배경으로 펼쳐지는 보리밭이 장관이다. 완만한 섬의 지형 때문에 별다른 볼거리가 없던 가파도는 보리밭으로 유명해졌다고 해도 과언이 아니다. 2009년부터 청보리축제가 열려 수많은 관광객들이 청보리밭 사이로 이어진 오솔길을 걸으며 마음의 여유를 찾는다.

가파도는 모슬포항에서 5.5km 거리에 위치한 섬으로, 주민들의 주업은 어업이다. 국토 최남단 마라도로 가는 길목, 배를 타고 가다 보면 파도에 섬이 휩쓸릴 것만 같은 섬이 곧 가파도다. 실제로 가파도라는 이름 역시 파도와 깊은 연관을 맺고 있다. 당초 이 섬의 이름은 '더우섬'이라 했는데, 이는 '더누섬'의 변형으로 파도에 파도가 더해진다는 의미라고 한다. 한자로는 파도가 덮친다는 의미인 개파도蓋波島라 표기했다가 훗날 가파도加波島로 바뀌었다.

452

　사람이 살기 전 이곳은 목장으로 먼저 이용됐었다. 가파도에 대한 역사기록을 보면 1491년 《성종실록》에 이곳에서 세 마리의 좋은 말이 배출되었다는 기록이 있다. 또한 1530년 《신증동국여지승람》에 목장 설치에 대한 내용이, 1780년 《제주읍지》에 가파도 별둔장을 설치, 소 103두를 기르는데 목자 8명이 관리했다는 내용이, 1793년 《제주대정정의읍지》에 이곳에서 소 75마리를 기르고 있다는 내용이 소개되고 있다.

　하지만 1840년에 영국 배 2척이 이곳에 정박, 포를 쏘고 소를 약탈하는 사건이 발생하자 그 후 목장을 폐쇄하고 개경을 허락하면서 사람이 이주하기 시작했다. 가파도 개경 기념비에 의하면 1842년 개경을 허가받아 상·하모슬리 주민들이 왕래하면서 개간 경작하기 시작한 이후 1863년 이 섬에 소와

쟁기로 밭을 가는 영농법이 도입되면서 주민이 살기 시작했다고 소개하고 있다.

현재는 상동과 하동 두 개의 마을에 300여 명의 주민이 거주하고 있는데, 섬의 면적은 0.87㎢, 해안선 길이가 4.2km이다. 경지 면적을 보면 논은 아예 없고 밭 67.4ha, 임야 153.5ha이다. 주요 농산물은 고구마와 보리인데, 가파도에서의 보리농사는 식량 확보를 위한 수단이기도 했다.

지금은 청보리축제가 열리며 많은 이들이 찾는 섬이지만, 예전에는 청보리 들판을 제외하고는 별다른 볼거리가 없기에 제주도의 다른 섬들과 달리 개발의 손길이 크게 닿지 않았다. 가파도 올레길이 2010년 3월 첫선을 보였다지만 청보리축제 기간이 아니면 찾는 이들이 많지 않다. 때문에 휴식이 필

요한 올레꾼들에게 섬이 주는 여유로움과 느긋함을 만끽할 수 있는 '휴休의 길'로 통한다. 걷기 위한 길이라기보다는 휴식의 의미를 되새기는 길이다.

제주도의 곳곳이 개발바람 앞에서 원형을 잃어가고 있기에 가파도는 더욱 특별한 의미로 다가온다. 최근에는 탄소제로의 섬, 지속가능한 녹색 섬으로서 그 위상을 드높이고 있다. 실제로 2010년 7월에는 행정안전부에서 추진하는 '누구나 가고 싶고 찾고 싶은 명품 섬 베스트 10'에 선정되기도 했다. 지자체 공모를 통해 7개 시·도에서 추천된 25개 섬을 대상으로 핵심테마의 독창성과 지역경제의 파급효과 등을 심사한 결과여서 가파도가 자연과 인간이 조화로운 친환경 명품 섬임을 확인한 것이다.

여타의 섬들이 관광객들로 북적이며 섬 고유의 모습이 많이 사라졌다고 안타까워하는 이들에게 가파도는 자기만의 휴식을 취하기에 더할 나위 없이 좋은 섬이다. 그것도 청보리축제 탐방객으로 혼잡한 4월보다는 한적함을 주는 요즘이 제격이라 할 수 있다.

2017. 5. 19.

천년의 섬,
비양도

제주도의 화산분출을 기록한 최초의 문헌은 《고려사절요》다. 고려 목종 5년^{1002년} 5월 "탐라의 산이 네 곳에 구멍이 열리어 붉은색 물이 솟아 나오기를 5일 만에 그쳤는데 그 물이 모두 와석이 되었다.^{耽羅山 開四孔 赤水湧出 五日而止 其水皆成瓦石}"라는 기록이다.

이어 목종 10년인 1007년에도 《고려사》와 《고려사절요》에 화산분출에 대한 기록이 나온다. "탐라에서 상서로운 산^{瑞山}이 솟아났다 하므로 태학박사 전공지^{田拱之}를 보내어 가서 보게 했다. 탐라 사람들이 말하기를 '산이 처음 솟아나올 때는 구름과 안개로 어두컴컴하고 땅이 진동하는데 우레 소리 같았고 무릇 7주야를 하더니 비로소 구름과 안개가 걷히었습니다. 산의 높이는 백여 길이나 되고 주위는 40여 리나 되었으며 초목은 없고 연기가 산 위에 덮여 있어 이를 바라보니 석류황^{石硫黃}과 같으므로 사람들이 두려워하여 감히 가까이 갈 수 없었습니다.'라 하였다. 전공지가 몸소 산 밑에까지 이르공중에서 본 비양도.

러 그 모양새를 그려서 바쳤다."라고 기록돼 있다. 이를 서산도 또는 탐라화산도라고 부른다.

제주도에서의 화산활동에 대한 기록이 남아있는 문헌은 《고려사》와 《고려사절요》, 《신증동국여지승람》 등이 있는데 거의 대부분이 대동소이하다. 그런데 《신증동국여지승람》에는 약간의 차이가 있다. 먼저 1002년의 기록에서 탐라산^{耽羅山} 대신 "바다에서 산이 솟아났다. ^{山有湧海中}"라고 표기되고 1007년의 기록에는 뒷부분에 서산의 위치가 나오는데 "지금의 대정현에 속한다. ^{今屬大靜}"라 돼 있다.

1000년 전 화산활동으로 생겨난 곳이 어디냐를 말할 때 학자마다 약간의 차이가 나는 이유가 여기에 있다. 즉 앞서 《고려사》와 《고려사절요》의 기록에서는 장소 설명이 없지만 《신증동국여지승람》의 기록을 따르면 두 번의 화산활동 모두 바다에서의 용암분출을 의미하고, 그로 인해 섬이 생겨난 것이라 유추 해석하게 된다.

먼저 김상헌은 1601년의 기록인 《남사록》에서 "고려 목종 16년 탐라의 해중에서 섬이 용출하였다고 했는데 곧 비양도라고 한다."라는 기록을 남겨 연대 표기가 잘못돼 있다. 이어 1679년 대정현감으로 왔던 김성구는 《남천록》에서 1007년의 기록을 소개하고 있는데 서산^{瑞山}을

비양도 천년 기념비.

비양도 펄낭.

소개하며 《신증동국여지승람》의 내용을 인용하고 있다.

김성구 현감은 1007년의 화산분출을 "여지지에 지금의 대정현에 속한다."라고 기록돼 있는 점을 들어 가파도蓋波島라 여겼다. 더 나아가 그 근거까지 제시하고 있는데 둘레가 40여 리라는 섬의 면적을 감안하면 우도와 가파도밖에 없고 대정현에 속한다면 당연히 가파도라는 것이다.

이어 1918년 김석익은 《탐라기년》에서 《고려사절요》의 기록을 그대로 인용하고 있고 일본인 지질학자인 나까무라中村는 《제주화산도 잡기》雜記, 1925년에서 1002년의 화산분출은 비양도, 1007년은 안덕면 군산으로 추정하고 있다. 《고려사절요》와 《신증동국여지승람》 두 문헌 중 어느 것을 인용하느냐

화산쇄설물(위), 애기업은 돌(우).

에 따라 이렇듯 달라지는 것이다.

　역사문헌과 달리 제주도의 설화에서는 이 문제에 대해 어떻게 접근하는지 알아보자. 한림읍 협재리의 임산부가 어느 날 바다를 보니 없던 섬이 떠내려 오고 있어 "섬이 떠내려 온다."라고 소리치자 섬이 그 자리에 멈춰 굳어졌다고 말한다. 화산의 폭발에 의한 해일이 발생했다는 이야기도 전해진다. 비양도가 지적인 한림읍 한림리와 금릉리, 애월읍 곽지리 등에서 전해 오는 이야기에 의하면 비양도가 생겨날 때 해일이 일어 마을을 뒤덮었고, 당시 폐허가 되어 없어진 마을까지 발생했다고 한다. 이미 1000년 전에 쓰나미에 의한 피해가 발생했다는 이야기다.

화산활동과 관련하여 지난 2002년 비양도에서는 탄생 천년 행사가 논란 속에 열리기도 했다. 비양도에서 신석기시대와 탐라시대의 토기, 즉 선사시대부터 사람들이 주거했던 흔적이 발견됐기 때문이다. 2003년 제주도민속자연사박물관 조사에 의하면 섬의 북서쪽 전경초소 인근에서 길이 1~2cm, 두께 0.8cm의 작은 신석기시대 토기파편 2점이 확인됐다. '압날점렬토기'로 4000~5000년 전 유물에 해당한다.

탐라시대 전기^{서기1~500년} 토기는 포구와 보건진료소 인근에서 집중적으로 발견되는데, 곽지리식 토기와 함께 석기 1점도 확인됐다. 하지만 유적의 분포범위가 작고 수량도 소수인 점을 감안하면 일시적인 거주 공간으로 이용됐던 것으로 추정하고 있다. 지질학자들이 추정하는 비양도의 나이는 3만 년 전후이다.

비양도와 관련한 기록으로는 화산활동 외에 군사적 요충지로서의 내용도 보인다. 《고려사》1454년 기록에 김방경의 좌군이 전함 30척을 끌고 비양도로부터 적삼별초들의 보루로 직접 공격했다는 기록과 함께 《신증동국여지승람》에 비양도에 양을 기르는 목장이 있다는 기록도 보인다.

조선시대에는 비양도 안에 전죽이 잘 자라 매년 수천 다발을 잘라내는데 고죽이라 한다는 기록이 《지영록》이익태. 1600년대과 《남사록》김상헌. 1653년, 《탐라지》이원진 등에 언급되고 있다. 《탐라순력도》1702년에는 사슴을 생포하여 비양도에 방사했다는 기록이 그림과 함께 전해지고 있다.

2017. 10. 7.

소의 섬,
우도

제주의 동쪽 끝 성산포항에서 3.5km 떨어져 있는 우도는 오른쪽이 약간 높고 왼쪽으로 서서히 낮아지는 모습을 하고 있다. 오른쪽의 높은 부분은 쇠머리오름으로, 그 지질을 보면 응회구이며 왼쪽의 낮은 지대는 현무암이 덮고 있다. 즉 우도는 응회구와 분화구 중심부에 해당하는 분석구, 그리고 이를 덮고 있는 현무암으로 이루어진 섬이다.

우도에 사람들이 정착하여 살기 시작한 것은 조선조 헌종 9년¹⁸⁴³경부터다. 물론 그 이전에 사람들의 왕래가 없었던 것은 아니다. 우도에서 생산되는 해산물을 캐기 위해, 그리고 숙종 23년¹⁶⁷⁹ 이후 목장이 설치되면서부터는 국마를 관리, 사육하기 위하여 사람들의 왕래가 빈번했다.

순조 23년¹⁸²³부터 제주 백성들이 계속하여 우도의 개간을 조정에 요청하게 되었고 헌종 8년에는 이를 승인받게 된다. 그러나 사람들이 우도에 들어가 땅을 개간하기 시작한 것은 그간 우도에서 방목하던 마필을 다른 목장으

로 반출한 이후인 헌종 9년 봄부터다.

하지만 그 이전에도 사람이 살았던 흔적은 곳곳에서 나타난다. 고인돌과 패총 등 곳곳에서 나타나는 선사유적지가 그것이다. 이러한 선사유적지 외에도 갈대화석이 출토되어 눈길을 끌기도 했다. 또 조선 후기에는 왜구가 출몰해 이곳에 상륙했었다는 이야기도 많이 전해지고 있다.

우도에는 상우목동, 하우목동, 중앙동으로 이루어진 서광리와 서천진동, 동천진동으로 이루어진 천진리, 비양동, 영일동으로 이루어진 조일리, 전흘동, 주흥동, 삼양동, 상고수동, 하고수동 등으로 이루어진 오봉리가 있다. 4개 리, 12개 자연마을로 이루어진 셈이다. 여기에 699세대, 1,600여 명이 거주하는데, 제주의 부속도서 중 제일 큰 섬이다. 주요 특산물로는 땅콩을 비롯해 전복, 오분자기, 소라, 돌미역, 우뭇가사리, 마늘 모자반 등이 있다.

우도의 주요 관광지로는 우도팔경을 비롯해 2개의 해수욕장이 있고 우도

소라축제와 동굴음악회, 거욱대와 신당 등의 볼거리가 있다. 2009년부터 시
작된 우도 소라축제는 동천진항 야외공연장 주변에서 진행되는데 스쿠버체
험, 선상낚시, 해녀체험 등의 체험프로그램과 수산물 구워 먹기 코너 등의
먹거리 행사, 노래자랑, 공연, 불꽃놀이 등의 다양한 볼거리 프로그램이 부
대행사로 진행된다.

　우도의 대표적 볼거리인 우도팔경은 주간명월을 비롯해 야항어범, 천진관
산, 지두청사, 전포망도, 후해석벽, 동안경굴, 서빈백사 등이다.

　제1경인 주간명월畫間明月은 한낮에 동굴 속에서 달을 본다는 뜻이다. 섬 남
쪽 어귀의 '광대코지[岬]'로 불리는 암벽 주위 해식동굴에 맑고 바람이 잔잔한
날 오전 10시에서 11시 사이에 태양이 수면에 반사되면서 동굴 천장에 비쳐
마치 둥근 달처럼 보인다는 것이다. 햇빛이 닿는 천장에는 둥그런 무늬가 자
연적으로 새겨져 있는데 이 지점에 햇빛이 비추는 형상이다. 주민들은 이를

그린안이라 한다.

제2경 야항어범^{夜航漁帆}은 밤바다의 고깃배 풍경을 이른다. 여름밤이 되면 고기잡이 어선들이 무리를 지어 우도의 바다를 밝히는데, 마치 바다에서 불꽃놀이를 하는 것처럼 온 세상을 환하게 밝힌다.

제3경 천진관산^{天津觀山}은 우도 도항의 관문인 동천진동에서 바라보는 한라산의 모습으로, 한라산, 성산일출봉, 수산봉^{水山峰}, 지미봉^{地尾峰}이 어우러진 모습이 장관이다.

제4경 지두청사^{指頭青沙}는 '지두의 푸른 모래'라는 뜻으로, 우도봉 정상에서 바라본 모습이다. 녹색의 잔디가 뒤덮인 우도봉과 그 너머의 우도 전경, 맑고 푸른 바다, 하얗게 부서지는 파도가 어우러진 장관을 연출한다.

제5경 전포망도^{前浦望島}는 제주 본섬인 구좌읍 종달리^{終達里}와 우도 사이의 배에서 바라보는 우도의 경관을 말한다. 남북으로 길게 뻗은 우도의 모습이 마치 물 위의 두둑과 같다고 하여 우도를 연평도演坪島라 부르기도 했다.

　제6경 후해석벽後海石壁은 높이 20여m, 폭 30여m의 우도봉 기암절벽을 말하는 것으로, 차곡차곡 석편을 쌓아 올린 듯 가지런하게 단층을 이루는 석벽이 직각의 절벽을 이루고 있는 모습이다.

　제7경 동안경굴東岸鯨窟은 영일동 앞 검은 모래가 펼쳐진 '검멀래' 모래사장 끝 절벽 아래에 위치한 '콧구멍'이라는 동굴이다. 썰물이 되면 걸어서 들어갈 수 있는 2개의 해식동굴로 옛날 고래가 살았다는 전설이 내려온다. 동굴음악회가 열리는 곳이기도 하다.

　제8경 서빈백사西濱白沙는 우도의 서쪽 바닷가에 있는 홍조단괴 해빈을 말한다. 홍조류가 밀려와 형성된 해빈으로, 눈이 부셔 잘 뜨지도 못할 정도로 하얗다 못해 푸른빛이 감돈다. 홍조해빈은 우리나라에서는 이곳이 유일해

2004년 그 가치를 인정받아 천연기념물로 지정 보호되고 있다.

우도는 소의 섬이다. 풍수적으로는 소가 누워있는 형상인 와우형臥牛形이라 한다. 이때 소가 먹을 먹이에 비유되는 성산일출봉이 있기에 설득력을 더한다. 그런데 우도봉으로 인해 영일동과 하고수동 등에서는 일출봉이나 제주 본섬이 보이지 않는다. 대체로 지세가 낮아 허하게 여기고 있는데 여기서 안산과 조산 역할을 해 주어야 할 비양도마저 낮아 그 역할을 제대로 못하고 있다. 강한 살풍을 막기에 한계가 있다고 여겨 방사용 돌탑을 쌓게 되었다는 얘기다. 우도에서도 특히 이 주변 지역에 풍수와 관계된 많은 이야기들이 전해지는 이유이기도 하다.

우도에는 탑이 유난히 많다. 우도에 세워진 안내판에 의하면 우도에는 해안도로를 따라 총 13개소의 방사탑이 2기 1조 형식으로 세워져 있다고 한다. 방사탑을 세운 이유는 재앙을 막기 위한 것이 공통적인데, 다만 하고수동과 상고수동의 경우 음양을 구분하고 있고 동천진동의 경우는 바다경계를 뜻한다고 하여 특이한 양상을 내포하고 있다.

실제 현존하는 탑 외에도 탑이 있었음을 보여주는 지명이 숱하게 많이 전해지는 곳이 우도다. 탑 외에도 망대가 2개가 있는데 답다니탑 망대와 비양동 망대가 그것이다. 제주본섬에 있는 연대와 흡사한 형태를 띠고 있다. 바닷가의 암반 위에 평면사각, 정면 사다리꼴 형태로 이뤄졌는데 넓적한 현무암을 이용하고 있다. 이 망대는 4·3사건 당시 우도 사람들에 의해 만들어졌다.

2019. 7. 4.

대한민국 최남단, 마라도

대한민국 최남단에 위치한 마라도는 서귀포시 대정읍 모슬포항에서 11km 떨어진 북위 33도 07분, 동경 126도 16분에 떠 있는 0.3km²의 조그마한 섬이다. 지형은 거대한 항공모함을 연상케 하는데, 해안을 따라 도는 데 1시간 반이면 충분하다.

국토의 최남단이란 상징성 때문에 매년 국토순례 관광객이 증가하고 있다. 섬의 볼거리로는 가장자리의 가파른 절벽과 기암, 남대문이라 부르는 해식 동굴을 비롯해 최남단비, 할망당, 마라도 등대, 마라분교 등이 있다. 섬 전체에서 갯바위 낚시가 가능한데, 돌돔, 뱅에돔, 다금바리, 벤자리, 놀래기 등이 많이 잡힌다.

현재는 100여 세대에 60여 명의 주민이 어업과 민박업으로 생계를 꾸리고

공중에서 본 마라도.

있지만 130여 년 전만 하더라도 마라도는 철저하게 고립된 섬이었다. 누구든지 이곳을 다녀가면 흉년^{凶年}이 든다고 하여 입도^{入島}를 금지했기 때문에 금^禁섬이라 불리기도 했다. 당시에는 섬 전체가 아름드리나무로 울창한 숲을 이루고 있었는데, 얼마나 큰 나무들이 자랐던지 입도 초기에는 이곳의 나무를 베어 나무절구인 남방아를 만들기도 했고 집의 재목으로, 각종 가구의 재료로 쓰기도 했다고 한다.

마라도에 사람들의 입주가 시작된 것은 1884년으로 기록되고 있다. 그보다 1년 전인 1883년 대정골에 살던 김모 씨가 도박으로 가산을 탕진하고 생활능력이 없어지자 그의 친척들이 의논 끝에 대정현감에게 마라도 개경을 건의했다. 그 건의가 1883년에 제주목사 심현택에 의해 공식적으로 받아들여져 마라도 입도가 시작된 것이다. 개경 허가가 났다는 소식에 모슬포에서 김성종^{金成宗}, 이달선^{李達先}, 나찬석^{羅贊石}, 김우찬^{金友贊}, 김모^{金某} 등이 입도^{入島} 개척에 착수하여 한편 어채^{魚採}도 하면서 정착하기 시작했다.

이들은 농경에 필요한 땅을 마련하고자 숲을 태워 없애고 탄 자리를 일구어 농지로 바꾸어 나갔다. 전하는 말에 의하면 이주민 중 한 사람이 달밤에 퉁소를 불었는데 그 소리를 듣고 수많은 뱀이 몰려왔다고 한다. 놀란 이주민은 그 뱀들을 제거하기 위하여 숲에 불을 질렀는데 석 달 열흘이 지나야 불길이 멎었고 이때 뱀들은 꼬리를 물고

대한민국최남단비.

마라도 아기업개당.

바다를 헤엄쳐 제주도의 동쪽 지방으로 건너갔다고 한다. 그래서인지는 오늘날까지 마라도에는 뱀과 개구리가 없다고 한다.

이보다 앞서 마라도 출입을 금하던 시절, 모슬포의 줌수해녀들이 이 섬에 물질을 하러 왔다. 예전 해녀들은 섬 등 멀리 물질을 나갈 때는 어린 아기도 데리고 다녔는데, 물질을 하는 동안 아기를 돌볼 10여 세의 소녀, 즉 아기업개로 같이 데리고 갔었다. 당시 마라도에 갔던 해녀들도 마찬가지였다. 그런데 양식이 떨어져서 그만 물질을 마치고 모슬포로 돌아가려고 하는데 잔잔하던 바다가 갑자기 거칠어지는 것이었다. 배를 출항하려고 할 때마다 계속

파도가 거칠어져 여러 날 발이 묶이던 어느 날 밤, 가장 나이가 많은 해녀와 선주가 똑같은 꿈을 꾸게 되는데, 아기업개를 두고 가지 않으면 무사하지 못할 것이라는 내용이었다.

다음 날 배가 출발하려 하자 또다시 폭풍우가 몰아쳤고, 어쩔 수 없이 꿈의 계시를 따르기로 했다. 아기업개에게 섬에 놔두고 온 기저귀를 가져오라고 시켜 소녀가 배에서 내리자 그 사이 떠나버린 것이다. 배는 무사했으나 그 처녀는 애절하게 주인을 부르다 지쳐 그 자리에서 죽었다. 그 후 사람들은 무서워 한동안 마라도에 가지 않다가 3년이 지난 후에야 가서 그 처녀의 앙상한 시신을 거두고는 그 자리에 당을 만들어 애절한 넋을 위로하기 시작했다. 아기업개당, 처녀당, 할망당 등으로 불리는 이 당에서 주민들은 지금도 매년 제사를 지내며 마을과 가족의 안녕을 빌고 있다.

마라도에는 할망당 외에도 주민들이 신성하게 여기는 곳이 있는데 최남단

에 위치한 장군바위다. 바위의 형태가 장군처럼 생겨 불리게 된 이름으로, 이 바위에 올라가면 파도가 세진다고 하여 올라가는 것을 금하고 있다. 장군바위 옆에는 예전의 최남단 표석이 있고, 그 인근에 예전 일본인들이 신사참배를 위해 세웠던 비가 있었는데 마을 청년들에 의해 철거됐다.

한편 마라도 등대는 1915년 3월에 아세찌링 가스를 이용한 무인등대로 불을 밝힌 이래 1955년 5월 유인등대로 변경되어 오늘에 이르고 있다. 10초마다 약 1만 5,000촉광의 강한 빛줄기가 사방을 비추며 돌아가는데, 이 빛은 약 21마일까지 도달해 인근을 지나는 배들에게 이정표 역할을 한다.

바다로 둘러싸인 마라도에는 많은 톳이 생산된다. 그런데 섬의 북쪽 바다밭은 가파른 절벽이 없어 톳을 채취하기에 좋지만, 그 외의 지역은 위험하다. 이러한 자연환경에서 살아온 마라도 주민들은 이곳에서만 전하는 아름다운 풍습을 남기고 있는데, 바로 할망바당과 선생님바당이다.

할망바당은 안전하게 톳을 채취할 수 있는 지역으로, 북쪽의 속칭 섬비물에서 알살레덕까지의 구간이다. 나이가 들어 물질이 어려운 할머니 해녀들에게 이곳을 양보하고, 젊은 해녀들은 그 외의 지역에서 톳을 채취했다. 할망바당의 관행은 1985년부터 시작돼 10여 년간 이어져 오다 점차 사그라져 지금은 바다밭 이름으로만 전해지고 있다. 멀리서 섬을 찾아와 학생들을 가르치던 선생님들을 위해 해산물을 캐던 선생님바당 역시 마라도 주민들의 훈훈한 정을 느끼게 해 준다.

2019. 8. 16.

서귀포의
섬, 섬, 섬

섶섬

　　　　　행정구역상 서귀포시 보목동 산1번지로 면적 142,612m²인 섶섬森島은 보목동 해안에서 450m 떨어져 있는 155m 높이의 조그마한 섬이다. 수직으로 된 주상절리가 잘 발달한 조면암질안산암으로 이루어진 섶섬은 해저에서 화산폭발에 의해 만들어진 후 지반 융기로 떠올라 오늘날의 섬이 된 것으로 지질학계에서는 추정하고 있다. 특히 섶섬 북사면의 해발고도 120m 지점에 있는 두 개의 해식동굴은 최소한 이 부분이 상당 기간 동안 해수면에 있었다는 사실을 보여주는 사례로 꼽히기도 한다. 굴의 깊이가 서쪽의 것은 2.15m로 미약하나 동쪽의 동굴은 9.7m에 달해 오랜 세월 동안 해수면에 있었다는 것이다. 지반 융기로 적어도 100m 이상 해수면에서 높아졌다고 볼 수 있다.

섶섬.

　지난 1990년에 학자들이 조사한 바에 따르면 섶섬에는 목본 36종과 초본 32종 등 68종 157종류의 식물이 자라고 있는 것으로 밝혀졌다. 구실잣밤나무, 담팔수나무 등이 많이 분포한 상록활엽수림과 우묵사스레피, 밀사초, 해국, 원추리 등이 주로 나타나는 해안 암벽식물 군락으로 나뉜다.

　섶섬은 특히 양치식물 중 꼬리고사리과에 속하는 파초일엽의 자생지로 천연기념물 제18호로 지정, 보호되고 있다. 또한 제주도가 북방한계지인 솔잎난과 높이 14m에 둘레가 6m에 달하는 구실잣밤나무, 높이 15m의 담팔수나무가 서식하고 있는 것이 확인돼 관심을 끌기도 했다. 한국에서 유일한 자생지인 홍굴의 서식 상태에 대한 논란을 빚기도 하는 등 섶섬은 난대성 식물의 집합지로 학계의 관심 지역이다.

　섶섬은 1962년 파초일엽 자생지라는 이유로 천연기념물로 지정되었다. 하지만 20여 년이 지난 80년대 중반, 섶섬에서는 파초일엽을 찾아볼 수 없다는

주장이 제기되고, 1988년 자생지가 확인되지 않은 파초일엽 50본이 한국자연보존협의회에 의해 복원되기에 이른다. 그 결과 1997~98년 섶섬에서 자라고 있는 파초일엽 15그루를 대상으로 DNA 조사를 한 결과 과반수가 일본과 대만이 원산지인 외래종으로 밝혀져 충격을 주기에 이른다. 급기야 2009년에는 섶섬에서 자생하는 파초일엽은 이미 없다는 발표가 나오기까지 했다. 절종종絶種種, 즉 이미 사라졌다는 말이다.

  충격은 여기에서 끝나지 않는다. 행정당국에서는 섶섬을 천연기념물로 지정하고, 환경부에서는 파초일엽을 보호야생식물로 지정만 했을 뿐 별다른 보호조치를 취하지 않아, 2000년 2월 섶섬의 정상부에서 산불이 발생하는

불상사가 빚어지기도 했다.

섶섬이 북방한계지인 파초일엽은 넓고사리라고도 불리는데 화석시대부터 3억 5천만 년 가까이 온갖 악조건을 이겨내면서 생명을 이어 온 식물이다. 늘 푸른 여러해살이풀로 숲속 바위틈에 자라는데 요즘에는 관상가치가 높아 가정에서 화분에 관상용으로 많이 키우고 있다. 섶섬을 비롯하여 일본의 남부와 류큐 및 대만에 분포하고 있다.

섶섬은 모밀잣밤나무와 담팔수 등을 포함한 상록활엽수가 우거져 각종 양치식물이 자랄 수 있는 훌륭한 환경을 조성하고 있는 곳이다. 따라서 솔잎난, 지느러미고사리, 손고비 및 검정비늘고사리 등 다른 곳에서는 보기 힘든 종류들이 파초일엽과 같이 자라고 있다. 예전에는 화살을 만드는 대나무가 많이 생산되었다고도 한다.

전설에 의하면 아주 오랜 옛날 섶섬에는 용이 되고자 노력하는 뱀이 살고 있었다고 한다. 용이 되기 위해 정성껏 기도를 계속하자 용왕은 그 정성에 감복하여 섶섬 앞바다에 숨겨져 있는 구슬을 찾으면 용이 되게 해 주겠다고 약속했다. 뱀은 백년 동안이나 온 바다를 뒤졌으나 찾지 못하고 결국은 한을 안은 채 죽고 말았다. 오늘날 섶섬 앞바다는 안개가 자주 끼는데 이는 용이 되어 승천하지 못한 뱀의 한이 나타나는 것이라 사람들은 전하고 있다.

문섬

문섬은 과거에는 아무것도 자라지 않는 민둥섬이라는 의미의 '믠섬'에서 음이 변하여 오늘날 문섬으로 불리게 됐다고 한다. 실제로 1696년 9월 19일 이곳을 찾았던 제주목사 이익태는 "섬에 도착해 보니 섬은 하나의 거대한 돌 봉우리였다. 온통 하얀데 마치 눈과 같고 섬 위에 붙은 나무 등 향기나는 풀들이 사시사철 봄처럼 자라고 있다."라고 표현하고 있다.

섬의 형상과 관련해서도 "암석 형상이 용이 누운 듯 혹은 짐승의 발자국처럼 하여 서로 무늬를 이루었고, 섬 중간 지점에는 바위들의 넓기가 수 칸짜리 방만큼 하며 혹 작은 것은 벌집과도 같은데 바위들이 마치 벽에 분칠한 것 같았다. 벼랑에 올라앉으니 마치 온돌방 같은데 바다와 하늘이 한 색을 이루어 마치 조각배를 타고 은하수를 건너가는 듯한 황홀한 느낌을 받았다."라고 표현하고 있다.

문섬의 전체 모양은 긴 타원형에 60~100%의 급경사를 이루는 단사면의 구조를 하고 있다. 섬 전체가 수직으로 된 주상절리가 잘 발달된 조면암질 안산암으로 이루어져 있으나 서쪽에서 남서쪽에 이르는 지역은 15~20%의 각도를 이루며 누워 있는 주상절리층이 있다. 섬 주위는 해안선을 따라 1.5~ 2m의 파식대가 발달하고 있으며, 특히 남쪽 해안의 만을 이루는 지역에 분 포한 장폭 21.65m의 파식대는 평균 폭이 10~15m이고 길이가 80m여서 제 주도에서는 가장 넓다.

　문섬의 생물상은 육상식물이 118종으로 그중에는 제주도에만 자생하는 보리밥나무와 보리수나무의 잡종식물인 큰보리장나무 *Elaeagnus submacrophylla Servett.* 군락이 자라고 있으며, 녹나무과의 상록활엽수인 후박나무 *Machilus thunbergii* 도 생육한다.

　제주 본섬과 가까이 있기에 사람들의 접근이 쉬워, 크지 않은 무인도임에

문섬.

도 불구하고 섬을 둘러가며 주요 지점마다 각기 지명을 갖고 있다. 섯모, 황개창, 너븐덕, 물가는코지, 괴기덕, 갓다리코지, 세멘돌앞 등이 그것이다. 섯모는 섬의 서쪽에 모가 진 곳이라는 뜻으로, 문섬으로 상륙할 때 이용되는 지점이다. 경사가 완만하기에 섬에 오르기에 안성맞춤인데 문화재로 지정·보호되고 있어 낚시를 제외한 목적의 섬 상륙은 금지돼 있다.

황개창은 섯모 북쪽으로 암벽이 누런색으로 된 개창, 즉 작은 포구라는 뜻이다. 문섬 동쪽의 너븐덕은 넓은 바위를 말하는 제주어로 낚시꾼들이 가장 선호하는 곳이다. 너븐덕 만 쪽에 위치한 물가는코지는 서귀포 앞바다에서 가장 물살이 급하기 때문에 불리게 된 이름으로 역시 낚시꾼들이 선호한다. 물가는코지 남쪽의 괴기덕은 고기가 잘 잡히기 때문에 불리는 이름으로 물

살이 급하다. 괴기덕 서쪽의 갓다리코지는 문섬의 암벽 중 가장 아름다운 곳으로 마치 공작새가 꼬리를 편 모양이라 하여 공작바위라고도 부른다. 문섬 남쪽 해안에 위치한 세멘돌앞은 해안에 시멘트를 바른 흔적이 있기 때문에 불리게 된 이름으로, 해녀들이 즐겨 부른다.

범섬

서귀포의 경관은 뒤로는 한라산의 웅장한 자태가 버티고 있고 앞으로는 한 없이 펼쳐지는 바다와 어우러져 장관을 연출한다. 그리고 그 바다의 중심에 범섬이 있다. 바다 멀리에서 바라보면 마치 큰 호랑이가 웅크리고 앉아 있는 모습과 같다 하여 불리게 된 이름, 범섬. 범섬은 21세기 대양으로 뻗어 나가는 우리나라의 기상을 느끼게 하는 곳이기도 하다.

지난 2000년 7월 문화재청에서는 범섬의 다양한 식생과 주변 경관을 높이 평가해 바로 동쪽의 문섬과 함께 천연기념물 제421호로 지정 보호하고 있다. 천연기념물 지정 당시의 문화재청 자료에 의하면 범섬에는 총 142종의 식물이 자라는 것으로 보고되고 있다. 특히 거문도와 한경면 용수리에서만 자생하는 것으로 알려진 물푸레나무과의 박달목서가 자생하고 있어 관심을 끌기도 했다.

이 밖에도 구실잣밤나무를 비롯하여 종가시나무, 참식나무, 후박나무, 사철나무, 동백나무 등이 자라고 정상부의 초지대에는 참억새, 멍석딸기, 병

━━━
범섬.

풀, 잔대 등이 자생한다. 해안에는 녹조류 13종을 비롯하여 갈조류 32종, 홍조류 66종의 해조류가 자라고 있는데 조사 당시 주름잎모자반 등 다수의 신종, 미기록종이 발견돼 앞으로의 학술조사 필요성을 제기하고 있다.

범섬의 소중함은 여기에서 끝나지 않는다. 범섬 주변에서 발견된 해면동물 13종 중 2종이 한국 미기록종이고 이매패류 12종 중 3종, 갑각류 23종 중 8종이 한국에서 처음으로 발견된 것이다. 그야말로 자연생태계의 보고라 하기에 부족함이 없다. 또한 천연기념물 제215호인 흑비둘기가 번식하고 있고 참매, 조롱이 등 30여 종의 귀한 새들이 이곳을 삶의 터전으로 하여 살아가고 있다.

섬의 형상은 수직에 가까운 절벽으로 형성돼 있는데 가장 완만한 곳이 60도 정도이고 심한 곳은 수직인 급경사로 이루어져 있다. 정상부는 비교적 넓은 평지를 이루고 있는데 남쪽 가장자리에 '애기물'이라 불리는 용천수가 있다. 이 물이 있기에 예전에는 방목과 함께 고구마 등의 농사를 짓기도 했다.

범섬의 형성과 관련하여 지질학자들은 제주도의 형성과정 중 한라산체가 형성되기 전 단계로 제주도의 높이가 수백m의 편평한 순상형이던 시기에 산방산, 범섬, 문섬, 섶섬 등 윗부분이 둥근 용암돔Lava dome이 만들어진 것으로 보고 있다. 이후 제주도의 중앙에 해당하는 지금의 백록담 주변에서 화산활동이 일어나는데 마그마의 상승과정에서 섬 전체를 융기시켰다는 것이다. 범섬의 중앙부 평지에 있는 암반 위나 암벽을 살펴보면 해식흔적이 나타나고 있는데, 서서히 분출하면서 올라왔거나 융기하여 오늘날과 같은 섬을 이룬 것으로 학자들은 추측하고 있다.

범섬의 서해안에는 폭 1~1.5m의 파식대가 100m 이상 길게 발달해 있다. 파식대란 파랑의 침식작용인 파식波蝕에 의해 형성되는 평평한 침식면을 가리키는 말이다. 또 범섬에는 남동 해안과 남서 해안에 각각 해식동굴이 있고 북동 해안에도 두 개의 해식동굴이 있다. 범섬 북쪽에 위치한 두 개의 해식

동굴이 콧구멍이고, 섬 남쪽에 있는 것이 큰항문이도, 범섬 서쪽에 있는 것이 조근항문이도다. 높은 곳은 30m에 달하고 깊이도 최고 50m에 달하는 이 해식동굴들은 6각 또는 8각형의 주상절리를 쉽게 관찰할 수 있는 곳이기도 하다. 지금 유람선을 타고 범섬을 찾는 관광객들에게 가장 눈길을 끄는 곳이 이 해식동굴들이다. 동굴 안에서 위를 올려다보면 공포감마저 느끼게 된다.

역사적으로는 고려 말 1374년 원나라의 목자들이 제주도에서 반란을 일으키자 명장인 최영 장군이 이를 토벌하기 위해 병선 314척에 25,605명의 병사를 이끌고 와서 최후의 격전을 벌인 곳이 또한 범섬이다. 싸움에 패한 반란군들이 범섬으로 도망치자 범섬을 포위한 후 이들을 섬멸, 102년에 걸친 몽고 지배를 종식시킨 유서 깊은 독립운동의 현장이 범섬인 것이다.

1804년에는 당시 법환마을에 살던 신대수라는 사람이 현청의 상륙허가를 받아 이주하면서 사람이 살기 시작했으나, 2가구 이상 모여 살게 되면 이웃

간에 불화가 발생했다고 한다. 당시 거주민들은 섬을 개간하여 보리와 고구마 등을 심고 가축을 방목하며 생활했다. 1955년까지 사람들이 거주했다. 당시 범섬에 상륙하던 옛길로 대정질과 정의질이 있는데 대정현 사람들이 이용했던 길을 대정질, 정의현 사람들이 다니던 길을 정의질이라 한다.

범섬과 관련된 전설로는 옛날 한 사냥꾼이 한라산으로 사냥을 갔다가 화살을 쏜다는 것이 잘못하여 옥황상제의 배를 건드리게 됐고, 이에 화가 난 옥황상제가 노하여 한라산의 봉우리를 뽑아 던진 것이 오늘날의 섬이 되었다는 이야기가 있다. 또 한라산과 제주를 만든 거대한 여신인 설문대할망과 관련된 전설도 전해지는데, 설문대할망의 몸집이 얼마나 컸는지 잠을 잘 때 백록담을 베개 삼아 누우면 고근산에 허리가, 뻗은 발은 범섬에 닿았다고 한다. 콧구멍이라 불리는 해식동굴도 원래는 설문대할망의 발가락이 닿아 생겨났다고 전한다.

2010. 11. 13.

추자군도의
섬들

비행기나 배를 타고 여행을 하다 망망대해 너머 보이는 섬은 반갑기 그지없다. 제주도로 가는 길도 마찬가지다. 남해안을 벗어나면 한동안 망망대해가 펼쳐지는데 그다음에 보이는 섬들이 반갑게 다가온다. 바로 추자군도다. 추자군도는 4개의 유인도와 42개의 무인도로 이루어져 있다. 이들 중 4개의 무인도는 지난 2009년 국토해양부에서 시행한 제주특별자치도 무인도서 실태조사 및 관리유형 지정방안 마련 연구용역을 통해 새롭게 섬으로 인정된 곳이다. 미등록 도서 조사에는 국토해양부의 위성영상사진과 지적도면 전산자료 등이 활용되는데, 소형 섬이 지적공부에 등재되기 위해서는 최대 만조가 될 때 육지 면적이 1m² 이상 유지돼야 하고 식물이 서식해야 한다. 앞으로도 추가될 가능성이 있다는 얘기다.

추자군도의 중심지인 상추자도는 제주시로부터 28마일, 전남 목포로부터는 58마일 떨어져 있는 중간해상에 위치하고 있다. 이러한 이유로 인해 그

상추자도.

소속도 전라도와 제주도를 넘나들었다. 조선 후기까지는 영암군에, 1896년
에는 완도군에 속했다가 1910년 이후 제주도로 편입돼 오늘에 이르고 있다.
추자면의 행정중심지는 상추자도다.

예로부터 제주와 육지부를 드나들던 배들이 바람을 피해 쉬어 갔다는 의
미에서 후풍도候風島라 불렀다. 고려 말인 1271년 삼별초가 제주도에 주둔하
며 몽골에 항거할 때 이를 토벌하기 위해 출동했던 고려의 장수 김방경과 몽
골의 혼도가 바람을 피해 잠시 피했다는 곳이 이곳 추자도인데, 이때부터 후
풍도라 부르게 됐다는 기록이 《신증동국여지승람》에 나온다.

이곳은 당포라 불리던 현재의 추자항을 비롯하여 섬의 서쪽에 위치한 후
포 등 천혜의 항만 여건을 갖추고 있어 예전부터 배가 드나드는 추자도의 중
심지였다. 고려 말의 최영 장군과 1602년 제주도로 향하던 김상헌도 이곳에
잠시 정박하며 바람을 피했다. 최영 장군은 당시 추자도 사람들에게 선진 어

상추자와 하추자를 연결하는 다리(위), 하추자도(아래).

로기술 등을 가르쳐주기도 했는데 이를 고맙게 여긴 주민들이 사당을 지어 장군을 기리기도 했다.

상추자의 볼거리로는 최영 장군 사당과 박씨처사각, 영흥리 뒷산 절기미에 위치한 산신당 등 역사유적 이외에도 등대홍보관 등이 있다. 날씨가 맑은 날 등대홍보관의 전망대에 오르면 남으로는 한라산, 북으로는 다도해의 수많은 섬들을 조망할 수 있다.

상추자도와 다리로 연결된 하추자도는 그 면적이 4.18㎢로 추자군도에서 가장 큰 섬이다. 조선시대 김상헌의 《남사록》 기록에 의하면 상추자를 신도 身島로, 하추자를 별도別島로 표기하고 있다.

최영 장군 사당.

황간도

추포도.

상추자도와는 불과 100여m 거리에 나란히 위치해 있는데 다리가 가설되기 전에는 하추자의 알진두와 상추자의 웃진두 사이를 나룻배를 타고 이동하는 불편을 겪기도 했다. 지난 1966년 상하추자를 잇는 다리가 가설된 이후 버스 등 대중교통수단이 개설돼 요즘에는 쉽게 드나들고 있다.

상·하추자도 외에 유인도로 횡간도와 추포도가 있다. 추자군도의 유인도 중 가장 북쪽에 위치한 횡간도는 서북에서 남동 방향으로 폭 400~500m에 가로 2.3km로 길게 이어지는 형상을 하고 있다. 이러한 형상으로 인해 전해지는 이야기가 있는데, 하추자도에서 볼 때 횡간도는 지네로 보인다는 것이다. 반대로 이곳 횡간도에서 보는 하추자도 예초리의 엄바위장승은 닭의 머리 모양으로 닭과 지네, 즉 상극에 해당돼 횡간도와 예초리 주민은 서로 결혼을 하지 않는다는 것이다.

횡간도에는 300여 년 전부터 사람이 살았던 것으로 전해진다. 지금은 12

가구에 20여 명의 주민만 살고 있지만 과거에는 추자초등학교 횡간분교장이 설치돼 161명의 졸업생을 배출하기도 했다. 한때는 보리농사와 멸치잡이로 추자도 제1의 부자를 배출하기도 했고, 귀신까지도 선불금을 주고 멸치젓갈을 사 갔다는 이야기가 전해질 정도였다고 한다.

마을은 횡간도의 중간 부분에 위치하고 있는데 돌담을 쌓아올린 골목길이 특히 눈길을 끈다. 마을 뒷산에는 1994년 북제주군에서 미래목으로 지정할 정도로 큰 후박나무 숲이 있는데 이곳에 성황당이 있다.

상추자도와 횡간도의 중간 부분에 위치한 추포도는 그 면적이 130m²로 추자군도의 유인도 중 가장 작은 섬이다. 지금은 3가구가 살고 있는데 이와는 반대로 20여 년 전에 들어온 염소는 급격히 증가해 사람보다 염소가 주인 노릇을 하고 있다. 섬의 형태는 하늘에서 보면 넙치 모양을 하고 있다. 통신수단이 발달하기 전에는 응급을 요하는 환자 등 위급한 상황이 생겼을 때 횃불로 이를 하추자도의 예초리에 알렸는데, 횃불을 하나 피우면 환자, 두 개면 위급한 중환자, 세 개면 사망자 발생을 의미하는 신호였다.

추자군도의 무인도로는 두령여, 가막여, 이섬, 염섬, 납딕이, 검둥여, 시루여, 사수도, 쇠머리, 미역섬, 상섬, 덜섬, 제2덜섬, 쇠코, 모여, 오동여, 구멍섬, 큰여, 직구, 수령여, 다무내미, 보론섬, 악생이, 공여, 녹서, 문여, 반여, 수덕이, 절명이, 밖미역섬, 섬생이, 작은과탈, 화도, 수영여, 검은가리, 푸렝이, 오리뚱여, 제2미역섬, 제2시루여, 제2보론섬 등이 있다. 이들 섬의 이름은 섬의 모양이나 바위의 색깔 등을 감안해 명명되는 경우가 많다. 추자 사람들에게 있어 섬과 여의 차이는 식생 여부다. 즉 식물이 자라면 섬이요, 바위로만 이뤄지면 여다.

이들 무인도 중 예전부터 인구에 회자되던 섬으로 사수도와 작은과탈, 화도 등이 있다. 하추자도의 예초리에서 동북쪽으로 27km 거리에 위치한 최북

단의 섬 사수도는 섬의 소유권을 둘러싸고 제주도와 전남 완도군의 분쟁이 벌어지기도 했던 곳으로 유명하다. 최근에 법정 분쟁에서 제주도가 소유권을 인정받았다. 1919년 일제 측량 당시 추자군도의 섬으로 부속돼 1972년 추자초등학교육성회로 소유권이 이전됐으나, 1979년 전남 완도군이 장수도라는 이름으로 신규 등록하며 분쟁이 시작되었다. 현재 추자초등학교 운영위원회에서 소유하며 해산물을 채취 판매한 대금을 학교 운영비로 쓰고 있다.

흑비둘기와 슴새의 번식지로, 1982년 천연기념물 제333호 '사수도해조류번식지'로 지정 보호되고 있다. 해안선의 절벽을 제외한 섬의 대부분 지역에 왕후박나무를 비롯하여 동백, 사스레피나무 등이 울창한 숲을 이루고 있는데 후박나무 가지에는 흑비둘기가, 나무 밑 지하에는 슴새가 미로와도 같은 터널을 파서 번식한다.

지금 추자도는 많은 변화를 겪고 있다. 예전에는 주 소득원이 어업이었으나 지금은 올레길 개설로 관광객들이 넘쳐나고 무인도에서 낚시를 즐기려는

사수도.

염섬(위), 수덕이(아래).

큰여.

낚시꾼이 늘면서 관광분야의 비중도 점차 늘고 있다. 어업에 있어 큰 변화는 어종의 변화에서 알 수 있다. 즉 불과 10여 년 전만 하더라도 추자도 하면 멸치젓을 연상했는데 지금은 참조기 산지로 더 유명세를 타고 있다.

가장 큰 변화는 한반도와 제주 사이에 위치한 관계로 양쪽 문화가 혼재된 양상을 보이는데, 과거에는 전라남도의 색채가 강하게 풍겼으나 지금은 점차 제주도화하고 있다는 것이다. 이는 이곳에서 중학교를 졸업한 학생들이 고등학교와 대학교를 제주 소재 학교로 진학하는 것과 무관하지 않다. 교육의 힘을 느끼게 하는 대목이다.

2010. 11. 13.

문주란 자생지,
토끼섬

무더위가 기승을 부리는 8월 중하순이면 제주
도내 해안도로를 따라 하얀색의 꽃이 장관을 이룬다. 문주란이다. 원래는 토
끼섬에서만 자라던 식물인데, 관상용으로 심다 보니 제주도 전역으로 많이
퍼져 나갔다.

토끼섬은 구좌읍 하도리 앞바다에 위치한 자그마한 섬으로, 본섬과 가까
운 곳은 불과 50m에 불과해 썰물 때는 걸어서 들어갈 수 있다. 문주란이 만
발하면 섬 전체가 하얗게 덮여 멀리서 보았을 때 토끼처럼 보이므로 토끼섬
이라 불린다. 원래는 바깥쪽에 있는 작은 섬이라는 뜻으로 '난들여'로 불렸
었다. 난도卵島라 불리기도 한다. 160m² 면적의 백사장과 10여 미터 높이의
현무암 동산으로 이루어져 있다.

섬 안에는 모래인 패사貝沙가 20~40m 두께로 덮여 있는데, 한여름이면 문
주란 꽃으로 장관을 이룬다. 우리나라에서는 유일한 문주란 자생지로 그 가

돌담으로 보호받는 토끼섬 문주란.

치를 인정받아 1962년 천연기념물 제19호로 지정 보호되고 있다. 문주란의
생육환경은 일반적으로 연평균 온도가 섭씨 15도, 최저 온도가 영하 3.5도인
데, 토끼섬이 북방 한계지역이라 할 수 있다.

　수선화과에 속하는 다년생 초본식물인 문주란*Crinum asiaticum var. japonicum*
은 높이가 50cm가량 되고 위경의 굵기는 5~10cm이며 원주형이다. 원래는
아프리카에서 자라던 식물인데 해류를 타고 이곳 토끼섬을 비롯해 일본, 말
레이시아, 인도 등지에 전파되고, 일부는 태평양 건너 미국 대륙까지 분포하
고 있다. 각 지역에 알맞은 형질로 변화하여 성장하고 있는데, 제주도의 문
주란은 아프리카 문주란에 비해 키와 잎이 작다.

　제주 토끼섬의 문주란은 일본의 오키나와나 규슈지방에서 쿠로시오黑潮에
의해 유입되어 정착하였을 것으로 추정되고 있다. 즉 쿠로시오 해류의 한 지
류가 토끼섬과 우도 사이를 통과하는 것으로 추정해 볼 수 있다. 제주도에서

유독 이 지역에만 열대성 조개들이 많이 서식하고, 우도에 산호사라 불리는 홍조단괴 해빈이 분포하는 것도 그 맥을 같이한다.

그렇다면 어떻게 아프리카에서 이곳까지 그 머나먼 바닷길을 무사히 넘어올 수 있었을까. 우선 문주란의 종자는 야자나무 열매처럼 물에 오래 잠겨 있어도 물이 들어가지 않는 두꺼운 껍질에 싸여 있고 종자의 껍질은 해면질의 종피에 둘러싸여 해수에 잘 뜨게 돼 있다. 또한 씨앗은 건조에도 강해 2~3년간 버려져 있어도 발아력을 잃지 않았다가 모래가 약간만 덮이면 발아할 정도의 강한 생명력을 자랑한다.

이처럼 강한 생명력을 가진 문주란도 인간의 욕심에 의해 멸종 위기까지 처한 적이 있었다. 1950년대 무분별한 도채로 인해 멸종될 위험에 처하자 마을 청년들이 감시활동을 펴는 한편으로 토끼섬 주위에 돌담을 쌓아 바다로 밀려나지 않도록 조치를 취한 것이다. 문제는 이들 돌담으로 인해 지금은 온 섬이 문주란으로 가득 차며 과밀 상태에 이르렀다는 것이다. 드넓은 바다를

떠돌아다니며 전 세계로 퍼져나갔던 문주란이 토끼섬에서 갇힌 형국이다.

　갇혀 있는 것은 문주란만이 아니다. 토끼섬과 마주 보고 있는 구좌읍 하도리 해안도로에서 보면 제주 본섬과 토끼섬 사이의 바닷가에 돌로 쌓아올린 돌담이 있다. 돌로 만든 그물, 원담이다. 원담은 얕은 바닷가에 돌담을 길게 쌓아놓은 것인데, 밀물 때 들어온 물고기가 썰물이 되어 바닷물이 빠져 나갈 때 돌담에 걸려 자연스럽게 가두어지게 만드는 장치다. 한마디로 말해 돌로 만든 그물이다.

　바닷가에 오솔길처럼 돌담으로 길게 이어진 원담을 보고 있으면 바다에 만들어진 밭과 밭담을 연상케 된다. 농부가 밭에서 곡식을 수확하듯이 어부가 원담에 갇힌 고기를 잡는 것도 같은 개념이라 할 수 있다. 문주란과 멸치 떼, 모두가 갇혀 있지만 그 의미는 사뭇 다르다.

2017. 8. 25.

형제섬,
용들의 싸움과 쓰나미

사계리 해안도로의 정확한 도로명은 형제해안
로다. 도로 너머로 형제섬이 펼쳐지는 곳이기에 불리게 된 이름이다. 안덕
면의 산방산에서 시작해 사계리 포구, 대정읍 산이수동을 거쳐 송악산으로
이어지는 도로다. 도로를 배경으로 형제섬과 용머리, 산방산이 펼쳐지고, 그
너머로 한라산의 웅장한 모습이 보이는 곳으로, 사진작가들이 즐겨 찾는 장
소이기도 하다.

사계리 포구를 지나면 하얀 모래사장이 이어지는데, 사계리 해안체육공
원까지 1km가량 계속된다. 그 중간지점에 형제섬을 바라보는 전망시설이
있다. 이곳에는 바다와 관련된 각종 조형물이 세워져 있고 주차장도 마련돼
있다.

체육공원 너머에는 천연기념물 제464호로 지정 보호되는 사람 발자국 화
석이 있다. 사람 발자국 화석은 지난 2005년 발견됐는데, 사람 발자국 외에도

사슴 발자국, 새 발자국 등이 함께 나와 학계의 비상한 관심을 모았다. 이들
화석의 생성 시기는 지금으로부터 약 7,000년 전으로 조사됐다. 주변 송악산
에서 화산이 폭발할 때 퇴적층에 남겨진 것으로 추정되는데, 당시 이곳은 넓
은 갯벌을 이루었을 것으로 학계에서는 보고 있다. 인근에는 고산리 신석기
유적지가 있어 이들이 남긴 흔적으로 여겨진다.

　사계리 앞바다에 위치한 형제섬은 두 개의 섬이 마주 보는 형상이다. 기록
에 나타나는 옛 이름은 관도貫島라 하여, '고망난 섬' 또는 '뀈 섬'이라는 의미
를 담고 있다. 《신증동국여지승람》 권38 대정현 산천조와 이원진의 《탐라
지》, 이형상의 《남환박물》에 '관도'라 표기하고 있다. 《신증동국여지승람》
기록에는 "고망난섬-대정현 동남쪽 15리에 있다. 둘레가 5리이다. 하나의 굴

이 있는데 성문과 같으므로 이름이 붙여진 것이다."라 설명하고 있다.

오늘날은 모두가 형제섬이라 부르지만 형제의 제주어인 '성제'의 섬, 성제섬 또는 굴애기섬, 굴레기섬, 굴리섬이라 부르기도 했다. 굴애기, 굴레기, 굴리는 쌍둥이를 의미하는 제주어. 섬이 나뉘어 있기 때문에 생긴 명칭이지만, 과거 이 섬은 하나였다고 전해진다. 즉 서로 연결된 하나의 섬이었는데 18세기 말 연결하던 바위가 무너져 두 개로 변했다는 것이다. 이 밖에 섶섬이라 부르기도 했는데 큰 섬 중앙에 풀과 나무가 자라기 때문에 붙여진 이름으로 추정하고 있다.

이곳에 전설 하나가 전해져 온다. 조선조 숙종 38년^{1712년} 8월에 용 두 마리가 형제섬 앞바다에서 만나 싸움을 했다는 것이다. 이 싸움으로 인해 주변에 해일이 일고 태풍이 몰아쳐 섬 앞 마을인 사계리의 '거문질' 일대에 막대한 피해를 입었는데, 가옥 66채가 파손된 것을 비롯해 바닷가 소나무 숲이 다 망가

518

지고 모래가 하늘 위로 올랐다가 주변 농지를 뒤덮기까지 했다고 한다.

　이 일대는 해안도로의 경관이 뛰어나기 때문에 많은 이들이 드라이브를 즐기는 곳이다. 특히 이 도로를 따라 올레 10코스가 이어지며 길을 걷는 탐방객들도 많다. 제주 지역에서 발생했던 해일을 주제로 한 스토리텔링이 가능한 지역이라 할 수 있다. 특히 태풍이나 바다의 물결이 세게 몰아칠 때는 형제섬을 중심으로 포말을 일으키는 파도가 장관을 연출한다.

　용이라는 주제를 갖고 주변의 용머리와 연관지어 이야기를 만들어낼 수도 있는데, 사계리 포구에서 용머리를 볼 때는 산방산과 어우러져 완연한 거북 형상으로 보인다. 이에 대한 이야기로 확장이 가능하다. 예를 들면 산방산과 용머리가 거북으로 변해 바다로 향하는 날이 되면 제주도는 이 세상에서 가장 살기 좋은 낙원으로 바뀐다는 이야기를 만들어낼 수도 있다.

2012. 11. 17.

제주해협의 상징,
관탈섬

제주는 절해고도다. 전남 목포에서 142km, 부산과는 268km, 일본의 쓰시마와는 240km 거리에 위치하고 있으니 옛 기록을 인용하지 않더라도 틀린 말은 아니다. 더 넓게는 동으로 남해와 동지나해를 사이에 두고 일본의 쓰시마 및 나가사키현과 마주 보고 있고, 서로는 동지나해를 사이에 두고 중국의 상해, 북으로는 한반도와 마주하는 바다 한가운데의 외딴 섬이라 할 수 있다.

장마가 지난 요즘 맑은 날씨가 이어지며 제주에서 저 멀리 추자도와 그 너머까지도 보이는 경우가 종종 있다. 흔치 않은 일이지만 전라도 땅까지 보인다. 절해고도 제주에서 한반도의 끝자락인 전라도가 보였을까 하는 의문은 한라산 중턱의 연대 실존 여부에서도 적용된다. 옛 지도에 의하면 한라산 백록담 북쪽에 위치한 왕관릉이 과거 제주에서 육지로 위급한 상황을 알리던 연대였다는 기록에 대한 의문이다.

큰관탈섬(오른쪽)과 작은관탈(왼쪽).

　확실한 것은 1년에 10일 정도에 불과하지만 제주에서 육지부의 섬들이 보이는 화창한 날들도 있다는 것이다. 그중 상당수는 추자도가 보이는 경우이고 예외적으로 청산도와 여서도, 심지어는 고흥반도까지 보일 때도 있다. 어느 상황에서나 제주에서 볼 때 맨 앞에 보이는 섬은 관탈섬이다. 추자도와 그 너머의 육지부 섬들과는 달리 관탈섬은 제주 사람들에게는 무척이나 익숙한 섬이다. 제주해협, 제주와 육지부를 가로지르는 상징이기 때문이다.

　먼저 1601년 제주에서 길운절의 모반 사건이 발생하자, 조정에서는 김상헌을 어사로 보내 제주 주민들을 위로하게 했다. 당시 김상헌은 제주 뱃길에 대해 《남사록》에 기록했는데, 제주는 중국과 일본 사이에 있어 왜구가 중국을 왕래할 때 제주와 추자 사이의 바다를 통과했다고 소개하고 있다. 이어 화도 주변 바다에 대해 소개하고 있는데, "지방 사람들에게 들은 이야기다. 먼저 추자로부터 제주 사이에 화탈이 절반이 된다. 서쪽으로 두 화탈로부터

제주에서 보는 추자군도와 그 너머 전라도. 왼쪽 아래가 관탈섬이다.

동쪽으로 동여서 사이를 가리켜 수종水宗이라고 한다. 그 사이는 바다 빛깔이 시퍼렇고 물이 땅에 쌓인 것이 매우 깊고 멀다. 그 때문에 파문波紋이 매우 너르고, 높은 물결이 보통과 달라서 만약 이국 배가 표류하여 여기에 당하고 10분 동안에 순풍을 만나지 못하면 삼사 일이 지나도 멀리 가지 못하고 물결 도가니 사이에 맴돌게 된다. 이 때문에 왜구 중 중국으로 향하는 자가 바람을 잃어 헤매는 경우가 아니면 절대로 여기를 거치지 아니한다. 생각건대 여러 바다 중에서 이곳 물의 세기가 더욱 배를 운항하기에 어렵다."라고 하였다.

김상헌은 화도에 대해서도 설명하고 있다. 먼저 옛 책에 소개된 내용을 바탕으로 "큰화탈섬은 추자도의 먼 서쪽에 있어 석봉이 높이 솟아 있다. 그 꼭대기에는 샘이 있으나 나무는 없으며, 풀은 있는데 부드럽고 질겨서 가져다가 기이한 물건을 만들 만하다. 작은화탈섬은 추자의 서쪽 먼 거리에 있어서

무인등대가 설치된 큰관탈섬(화도).

524

작은관탈섬 전경.

석벽이 홀로 서 있는데, 크고 작은 두 섬 사이는 물결이 거칠어 배가 침몰되는 일이 많아 왕래하는 사람들이 매우 괴로워한다.”라고 적고 있다. 이어 자신이 직접 본 내용을 말한다. “내가 보니 대화탈도, 소화탈도 둘 다 추자의 정남에 있고 큰 섬 위에는 역시 임목_{나무}이 있어 겨울에도 푸르고 무성하였다.”

한편 1771년 제주 애월 출신으로 과거시험을 보러 육지로 향하다 폭풍을 만나 오키나와까지 표류했던 장한철은 당시 상황을 기록으로 남겼는데 “붓 끝처럼 보이기도 하고 멀리 있는 돛배처럼 보이기도 했는데, 곧 작은 화탈도와 큰 화탈도”라고 묘사하고 있다.

화탈은 관탈섬의 다른 이름으로 과탈, 곽개, 화도라고도 부른다. 과거 조선시대에 육지에서 제주로 오는 배가 추자도를 거쳐 이곳에 이르면 험로를 벗어났다 하여, 또는 유배인들이 마침내 유배의 신세를 절감하여 갓을 벗는다고 하여 관탈이라는 이름이 붙게 됐다는 이야기가 전해진다.

보통 관탈섬이라 하면 큰관탈섬과 작은관탈섬을 아우르는 표현인데, 이 중 큰관탈섬은 제주시 도두에서 26.6km, 하추자도 신양리에서 22.5km 거리에 위치하고 있다. 섬은 동서의 길이 300m, 남북의 길이 200m인 사각형 모양이다. 동서 방향에 작은 바위섬이 있고, 남서쪽으로는 수평절리가 발달해 있다. 섬의 정상은 81m인데 정상부에 무인등대와 중계기 시설이 세워져 있다. 섬의 동북쪽으로 등대까지 이어지는 시멘트 계단이 설치돼 있다.

섬 전체가 암반으로 형성되고 식수원이 없어 사람이 살 수 없는 곳이지만 전설에 의하면 이곳은 과거 환락의 섬이었다고 한다. 그곳에 추씨 집안 사람들이 살았는데, 얼마나 타락했는지 하늘에서 벌을 내려 사람들의 꿈에 게시하기를 모두 떠나라고 한 후 섬을 불에 태웠다는 이야기가 전해진다. 추자십

화도 정상 부근의 무인등대.

경의 하나인 '곽개창파'의 무대로 관탈섬 곽개의 무심한 푸른 파도를 노래하고 있다.

작은관탈은 도두에서 23.5km, 하추자도 신양리에서 29km, 큰관탈섬으로부터는 남서쪽으로 8.5km에 위치한 섬이다. 암반 자체가 급경사의 원추형으로 솟아있는 형태인데, 바로 옆에 두 개의 바위가 섬을 향해 절을 하는 모습으로 다가온다. 주로 낚시꾼이 많이 찾는데, 추자보다는 제주에서 출발하는 경우가 많다.

앞서 김상헌의 기록에서도 언급되고 있듯이 이곳은 물길이 거세 배가 난파당하는 일이 많았다고 한다. 아니, 제주바다 자체가 과거 수백 년간 이 땅의 수많은 사람들의 목숨을 앗아간 시련의 존재라 해도 과언이 아니다.

오죽했으면 제주 사람 손효지는 "우리 제주는 멀리 대해 가운데에 있어 파도가 여러 바다에 비하여 더욱 사납다. 때문에 진상 다니는 배와 상선은 연락부절하는데, 표류하고 침몰하는 것이 열에 다섯 여섯이 되고 섬사람들은 표류에 죽지 아니하면 반드시 침몰하여 죽는다. 때문에 제주지경 안에는 남자 무덤은 적고 여자는 많기가 남자의 세 곱이나 된다. 이러한 이유로 부모된 자로서는 여자를 낳으면 반드시 말하기를 애는 우리를 잘 섬길 아이라 하고 남자를 낳으면 다 말하기를 이 아이는 우리 애가 아니라 곧 고래의 먹이라 한다."라고 그 아픔을 말하고 있다.

이 역시 김상헌의 《남사록》에 소개된 이야기다. 요즘 연간 300만 명 이상의 관광객이 여객선을 타고 제주바다를 드나들면서 그 아름다움을 노래하고 있는데, 보이는 것만이 전부가 아니라는 얘기다. 아는 만큼 보인다는데.

2018. 7. 28.

527

차귀도,
한 해를 마무리하다

한 해가 저물어간다. 일 년 365일 매일같이 해가 뜨고 지지만 우리는 유독 연말연시에 바라보는 일출과 일몰에 의미를 부여하곤 한다. 제주에서의 하루는 동쪽 끝 성산에서 떠오르는 태양으로부터 시작하여 서쪽 끝에 위치한 한경면 고산 앞 차귀도의 바다로 해가 잠겨 가면서 서서히 문을 닫는다.

국토지리정보원의 자료에는 차귀도와 와도, 죽도 등 3개의 섬이 등록되어 있으나 고산 마을에서는 차귀도_{대섬}와 누운섬_{와도}, 지실이섬_{죽도} 외에도 상여섬, 생이섬, 썩은섬 등 모두 6개의 섬으로 구분하여 부르고 있다.

가장 큰 섬인 대섬은 동서의 길이가 1.72km, 남북의 길이가 0.7km로 길쭉한 모양인데 동서로 봉우리가 있고 중앙부는 평탄한 지형으로 이루어져 있다. 자구내포구에서 바로 앞 200m 거리에 위치한 섬인 와도는 반달 모양으로 동쪽은 삼각형의 사구 모양이고 서쪽으로는 만을 이루고 있다. 이곳은 원

공중에서 본 차귀도.

래 화구였으나 침식을 받아 이런 모양으로 변한 것으로 추정하고 있다. 죽도
는 타원형으로 30m 정도의 삼각형 봉우리가 있고 현무암층으로 구성된 해
식애에 주상절리가 잘 발달해 있으며 거미집을 닮았다고 하여 지실도蜘室島
라 표기하기도 한다. 이 섬을 남쪽 해안에서 보면 매가 앉아서 물체를 노리
는 형국과도 같아서 한라산신의 화신이라고도 한다.

　차귀도라는 지명은 호종단이라는 중국의 풍수지리사 전설과 관련하여 생
겨났다. 고려시대에 중국 송나라 임금이 지리서를 보니 제주도가 인걸들이
쉴 새 없이 나올 땅임을 알고 호종단胡宗旦이라는 풍수지리사를 제주에 보내
물혈을 모두 끊으라고 명했다. 호종단이 제주도를 한 바퀴 돌며 물혈을 끊은

차귀도 일몰.

죽도 일몰.

자구내포구와 차귀도.

후 돌아가려 하자 광양당신이 한 마리의 매로 변한 후 고산 앞바다에서 호종
단이 탄 배를 수장시켰다. 결국 호종단이 되돌아가지 못한 곳이라 하여 차귀
도라 불리게 되었다는 것이다.

차귀도에는 한라산과 관련하여 또 다른 이야기가 전해온다. 차귀도에 있
는 장군바위 전설인데 그 내용은 다음과 같다. 아주 먼 옛날 한라산에는 한
어머니가 500명의 아들을 낳아 함께 살고 있었다. 식구는 많은데 집은 가난
하고 때마침 흉년까지 들자 어머니는 끼니 걱정을 하며 자식들에게 양식을
구해오라고 시켰다.

자식들이 양식을 구하러 나간 사이 어머니는 아들들이 돌아와 먹을 죽을

가마솥에 끓이기 시작했다. 죽이 끓기 시작하자 죽을 젓기 위해 솥 위에 올라갔던 어머니는 그만 발을 잘못 디뎌 솥에 빠져 죽고 말았다.

이러한 사실을 모른 채 아들들은 집으로 돌아왔다. 어머니가 없자 죽을 만들어 놓고는 잠시 밖에 나간 것으로 여겨 맛있게 죽을 먹기 시작했다. 맨 마지막에 돌아온 막내가 죽을 먹기 위해 솥을 젓다가 이상한 뼈다귀를 발견하고 잘 살펴보니 사람의 뼈였다. 마침내 전후 사정을 파악한 막내아들은 한없이 울면서 한경면 고산리 앞바다로 달려가 굳어져 바위가 되니 차귀도의 장군바위가 그것이다. 그때서야 형들도 그 사실을 알고 통곡하면서 하나둘씩 굳어져 바위가 되니 이것이 한라산 영실의 오백장군이다. 때문에 오백장군이라 불리고는 있으나 실제로 그 숫자를 세어보면 499라고 한다.

차귀도의 형성은 지질학 측면에서도 매우 소중한 자원이다. 차귀도와 수월봉은 바다를 사이에 두고 2km가량 떨어져 있지만 지질학자들은 원래 한 분화구에서 생겨난 같은 오름이라고 말한다. 즉 수월봉과 차귀도를 외륜산으로 하는 환상의 원형분화구를 연상하면 되는데, 바다 한가운데에 분화구가 위치해 있었다는 것이다.

한편 고산 수월봉에서 바라보는 차귀도의 저녁노을은 차귀십경의 하나로, 오색찬란한 금빛이 바다를 수놓은 모습이 장관이다. 고산리 사람들은 수월봉 자체도 신령스럽게 여겼는데, 실제로 이곳에서 "고근산 수월봉의 다른 이름에 신령이 있으니, 경작 또는 장묘를 금한다."라는 내용이 새겨진 비석이 발견되기도 했다. 과거에는 오름의 정상에서 기우제, 영산제 등을 지내기도 했다.

2017. 12. 21.

차귀도의 밤바다.

찾아보기

539